新时代
会计职业道德

主　编◎王甜　李芳
副主编◎刘立华　赵桐

图书在版编目（CIP）数据

新时代会计职业道德/王甜，李芳主编；刘立华，赵桐副主编．－－北京：经济科学出版社，2024.1

ISBN 978－7－5218－5542－5

Ⅰ.①新… Ⅱ.①王…②李…③刘…④赵… Ⅲ.①会计人员－职业道德－高等学校－教材 Ⅳ.①F233

中国国家版本馆 CIP 数据核字（2024）第 009653 号

责任编辑：杨　洋　卢玥丞
责任校对：杨　海
责任印制：范　艳

新时代会计职业道德

主　编　王　甜　李　芳
副主编　刘立华　赵　桐

经济科学出版社出版、发行　新华书店经销
社址：北京市海淀区阜成路甲 28 号　邮编：100142
总编部电话：010－88191217　发行部电话：010－88191522
网址：www.esp.com.cn
电子邮箱：esp@esp.com.cn
天猫网店：经济科学出版社旗舰店
网址：http://jjkxcbs.tmall.com
北京季蜂印刷有限公司印装
787×1092　16 开　14 印张　258000 字
2024 年 1 月第 1 版　2024 年 1 月第 1 次印刷
ISBN 978－7－5218－5542－5　定价：56.00 元
（图书出现印装问题，本社负责调换。电话：010－88191545）
（版权所有　侵权必究　打击盗版　举报热线：010－88191661
QQ：2242791300　营销中心电话：010－88191537
电子邮箱：dbts@esp.com.cn）

前 言
PREFACE

党的二十大报告强调："坚持依法治国和以德治国相结合，把社会主义核心价值观融入法治建设、融入社会发展、融入日常生活。""弘扬诚信文化，健全诚信建设长效机制。"① 这为会计职业道德建设提供了明确指导和重要依据。作为职业信用建设的关键群体，会计人员肩负着生产和提供会计信息、维护国家财经纪律等重要职责。会计人员的职业道德素质直接影响着会计工作和会计信息的质量。强化会计人员职业道德的培育，对于确保会计工作符合法律法规要求和道德规范、推进会计诚信体系建设，助力新时代经济高质量发展具有重要意义。

随着时代的发展，会计职业道德在学历教育与职业教育中越来越受重视，相关师资力量逐渐得到加强，专业知识、技能培训与道德素质培养所占比重日趋平衡，教学方法更加强调实践导向。党的二十大报告强调："育人的根本在于立德。全面贯彻党的教育方针，落实立德树人根本任务，培养德智体美劳全面发展的社会主义建设者和接班人。"② 新时代新征程，立德树人是发展中国特色社会主义教育事业的根本任务。2023 年，财政部为贯彻落实党中央、国务院关于加强社会信用体系建设的决策部署，推进会计诚信体系建设，提高会计人员职业道德水平，根据《中华人民共和国会计法》和《会计基础工作规范》，结合会计工作实际，总结提炼新时代会计人员职业道德要求，发布了《会计人员职业道德规范》，这是我国首次制定全国性的会计人员职业道德规范。以此为契机，本教材聚焦于新时代会计职业道德教育，在以下三方面做出努力，以期培养学生具备崇高的职业道德观念和行为规范，落实立德树人的根本任务，以适应经济高质量发展的需求。

第一，聚焦新时代新环境下会计职业道德的新内涵新特征。我们将新时代会计

---

①② 习近平：高举中国特色社会主义伟大旗帜　为全面建设社会主义现代化国家而团结奋斗——在中国共产党第二十次全国代表大会上的报告［EB/OL］. 中国政府网，2022 - 10 - 25.

人员职业道德要求总结提炼为"三坚三守",即"坚持诚信,守法奉公""坚持准则,守责敬业""坚持学习,守正创新",强调会计人员'坚'和'守'的职业特性和价值追求。以此为抓手,本书探讨新时代会计行业及会计职业所面对的新挑战、新变化及新问题,同时厘清在新挑战、新变化及新问题影响下会计职业道德的新发展,阐述并梳理出相应知识及理论,从而帮助学生更好地理解新时代背景下的会计职业道德。

第二,注重理论与实务的融合。基于会计职业及会计伦理,全面展示会计职业道德的形成及演进、新时代的新内涵及新特色。以会计人员为实践主体,以会计职业道德原则、规范为实践依据,以会计职业道德概念框架为基本方法,围绕实践情景,构造"道德规范—道德决策—道德教育、评价及奖惩"的框架,以帮助学生将理论与实践相结合,全面科学地理解会计职业道德,提升分析、判断和决策能力,为他们未来可能面对的职业道德困境提供有力的指导和支持。

第三,呈现丰富及新颖的内容与体例。着眼热点、紧跟时事,深入挖掘当前社会和经济发展中与会计职业道德相关的中国本土化情景案例。除传授学习目标、介绍关键术语等常规内容外,教材还设置融合课程思政的课堂讨论、拓展链接等丰富内容。特别值得一提的是,本教材特意设计了情景练习环节,针对会计职业道德的不同场景和挑战,让学生通过参与情景模拟和讨论,思考并解决实际问题,从而增强他们的职业道德意识和应对能力。

总而言之,本教材着眼于热点问题,紧跟时事发展,注重中国本土化情景案例的引入。通过丰富的内容和设计,旨在提供一个全面、深入的学习体验,使读者能够在理论和实务中全面掌握和应用会计职业道德。

参与本次编写工作的成员主要是来自山东科技大学的老师和学生。具体分工为:王甜(山东科技大学)厘定编写思路及方案,负责第1~6章的编写工作;李芳(山东科技大学)协助执行第1~2章的编写方案并就书稿全文提出订正建议;刘立华(山东科技大学)协助执行第3~4章的编写方案并就书稿全文提出订正建议;赵桐(山东科技大学)协助执行第5~6章的编写方案并就书稿全文提出订正建议;张咏梅(山东科技大学)负责明确教材的目标及定位;夏峤(山东科技大学)参与了网络资源的梳理与整理,并对书稿内容进行订正。

本教材具有广泛的适用性,不仅适合财会类专业学历(学位)教育和财会技能培训机构作为教材,也适用于会计师事务所和企事业单位的管理人员等对会计感兴趣的读者群体。本教材广泛借鉴了大量书籍和文献,直接或间接引用了一些教学同行的成果,吸收了教学同行、学生和出版社的宝贵意见,对于他们的贡献我们表示由衷的感谢！但由于编者水平和时间所限，资料编撰、文献标注等方面可能存在疏漏，对此我们表示真诚的歉意。本教材还存在很多不足之处，我们真诚恳请所有使用和关注本教材的读者和教学同行慷慨赐教，为我们提供宝贵的建议，以助我们进一步提升本教材的品质。

目 录
CONTENTS

第 1 章　会计新时代来临 // 001

 1.1　新时代会计行业的挑战与机遇 // 002

 1.2　新时代的会计职业 // 009

 1.3　新时代的会计伦理 // 015

 1.4　新时代会计职业道德的重要性 // 019

 1.5　本章小结 // 023

第 2 章　会计职业道德概述 // 035

 2.1　道德与职业道德 // 037

 2.2　会计职业道德 // 044

 2.3　会计职业道德的基本原理 // 049

 2.4　本章小结 // 059

第 3 章　会计职业道德的历史演进 // 071

 3.1　我国会计职业道德的兴起与演进 // 072

 3.2　国际会计职业道德的兴起与演进 // 082

 3.3　本章小结 // 089

第 4 章　新时代会计职业道德的继承与发展 // 100

 4.1　会计职业道德基本原则及新发展 // 102

 4.2　会计职业道德规范及新发展 // 112

 4.3　本章小结 // 121

第5章 新时代会计职业道德概念框架及应用 // 132

    5.1 会计职业道德概念框架 // 134

    5.2 会计职业道德概念框架的应用 // 143

    5.3 本章小结 // 166

第6章 新时代会计职业道德的教育、评价及惩戒 // 178

    6.1 新时代会计职业道德教育 // 180

    6.2 新时代会计职业道德评价 // 192

    6.3 新时代会计职业道德惩戒 // 198

    6.4 本章小结 // 203

参考文献 // 212

第 1 章 会计新时代来临

 **学习目标**

1. 了解新时代会计行业面临的挑战与机遇。
2. 熟悉新时代会计职业。
3. 理解新时代会计伦理问题。
4. 熟悉新时代会计职业道德的重要性。

【识别二维码获取本章PPT】

 引 例

"数字经济"时代到来，引领作用持续彰显

数字时代，数据就是机遇，数据就是潜力。据信息产业研究机构国际数据公司（IDC）预测，到 2023 年数字经济产值将占到全球 GDP 的 62%，全球将进入数字经济时代。如何抓住新一轮科技变革契机，推动实体经济与数字经济融合发展，推动中国经济高质量发展并推进社会治理与产业升级？

2021 年是"十四五"开局之年，也是落实"打造数字经济新优势"规划目标的关键之年。2021 年以来，数字产业发展亮点纷呈，数字技术融合应用加速落地，各行业数字化转型进入快速成长期，数字治理能力全面提升，数字生态日益完善，数字经济发展呈现出引领、规范、融合等特征，并向高质量发展方向进一步迈进。

1. 产业数字化赋能高质量发展，乘数效应继续显现

随着数字技术与实体经济的深度融合，制造业数字化、网络化、智能化发展步伐加快。在纺织行业，5G + 机器视觉提升了质量检测的效率；在汽车行业，5G + AI 助力精益化生产和柔性制造，使生产效率大幅提升；在采矿行业，5G 的应用大幅减少了井下作业人员的数量，提高了生产环境监测的准确性……数字技术正加速对制造业进行全方位、全角度、全链条改造，带动产业结构全面升级，提升经济运行的质量和效率。

2. 数字产业化势头旺盛，增强经济发展新动能

交互式网络电视、互联网数据中心、大数据、云计算、人工智能等新业务加速产业化进程，并成为数字产业发展的新引擎。在新兴业务的引领下，数字产业发展进入新高度。云计算加速驶入发展快车道，2021年以来，阿里云计算市场份额提升近300%，华为云首次跻身全球"五朵云"行列。各地数据中心的加快布局，给大数据产业带来前所未有的机遇。人工智能产业逐渐成熟，从最初的人脸识别到知识图谱、人机交互，交通、医疗、金融、教育等领域应用成果不断涌现。据统计，2021年上半年，新增的人工智能相关注册企业达到15.3万家，迅猛的发展势头被业界视为"爆发前夜"。

3. 数字治理能力全面提升，数字生态日益完善

数字经济蓬勃发展的同时也给数字治理带来了诸多新挑战，数据安全、数据资产权属等问题凸显。"十四五"规划纲要提出要营造良好数字生态。近年来，规范数字经济发展的法律法规、政策体系密集出台，数字生态日趋完善。2021年上半年，我国第一部关于数据安全的法律——《中华人民共和国数据安全法》正式颁布，数据监管实现了有法可依；与数字经济相关的地方性法律法规密集出台，2021年3月，全国第一部以促进数字经济发展为主题的地方性法规——《浙江省数字经济促进条例》正式实施；不久前，《广东省数字经济促进条例》审议通过，将于9月起实施。这些法律法规的出台将推动数字经济发展进入有法可依的新时期。

可以预见，在日益完善的数字生态下，数字经济将继续凭借强劲的领跑能力为经济增速发展增引擎，以日益完善的融合赋能效应为经济提质发展添动能。

资料来源：数字经济时代到来，引领作用持续彰显［EB/OL］．科工网，2021-08-18．

1.1 新时代会计行业的挑战与机遇

1.1.1 新时代与新技术

新时代，中国经济由高速增长阶段转向高质量发展阶段。伴随着新一代数字技术的迅猛发展，数字经济已成为推动我国经济高质量发展的重要引擎。数字技术在为经济高质量发展注入活力的同时，也在重塑社会经济的运行模式与规则。

1. 经济发展进入新时代

2017年12月18～20日，中央经济工作会议在北京召开①。会议强调，中国特色社会主义进入了新时代，我国经济发展也进入了新时代，基本特征就是我国经济已由高速增长阶段转向高质量发展阶段。尽管我国的社会生产力水平整体上取得了显著提升，但仍然面临着明显的发展不平衡和不充分的问题。近年来，劳动力成本上升、资源环境限制增加、粗放式发展方式无法持续、经济循环不畅等问题十分突出。推动高质量发展对于引领我国经济具有重要的现实和历史意义。

中国经济的高质量发展是在更先进的理念指导下实现的，它是一种创新、集约、环保、低耗、可持续的经济模式。推动经济高质量发展要体现创新、协调、绿色、开放、共享这五大发展理念。② 高质量发展同时注重经济的"量"和"质"。其显著特征包括：从关注经济规模和增长过程转向关注增长的结果和效益；从关注经济增长的一个维度转向关注经济发展、社会公平、生态环境等多个维度；从片面重视高增长产业转向关注产业协同发展、构建现代化产业体系；从关注经济增长的要素投入转向关注要素生产率的提升和要素优化配置；从关注国内生产总值（GDP）转向关注以人民为中心的各项制度安排和城乡区域的协调发展。因此，高质量发展是更充分、更均衡的发展，需要在更高水平上实现供给和需求的动态平衡。从宏观层面来理解，高质量发展是指实现经济增长的稳定性，促进区域城乡发展的均衡性，以创新为动力，实现绿色发展，使经济发展成果更多地惠及全体人民，并且更加公平。从产业层面来理解，高质量发展是指优化产业布局，合理调整产业结构，不断进行转型升级，并显著提升产业发展的效益。从企业经营层面来理解，高质量发展包括具备一流的竞争力，确保质量的可靠性和持续创新，具有影响力的品牌，并采用先进的质量管理理念和方法等。③

2. 新技术彰显新能力

近年来，新一代数字技术包括互联网、大数据、云计算、5G、人工智能和区块链等迅速崛起，已逐步渗透到经济和社会发展的各个方面，成为不可或缺的组成部分。数字技术在狭义上指的是将各种形式的信息转化为二进制代码，然后利用计算机等设备进行信息的接收、转换、分析和利用。而从广义上来看，数字技术是指新

---

①② 中央经济工作会议在北京举行［EB/OL］. 中国政府网，2017 – 12 – 20.
③ 中国社会科学院工业经济研究所. 从三个层面理解高质量发展的内涵［EB/OL］. 人民网，2019 – 09 – 09.

一代数字化革命产生的一系列技术，如移动互联网、人工智能、大数据、云计算、区块链和物联网等。这些数字技术的发展不断推动着社会的变革和进步，对于提高效率、创造价值、优化资源配置及推动创新具有重要的意义。根据数字技术的发展演进，可以将其分为三个关键阶段，即连接阶段、分析阶段和智能阶段。在连接阶段，重点是实现物与物、人与人的连接，其中涉及互联网和移动应用等技术的应用。分析阶段是指注重对数据的处理和分析，这涉及云计算和大数据等技术的兴起。智能阶段是指具备一定的自主分析能力，其中包括人工智能技术的发展。此外，不同的数字技术具有不同的功能。移动互联网和5G技术是访问互联网的重要媒介，通过无线接入设备实现移动终端之间的数据交换，提高了数据传输的速度和效率。云计算可以提供强大的网络服务，大数据技术具备数据处理、分析、存储和信息挖掘的功能，可以将海量的结构化和非结构化数据转化为有价值的信息。区块链负责数据的记录和维护，并有助于数据的互相验证。人工智能技术是一种通过机器模拟和扩展人类智能的技术或应用系统，能够自动进行关键信息的提取和分析工作。①

数字技术的迅猛发展正在引领人类社会经济结构的重组、生产关系的重塑及社会生产方式的变革，逐步演变为经济增长的新引擎。在数字技术的推动下，我们正在深度步入数字经济时代。数字经济是一种以数据作为关键生产因素、以现代信息网络为主要载体、以信息通信技术的整合运用为主要推动力，展开一系列经济活动，进而推动公平与效率更加一体化的新型经济形态。②

在数字经济时代，具有数字化特征的知识和信息扮演着独立而高端的生产要素的角色，它们渗透到生产、流通和消费等经济领域，通过与传统生产要素如资本和劳动的融合，实现相互作用和相互补充。这种融合改善了传统要素的质量，并改变了经济系统中原有的要素投入结构，为我国经济的高质量可持续发展注入了新的动力。此外，数字经济的高度网络化和协同化降低了市场信息检索和资源匹配的成本，为经济市场中的要素匹配提供了更优化的路径。例如，数字经济的壮大促进了数字化、网络化研发平台的构建，这样的平台能迅速、高效地集结原先分散的优质研发资源，减轻信息的不完整和负外部性对经济增长的影响。这种平台有助于突破研发创新行业、企业或地域边界的限制，提高生产要素和创新资源的利用效率。相关调查表明，数字经济已经成为我国经济发展的新动力。数字经济的兴起为经济发展提供了更多的机遇，并且具备推动我国经济实现高质量可持续发展的潜力。根据中国

---

① 陈晓琳，王秀芳. 基于数字技术的财务共享中心信息系统审计研究 [J]. 财会通讯，2022（21）：135-140.
② 中央网络安全和信息化委员会办公室. 二十国集团数字经济发展与合作倡议 [EB/OL]. 中国网信网，2016-09-29.

社会科学院发布的《2022年经济蓝皮书》数据显示，我国在"十三五"时期取得了数字经济的快速增长。产值从2016年的22.6万亿元增长到2020年的39.2万亿元，数字经济产出呈现较大幅度的增长。数字经济在国内生产总值（GDP）中的占比也从30.3%上升到38.6%，比重的提高明显高于同期名义GDP增速约8.5个百分点①。这些数据表明，我国数字经济在"十三五"时期保持了强劲的增长势头，为经济发展做出了重要贡献。

1.1.2 新时代会计行业的挑战与机遇

经过改革开放四十多年的发展，我国会计改革取得了显著的成就。然而，随着我国进入经济高质量发展阶段，新技术、新手段、新方法如人工智能、大数据、"互联网+"和区块链等在各行各业得到广泛应用，会计作为现代国家经济治理和社会发展中的专业工具和通用语言面临着重大的历史机遇和挑战。

1. 经济高质量发展对会计工作提出新要求

推动经济高质量发展是我国社会经济发展的主要目标，也是当前经济发展的重要战略任务。它在经济发展中起着统领作用，各项工作都必须以此为出发点展开。2018年中央经济工作会议强调，必须加快形成推动经济高质量发展的指标体系、政策体系、标准体系、统计体系、绩效评价和政绩考核体系，同时建立和完善制度环境，以促进经济高质量发展的有效实施，不断取得新的进展。② 作为宏观经济管理和市场资源配置的基础性工作，会计在我国全面深化改革和深度融入经济全球化进程中的重要性越来越突显出来。在推动经济高质量发展的过程中，会计不仅要履行其历史使命，还要充分利用其独特功能，发挥应有的作用。然而，传统会计思维的老化使其难以适应新时代的发展，缺乏活力，特别是在推动经济高质量发展方面存在一定的局限性。举例来说，经济高质量发展要求实现经济、社会和生态的协同发展，这意味着企业需要重视环境保护。然而，传统会计方法对于环境资产的计量和核算存在困难，并且与资产的概念相矛盾。只有通过创新和改革，使会计更具活力和适应性，才能更好地支持经济的高质量发展。

在中国经济高质量发展的背景下，需要明确会计工作的服务对象，包括宏观经济、国家战略和社会发展。会计工作应紧密围绕经济高质量发展的要求展开，从确

---

① 国家互联网信息办公室发布《数字中国发展报告（2020年）》[EB/OL]. 中国政府网，2021-07-03.
② 中央经济工作会议在北京举行[EB/OL]. 中国政府网，2017-12-20.

认、计量、记录和报告等方面调整思路、拓宽视野、明确标准、规范计量口径和计算准则，由此建立会计与经济高质量发展之间的良性互动机制。在宏观层面，现阶段应更加重视经济高质量发展与会计工作的关系，用更先进的理念指导企业在创新、集约、环保、低耗、可持续发展过程中遇到的会计问题，为中国经济转型升级和高质量发展贡献会计力量。在微观层面，其一，用经济高质量发展的指导思想统领企业会计工作，在创新、协调、绿色、开放、共享五大发展理念指导下做好会计核算、会计管理、会计治理等相关工作；其二，在经济高质量发展格局下，会计工作应协助企业适应并融入现代化经济体系的要求；其三，在经济高质量发展过程中，创新将成为引领发展的第一动力已经成为全社会的共识，企业会计工作也应当顺应时代发展的潮流，重点研究会计理论、会计准则、会计政策与方法如何更好地促进企业创新；其四，为实现经济高质量发展，企业在"信用维护""成本控制""收益管理""资产配置""财务风险控制与防范"几个方面的任务将更加艰巨，这就对会计工作提出了更高的标准。总体而言，在经济高质量发展的背景下，现代企业会计的职能应进一步扩大，从核算型向管理型和治理型转变。这意味着会计工作需要更多地发挥管理和决策支持的作用，以推动企业的创新和高质量发展。①

2. 数字技术发展和会计实践创新给会计实务带来新挑战

在政策和技术的双重推动下，"大智移云物区"在会计审计领域迅速发展，涉及财务云、电子发票、电子档案、机器人流程自动化（RPA）、在线审计等会计信息技术，正迎来蓬勃发展的时机。随着信息技术的快速发展，会计与新技术的深度融合为行业的转型升级提供了新的动力。与此同时，传统的财会核算工作正逐渐被财务机器人和智能财务软件所取代。在企业应用智能化财务管理模式的过程中，传统的核算类财务工作环节被简化，同时推动财务工作人员朝着多元化和复合型的方向发展。尽管这给企业财务管理人员带来了更多挑战，但同时也提供了许多机遇。

（1）低端核算型会计人员面临淘汰。

在传统会计模式下，会计人员主要从事会计核算工作，包括记账、结账、对账和编制财务报表，用于记录和反映历史经济业务事项。然而，随着网络和信息技术的不断发展，数字经济时代的会计信息生成和传递环节可以通过财务软件、财务共享平台和网络平台等自动化方式进行，大大减少了对基层核算型会计人员的需求，甚至人工智能也可以在一定程度上取代会计人员的传统工作。这些变化给会计行业

---

① 田昆儒. 中国经济高质量发展会计问题论纲——兼论会计的国家属性［J］. 商业会计，2022（10）：4-9.

带来了巨大的冲击,导致对低端会计核算从业人员的需求量急剧下降。

(2)核算型会计向决策型会计转型的挑战。

在数字经济时代,会计信息的自动生成和高效传递的趋势促使会计人员思考如何在信息技术和人工智能尚不能完全取代的领域中发挥作用。这种趋势迫使会计人员转变重心,积极推动行业全面转型,朝着更高的发展阶段迈进。会计人员需要主动发挥会计信息的管理和决策功能,不再局限于传统的信息生成工作。这对会计人员在信息分析、信息决策和信息运用能力方面提出了更高的要求,同时也带来了转型的挑战。

(3)数字技能成为会计人员在进行信息决策时需要掌握的新技能。

随着数字技术在各行各业的广泛应用,劳动者需要具备双重技能,即数字技能和专业技能。在数字经济时代,会计人员也需要具备数字技能作为新的必备能力,并将数字技能与专业技能相结合。会计人员需要运用现代数字技能进行财务信息的采集、处理、传递、分析和决策等各个环节,使财务信息变得更加便捷、高效。会计人员需要实时进行持续性、动态化的活动,以更广泛、深入的方式支持最终的信息决策目标。

(4)对会计人员综合素质、复合型知识结构的要求有所提高。

数字经济时代的到来迫使会计人员从核算型角色向决策型角色转变,这对他们的综合素质和知识结构提出了更高的要求。在传统的会计核算工作中,会计人员的主要目标是生成会计信息,他们主要掌握小部分的会计专业知识,对企业经济活动的运作缺乏深入的洞察和理解。因此,他们无法将财务信息有效地与企业的业务信息进行对接和融合,也无法将会计信息转化为对企业经济活动的分析和判断,从而无法为企业的管理和决策提供有价值的支持。此外,会计人员在数字分析和决策的方法、工具等方面的知识掌握不足,无法处理和运用大量的数据。为满足决策功能的需求,未来的会计人员必须具备综合素质和复合型的知识结构。①

拓展链接1-1:华为财务数字机器人助力
瑞金医院提升工作效率80%

通过引入华为数字机器人打造的财务智能机器人——瑞财小智,瑞金医院成为上海公立医院首例创新"雇佣"数字员工的智慧医疗典范,实现

---

① 许文静,谷静怡,许盼盼. 数字经济时代会计面临的挑战、机遇与人才培养创新[J]. 商业会计,2020(8):99-102.

了非结构化数据的结构化处理、数据业务操作自动化等能力，业务效率大幅提升80%。

作为一家三级甲等综合性医院，瑞金医院下属有多个院区，每个月有大量的药品流转，所涉及的发票量巨大。而药品采购发票核销流程一直沿用"人工比对、手动入库"的模式，存在人均工作量负荷高、简单重复性操作过多、发票验真与查重成本过高、财务管理工作效率难以提升等诸多痛点。药剂科负责将收到的药品进行入库操作，据该院药剂科专职员工谈到，他们每天需要耗费5~6小时处理入库，在收到大量药品发票后，需要通过翻阅大量发票数据，将发票信息与HIS系统中的数据人工比对后，再进行入库操作。其中所涉及的翻阅、查询、输入、比对等操作都会耗费大量的时间与精力。财务科负责核对发票和入库单，财务专职员工在收到大量药品发票和入库单后，根据供应商列表进行汇总整理。他们需要对每一批次的全额总数与药剂科提供的数据进行核对，正确无误后再制作记账凭证，整个过程大约需耗费6小时。

在此背景下，瑞金医院通过引入华为数字机器人打造的财务智能机器人——瑞财小智，成功打通医院的HIS、HRP及国税总局的发票查验系统，于2019年底上线使用，实现了药剂发票处理流程的自动化。相较于人工模式，瑞财小智机器人可自动获取发票关键信息，登录国税总局直接进行发票真伪查验，并将发票验真的结果以邮件形式通知有关工作人员。此外，它还可同时登录HIS系统，将验真过的发票结果信息逐条与HIS药品收货信息比对勾选，自动操作发票入库工作。

该院的工作人员谈道："以前每天需要坐在电脑前，花5小时以上不断重复录入海量数据、发票验真等等。现在有了瑞财小智，我们只需要批量扫描发票，剩下的工作交给机器人即可。最后机器人还会把入库成功及匹配失败的结果反馈给我们，我们只需人工处理少量未匹配的发票。""原有流程下，200张发票入库的时间需要6~7小时，而通过机器人处理仅需要20分钟左右，整项工作处理时间缩短超过80%，大幅提高了业务效率及数据准确性。"

资料来源：国家级点赞！华为财务数字机器人助力瑞金医院提升工作效率80%[EB/OL]. 华为数字机器人，2022-03-01.

1.2 新时代的会计职业

1.2.1 会计职业的定义

会计作为人类社会经济活动的一种特殊职业,产生于社会生产实践,并随着实践的发展和经济管理的需要而不断发展和完善。会计职业是指单位或组织所进行的与会计相关的工作,如企业的会计工作、政府的会计工作、事业单位(非营利组织)的会计工作等。会计长期存在和发展的历史表明,会计与社会生产有着密切的联系,它是人们对生产活动进行管理的客观需要。从这个角度讲,会计职业具有如下特征。

(1)综合性:会计的本质是对劳动耗费和劳动成果进行考核和控制。它通过将各种实物形态的运动综合起来,在观念上对价值运动和使用价值运动进行核算和监督。会计以货币为主要计量尺度,对价值和使用价值的运动进行综合计量和管理,因此具有高度的综合性。

(2)系统性:会计在时间上对每一项经济业务进行记录和追踪,在空间上对再生产过程的各个环节进行严格的核算和控制。通过多层次、多单元、一环扣一环的加工整理,形成以财务信息为主的经济信息系统。这种系统性使得会计能够提供全面而有序的经济信息。

(3)广泛性:会计的应用范围广泛,几乎所有的经济活动都需要会计。会计无所不在、无处不在,涉及社会经济生活的各个方面和众多实体与单位。无论是企业、政府还是非营利组织,都需要会计来记录和管理财务信息,因此会计具有极大的广泛性。

(4)效益性:会计工作的产生和发展是基于节约劳动时间的规律,其核心目标是加强经营管理,提高经济效益。会计工作旨在以最小的投入实现最大的产出,并通过精确核算和监控来实现经济效益的提升。因此,效益性是会计工作的内在要求和根本目的。

(5)独立性:会计工作具有相对的独立性,它必须不受外来干预,客观地考核和记录价值运动,实现对使用价值运动的控制,从而推动再生产过程中经济效益的不断提高。会计的独立性保证了其客观性和可靠性,使其能够为决策者提供真实准确的财务信息。

拓展链接 1-2：关于会计职业的重要性，企业家们说……

会计是一个从业人数多达 4000 万人的大职业。然而，这一职业近年来却屡屡受到"财务机器人要取代会计"这一传言的困扰，以至于一些在校会计专业学生和在职会计人员对自己专业或职业的未来充满担忧。会计真的不再重要了吗？

1. 曹德旺：自学会计，打赢反倾销

"玻璃大王"曹德旺于 2018 年 12 月 15 日在央视《开讲啦》分享时说到，自己在 1983 年承包工厂的七年时间里，大多数常住福州，没有事情干，读书的同时自学怎么做会计。2004 年，曹德旺赢得了跟美国的反倾销官司。他在总结这次赢得官司的三点原因中便有一点与会计有关，即：财务报表完整。在公司内部的 ERP 系统上，一个包装箱用多少木材、多少根铁钉、铁钉多长、一斤多少根的数据都记录在册，这些数据帮了曹德旺大忙。结合自身经历，曹德旺建议："作为管理者，起码也要学会读报表"。

2. 李东生：我有一个很好的财务总监

TCL 总裁李东生在 2015 年的中国绿公司年会上说"做企业的都有一种天然的冲动，我最关心的是利润""但我有一个很好的财务总监，他再三提醒我，李总，现在企业现金流的情况必须立马改善，否则就很可能会出问题"，正是听了财务总监的建议，TCL 才渡过了 2005 年、2006 年最困难的两年。可以说，是财务总监的专业和稳健挽救了 TCL。

3. 任正非：称职的 CFO 应随时可以接任 CEO

华为总裁任正非对财务工作有着独特的理解，曾不止一次提到对公司财务的要求：财务人员首先要精通财务，同时也要懂业务，一专多知；如果财务不懂业务，那只是算账的，叫会计员，不叫财务；称职的 CFO 应随时可以接任 CEO。

4. 马云：天不怕地不怕，就怕 CFO 当 CEO

马云当年的那句"天不怕地不怕，就怕 CFO 当 CEO"被人理解为马云认为会计不适合当 CEO。但是，马云也说过"蔡崇信是我见过的最棒的

CFO",而且蚂蚁金服董事长井贤栋是 CFO 出身,接替马云出任阿里巴巴董事局主席、CEO 的张勇也是 CFO 出身。因此,马云的那句话应该理解为当一家公司的 CFO 有能力提升为 CEO 的时候,就是公司所向披靡的时候。

5. 巴菲特:你必须懂会计

股神巴菲特对会计的重视可能无人能出其右。他曾强调指出:"你必须懂会计,而且你必须要懂会计的微妙之处。除非你愿意投入时间精力学习掌握财务会计,学会如何阅读和分析财务报表,否则,你就无法真正独立地选择股票"。他在读大学时最重视的课程就是财务会计,而且还学得不错。这一点在 2020 年伯克希尔·哈撒韦公司年度股东大会他的发言中可以得到印证,他说:"我当年在学校的时候会计学得不错,而生物学则是一塌糊涂"。上大学时周围同学最喜欢看时尚杂志,他却最喜欢看公司年度财务报告。他不仅自己重视会计,也常建议别人要学习会计。有一次,巴菲特的一个商业合作伙伴问:巴菲特先生,你是我女儿心中的偶像,最近她上大学了,她想让我问你,她在大学里应该重点学习哪些课程?巴菲特回答:会计,因为会计是商业语言。

资料来源:关于会计的重要性,任正非、曹德旺、巴菲特等大佬们如是说……[EB/OL]. 百度学术,2022-03-24.

1.2.2 新时代会计职业

新一代数字技术,如大数据、云计算、区块链、机器视觉、机器学习、自然语言处理和 5G 等,正广泛应用于各行各业,推动着经济高质量发展的进程。这种数字化趋势对会计领域的工作模式和生态系统产生了深远影响。会计职业正在经历进一步拓展和重塑的过程,这也引发了一些人对会计职业可能消亡的担忧。然而,我们应该将这种危机视为转机,当前,会计界主流观点认为,数字技术的发展为会计行业带来了难得的机遇,促使其实现转型升级。通过人工智能、区块链、云计算、大数据、物联网等信息技术,会计从业人员可以解脱于低附加值的会计核算工作,将宝贵的时间和精力投入到更具创新性和高附加值的财务管理工作中。这样,会计行业可以更好地为经济高质量发展提供服务。

相关学者认为,新时代会计职业可以分为管理型和技术型两大类。

1. 管理型职业

（1）数据分析职业。

在大数据时代，会计人员将摆脱传统繁琐流程的束缚，并利用大数据、云计算等现代信息技术提高对非结构化和非财务数据的收集和处理能力。凭借数据分析知识、技能和经验，独特的专业视角和敏锐度，以及会计人员在组织中拥有的特殊地位，可以通过数据分析为组织创造独特的价值。数据分析不仅能够反映过去和了解现在，揭示"已经发生了什么"和"正在发生什么"，还能回答关于"它是如何发生""它为什么会发生"等问题；同时，数据分析也能够预测未来，提供关于"将会发生什么""应该如何行动""如何最佳地行动"等方面的洞察。特别是对企业低质量经济活动数据的分析，会计人员能够提供前瞻性意见，为实现高质量发展提供有价值的指导。

（2）智能决策职业。

借助数字技术，会计人员能够运用会计思维发现商业问题，并获取关键数据，从而为各种业务场景的决策提供支持。一方面，企业可以依靠会计云平台提供的系统化和真实的经济指标进行经营业务的管理。另一方面，企业可以利用行业供应链上下游的丰富数据及内部价值链的综合信息反馈，做出准确的财务预测和财务决策。在这种角色中，会计人员可能需要识别人工智能系统所需的数据并评估数据质量，能够灵活地调整人工智能系统的相关参数或数据输入，以提高输出质量。此外，他们还能够进行会计、财务、审计、税务等专业决策，并为组织提供咨询服务，以支持更高层次、更复杂和更有效的决策。

（3）精细化管理职业。

智能仪器和物联网的广泛应用为企业的过程管理和控制提供了便利。例如，在企业进行成本控制时，可以借助会计云平台进行成本预算，并利用作业成本法将产品生产和销售过程中的每个环节通过设备传递给数据处理器。这样，所有数据化的经营信息都能够被收集起来。最终，可以将实际成本与预算成本进行对比分析，诊断过程控制中存在的低质量活动问题，并实时调整管理策略并提出改进措施。通过这种方式，企业能够更好地掌握成本情况，及时发现问题并采取相应的措施来提高效率和降低成本。

2. 技术型职业

（1）系统开发职业。

"新会计"是用数字技术来实现会计模式的创新，这就需要既具备了解人工智能的能力，又掌握会计专业知识和变革需求的人才参与系统开发。系统开发人才可以发挥的作用包括：识别可以并应该实施人工智能的会计任务；评估各领域会计相关流程可以实施人工智能的程度；根据人工智能特点重构会计模式，重组会计流程；评估每个流程实施人工智能的效益和风险，并在流程出现例外情况时制定应对策略；确保算法按照会计相关的制度、准则和法规进行处理，保证处理的准确性和完整性；参与机器学习过程，设计适用于会计领域的机器学习算法；选择用于机器学习的数据并评估数据质量，用这些数据对算法进行训练等。

（2）系统实施职业。

人工智能系统的设计和实施是两种相互结合的工作，系统设计时需要考虑实施的可行性，系统实施时也需要考虑系统设计中已解决和未解决的问题。系统实施角色可以发挥的作用包括：根据任务和背景对基础设施进行布局，包括考虑公有云与内部存储的可用性、计算能力支持、基础设施的可扩展性和灵活性；参与会计部门与其他业务部门及外部相关方之间的数据接口配置；参与组织结构和业务流程重组，对围绕人工智能系统开展工作的会计相关流程进行分析和再设计，确定流程的 KPI 指标；重新设计会计相关岗位及其工作职责；实施针对系统日常运行和维护的内部控制体系，例如，是否需要使用区块链技术或设计相关制度以保证数据的安全性和保密性等。①

> **拓展链接 1-3：人工智能时代逼近，97%的会计将被取代？**
>
> 2017 年 12 月 10 日，在江苏省会计学会联合北京国家会计学院在南京举办的"大变革时代下的财务转型升级"主题讲堂上，来自国家会计学院、清华大学、中国联通、北京元年科技股份有限公司、苏宁云商、国旅集团、东方资产管理公司、浙江大华技术股份有限公司、徐工集团等单位的专家纷纷围绕数字经济背景下企业集团如何积极应对和探索财务转型之路进行了主题演讲。
>
> 2017 年 10 月 24 日，英国 BBC 基于剑桥大学研究者迈克尔·奥斯本（Michael Osborne）和卡尔·弗雷（Carl Frey）的数据体系分析了 365 种职业在人工智能时代"被取代的概率"，该研究根据"无需天赋，经由训练即

---

① 应里孟，阳杰. 智能+会计：模式创新与职业重塑 [J]. 财会月刊，2020（24）：69-76.

可掌握的技能;大量的重复性劳动,只需手熟无需用脑"的特征认为,97.6%的会计人员将会"被机器人取代",其他处于被取代概率前五位的还包括电话推销员、打字员、保险业务员、银行职员等。

"虚拟现实、人工智能、区块链技术的浪潮下,只会打算盘的'账房先生'确实会被淘汰。"对上述数据,国家会计学院党委书记、院长秦荣生教授告诉记者,在对2017年1~10月在北京国家会计学院培训的财务主管的调查问卷结果显示,78%的会计人需要了解和掌握数字化技术、智能技术;66%和67%的会计人未来分别要具备数据收集和分析技能、风险管理数字化的技能;61%的财务团队和人员要将更多的时间用于数据支持决策。

"目前,不少会计师事务所都在使用财务机器人做对账、扫描凭证的工作。毋庸置疑,新技术将取代大部分基础性的会计工作。"省会计领军人才、立信中联江苏分所总经理江小三说,不管技术发展如何迅猛,会计学原理都不会被推翻,冰冷财务数据背后的含义,都需要财务人员的深度挖掘。

赵光副厅长认为,财务工作是经济管理工作的基础和重要组成部分,无论在哪一个经济单元,财务管理都必不可少。在新形势下,财务工作要主动服务于经济社会发展的需要,贯彻新理念,用好新技术,积极发挥财务工作的管理职能作用和价值创造能力,推动经济发展质量变革、效率变革、动力变革。

"从资本市场的估值变化就能体现出财务管理人员转型迫在眉睫。2005年美国资本市场市值前几名的是通用电气、美孚石油、花旗银行,而到上周五,市值排在前列的是苹果、微软、亚马逊。"全国会计领军人才、南京公用发展股份有限公司财务总监陈纬认为,从算盘到机械计算机、电子计算机再到云计算,数字经济的时代变革不可逆转,技术的革新给财务管理者带来了挑战。

"南京公用将财务核算、资金结算以及全面预算系统进行整合并与业务系统打通,数据之间自动推送,生成闭环。财务和战略、财务和管理、财务和业务之间互联互通,实现了财务信息价值的最大化。"以该公司为例,陈纬说,由于技术革新导致商业模式的创新,进而推动财务管理人员思维的转变,如对企业的估值需要考虑商业模型、客户流量、变现因子等这些受到新经济影响的因素。管理层需要财务人员提供的不仅是三张财务报表，更加需要具有高附加值的战略策划、决策支持、经营分析、税务筹划等。

对此，秦荣生认为，在服务企业整体发展战略上，财务管理不能仅满足于企业经营业绩的计量和反映，更需要深入企业业务发展的过程和前端，实现财务管理与业务发展的紧密融合，在企业运营中做好"调度中枢"和"专业大脑"的角色。只有做好企业业务发展的指引和运营的调度，才能保证企业良好的经营业绩和财务效益。

资料来源：人工智能时代逼近，97%的会计将被取代？来听听国会大讲堂的观点交锋［EB/OL］．江苏财政，2017－12－13．

1.3 新时代的会计伦理

1.3.1 会计伦理的内涵

伦理是指人们在处理彼此关系时应遵循的行为规范和准则，涉及人性层面的是非判断、善恶美丑的评估标准，是在特定前提条件下所有理性的人都将遵循的行为准则。举例来说，伦理包括要求人们遵守合理的义务标准，以制止偷窃、诽谤和欺诈等行为。伦理标准还包括坚持诚实、同情和忠诚等美德的标准，以及与权利有关的标准，如生命权、免受伤害权和隐私权等。伦理为我们提供了一个参考框架，用于评估和指导我们自身的行为，使我们能够在道德上正确地思考和决策。

会计的目标是为公众利益服务，确认或保证市场参与者的财务数据的真实性和公平性，并提供满足经济管理需求的数据和信息。会计伦理作为一种应用伦理，特别强调人们在商业环境中的道德判断和价值观，并将其应用于会计领域。通常情况下，会计的主要伦理动力是秉持适当行为和维持良好的专业水准。因此，会计伦理要求所有会计人员都有义务避免偏见、利益冲突或他人的不当影响，以免损害他们的专业判断力和商业道德。加强会计伦理建设对于国家专业机构来说非常重要，可以提高企业的商业信誉和财务报告的可信度。这种加强会计伦理的努力对于保护公众利益和维护市场的正常运作至关重要。

1.3.2 新时代会计伦理问题

随着大数据技术在会计领域的广泛应用,关于数据使用的伦理问题变得越来越重要。会计人员不仅需要考虑如何利用大数据推动会计工作更加准确和高效的发展,还需要遵循职业伦理规范和数据使用的伦理准则。他们需要思考以下问题:数据的真实性是否可信,数据使用过程是否符合法规,数据的使用是否会对利益相关者造成负面影响,数据存储是否存在风险以及如何应对这些问题以确保会计数据的合规使用。会计人员在利用大数据时需要保持高度的敏感性和责任感,始终遵循伦理准则,保护数据的隐私和安全,同时确保数据的准确性和合法性。这样才能建立信任和维护会计行业的声誉,同时促进业务的可持续发展。

1. "真实性"伦理标准受到冲击

在面对动态变化且复杂多样的数据时,会计人员在数据筛选和信息呈现方面的决策将对商业决策产生巨大影响。无论是从受托责任的角度为资源提供者提供信息,还是从决策实用性的角度为利益相关者提供信息,这些信息首先必须是真实且准确的。不真实和不准确的会计信息不仅对信息使用者来说是毫无价值的,甚至可能具有破坏性。在人工智能会计中,"讲真话"扮演着更加重要的角色。如果我们不能合理地假设会计信息链的各个环节提供的信息是真实可信的,那么"输入的是垃圾,输出的也是垃圾",基于这些数据的决策注定是无效的,有时甚至会被扭曲,导致信息使用者在不知情的情况下做出错误的决策。对由人工智能生成的所有会计信息进行检查的成本将会非常高昂,超出了会计人员的能力范围。因此,在人工智能时代对数据真实性的需求比以往任何时候都更加迫切。会计人员在这一领域中扮演着关键角色,负责验证和保证数据的真实性,以确保智能机器人的输出信息具备可靠性和有效性。

2. 智能系统缺乏自主认知能力导致责任空白

在作道德判断时,人类常常会根据主观意识对客观评价进行调整。然而,会计标准(准则)往往滞后于实务,对于现今复杂的财务行为来说,会计标准可能无法充分适用。因此,会计人员的客观评价需要依赖于他们敏感的道德判断和职业判断,以不断调整。在人工智能系统处理和生成会计信息的过程中,同样需要遵循判断标准,这些标准源于现有的会计标准以及人们输入的基础信息。然而,由于人类行为无法完全量化且逻辑上不可完备，我们无法完全将市场、企业和利益相关者的道德现象进行表征。因此，人工智能可能存在道德盲区，导致道德评价机械化的情况发生，从而降低了信息使用者获取的信息价值。此外，由于目前的人工智能系统在会计活动中还没有独立自主的认知能力，并且无法完全受到会计人员的控制，因此无法要求会计人员对其行为负责。对于这种情况，现有的责任体系难以确定人工智能系统行为的后果及责任的归属，可能导致责任空白的问题出现。

3. 数据存储及使用受到威胁

随着企业日产量信息数据量呈指数级增长，我们可以借助自然语言处理等技术将非结构化数据可视化，这对会计工作具有重大意义。为了存储这些庞大的数据量，云服务应运而生，越来越多的企业选择将数据迁移到云服务提供商的云服务器中，并将人工智能技术系统应用于会计信息链路中，通过技术外包或购买第三方服务实现。然而，这也带来了云数据中心和人工智能技术提供者与使用者之间的利益关系问题。显然，技术提供方具有技术上的优势，这种优势使他们在某种程度上有可能采取不公平或不正当的行为。例如，他们可能通过专业能力窥探技术使用方的商业数据和机密信息。此外，对于会计信息可以供公众使用的企业而言，也存在一些问题，如谁可以访问数据、何时访问以及如何确定访问数据的合理意图。如果会计人员出于个人利益在公开披露之前访问内部安全数据，或将数据与本应独立的组织单位进行连接，就可能引发道德问题。[①]

拓展链接 1-4：有效应对大数据技术的伦理问题

运用大数据技术，能够发现新知识、创造新价值、提升新能力。大数据具有的强大张力，给人们的生产生活和思维方式带来革命性改变。但在大数据热中也需要冷思考，特别是正确认识和应对大数据技术带来的伦理问题，以更好地趋利避害。

大数据技术带来的伦理问题主要包括以下几个方面：一是隐私泄露问题。大数据技术具有随时随地的保真性记录、永久性保存、还原性画像等强大功能。个人的身份信息、行为信息、位置信息甚至信仰、观念、

---

① 高锦萍，白羽新，高居平，等. 人工智能时代的会计伦理：内涵、转向与考量 [J]. 会计研究，2022 (3)：17-27.

情感与社交关系等隐私信息,都可能被记录、保存和呈现。在现代社会,人们几乎无时无刻不暴露在智能设备面前,时时刻刻在产生数据并被记录。如果任由网络平台运营商收集、存储、兜售用户数据,个人隐私将无从谈起。二是信息安全问题。个人所产生的数据包括主动产生的数据和被动留下的数据,其删除权、存储权、使用权、知情权等本属于个人可以自主的权利在很多情况下难以保障安全。一些信息技术本身就存在安全漏洞,可能导致数据泄露、伪造、失真等问题,影响信息安全。此外,大数据使用的失范与误导,如大数据使用的权责问题、相关信息产品的社会责任问题及高科技犯罪活动等,也是信息安全问题衍生的伦理问题。三是数据鸿沟问题。一部分人能够较好占有并利用大数据资源,而另一部分人则难以占有和利用大数据资源,造成数据鸿沟。数据鸿沟会产生信息红利分配不公的问题,从而加剧群体差异和社会矛盾。

学术界普遍认为,应针对大数据技术引发的伦理问题,确立相应的伦理原则。一是无害性原则,即大数据技术发展应坚持以人为本,服务于人类社会健康发展和人民生活质量提高。二是权责统一原则,即谁收集谁负责、谁使用谁负责。三是尊重自主原则,即数据的存储、删除、使用、知情等权利应充分赋予数据产生者。现实生活中,除了遵循这些伦理原则,还应采取必要措施,消除大数据异化引起的伦理风险。应鼓励以技术进步消除大数据技术的负面效应,从技术层面提高数据安全管理水平。例如,对个人身份信息、敏感信息等采取数据加密升级和认证保护技术;将隐私保护和信息安全纳入技术开发程序,作为技术原则和标准。建立健全监管机制。加强顶层设计,进一步完善大数据发展战略,明确规定大数据产业生态环境建设、大数据技术发展目标及大数据核心技术突破等内容。同时,逐步完善数据信息分类保护的法律规范,明确数据挖掘、存储、传输、发布及二次利用等环节的权责关系,特别是强化个人隐私保护。加强行业自律,注重对从业人员数据伦理准则和道德责任的教育培训,规范大数据技术应用的标准、流程和方法。培育开放共享理念。进入大数据时代,人们的隐私观念正悄然发生变化,如通过各种"晒"将自己的数据信息置于公共空间,一些方面的隐私意识逐渐淡化,这种淡化就是基于对大数据开放共享价值的认同。因此,我们应适时调整传统隐私观念和隐私领域认知,培育开放共享的大数据时代精神,使人们的价值理念更契合大数据技术发展的文化环境,实现更加有效的隐私保护。在此过程中,不断提高广大人民群众的网络素养,逐步消弭数据鸿沟。

资料来源:有效应对大数据技术的伦理问题 [EB/OL]. 央广网,2018 - 03 - 23.

1.4 新时代会计职业道德的重要性

会计职业道德是指会计人员在从事会计工作时需要遵循的一系列价值理念和行为规范,它对于提供真实完整的会计信息、促进经济的高质量发展具有重要的保障作用。

1. 加强会计职业道德建设是经济高质量发展的有力支撑

会计工作是经济发展的重要支持力量,会计信息在维护市场经济秩序和引导资源科学配置中发挥着关键角色。准确完整的会计信息能够客观反映经济发展的历史,并为规划经济发展的未来提供精准指导,从而为实现经济高质量发展奠定基础。市场经济是建立在信用的基础上,会计职业道德的匮乏必将对会计信息质量产生负面影响,进而危及市场经济的根基,严重影响经济高质量发展。会计职业道德建设是确保经济高质量发展的关键要素。在社会对诚信建设日益重视的背景下,会计职业道德建设的重要性更加凸显,它已成为影响会计工作服务经济高质量发展的重要因素。通过加强会计职业道德建设并提升会计人员的职业道德水平,能够确保会计信息的真实完整性,为经济高质量发展打下坚实的会计信息基础。

2. 加强会计职业道德建设是数字经济时代的必然要求

在数字经济时代,数据已经成为企业决策的重要依据,而会计人员的责任是以诚信和透明原则处理和报告这些数据,确保数据的准确性和可靠性。数字经济涉及更多利益相关方和复杂的交易结构,这要求会计人员能够处理各方利益冲突,保持独立性和公正性,避免不当的利益诱惑和潜在风险。此外,数字经济涉及大数据和个人信息,这些需要得到妥善的保护。因此,加强会计职业道德建设成为数字经济时代的必然要求。为了确保会计工作的高质量和维护社会信任,会计人员需要遵循职业道德准则，在处理数据并报告时保持诚信、透明和独立，保证数据的可靠性和数据使用的合法性，为企业决策提供可靠的依据。同时，会计人员也应遵守数据保护和隐私保密的规定，保护大数据和个人信息的安全，防止数据泄露和滥用问题的发生。

3. 加强会计职业道德建设是会计行业持续健康发展的坚实基础

会计职业道德被认为是会计行业的基石。在2001年10月，时任国务院总理朱镕基亲自题写了"诚信为本、操守为重、坚持准则、不做假账"的校训，明确要求国家会计学院和会计行业加强会计诚信建设①。然而，随着市场经济的迅速发展、经济业务的复杂多变、新兴技术的涌现及社会诚信缺失等，近年来会计失信行为逐渐增多，对会计信息质量和行业声誉产生了一定的负面影响，并引起了广泛的社会关注。加强会计职业道德建设和提高会计人员的职业道德水平成为确保会计信息的真实完整、推动会计工作发挥职能作用的重要保障。会计人员应该坚守诚信原则，遵守行业准则，坚持操守和道德规范，严守职业道德底线，以确保会计信息的真实性和可靠性，维护行业的声誉和公信力。

拓展链接1-5：数字时代职业道德和信任的重要性

如今，采用数字化的工作和生活方式已然成为定局。虽然全球采用数字技术的水平参差不齐，但人类社会朝数字化方向发展的大势已成为既定的现实。英国特许公认会计师公会（以下简称ACCA）通过调研发现，在这一技术引领数字时代的背景下，重新审视专业会计师职业的道德内涵将变得越来越重要。

1. 职业道德的重要性

在此前有关专业会计师相关技能的报告中，ACCA指出了未来会计师制胜商业所必备的"杰出七商"，分别为：专业能力和道德水平（TEQ）、智商（IQ）、经验（XQ）、创造力（CQ）、远见（VQ）、数字商（DQ）及情商（EQ）。此次调查中，ACCA要求受访者对数字时代职业道德水平的重要性进行评分，最低为1分（一点都不重要），最高为5分（十分重要）。7600余名受访者认为职业道德是数字时代一项"十分重要"的技能（即5

---

① 诚信会计 不做假账——南京财经大学的育人准则［EB/OL］. 光明日报，2011-11-04.

分），占总受访人数的77%。绝大多数受访者（超过九成）对职业道德重要性的评分为4分或5分。这或许表明，即使出现了越来越多的技术引领全新的工作方式，道德因素仍是专业会计师议程的核心所在。技术可能会对人们理解道德行为的细节产生一定影响，但并不能改变坚守职业道德的重要性。

对于"道德行为有助于在数字时代建立信任"这一观点，绝大多数受访者表示赞同。这种认同之所以重要，是因为专业会计师创造价值的能力关键取决于会计师赢得利益相关方信任的能力。在飞速演变的数字时代，如果客户和其他利益相关方认为这个会计师将一直以符合伦理道德的方式行事，他们就更有可能继续对其予以信任。

此外，首席高管还回答了"会计师职业道德"和"企业与内外部利益相关方建立信任的能力"两者间联系的具体问题。几乎所有的受访首席高管一致认为，会计师的道德行为将有助于企业与内外部利益相关方建立信任，其中，42%的受访者认为会计师道德行为将起到非常重要的作用。

2. 经验与道德

调查中，77%的受访者认为职业道德在数字时代"十分重要"。在进一步考察持此观点的受访者后，发现受访者个体之间还会因经验水平的差异而有所不同。在管理层级的下端，随着受访者从培训学员转变为合格的专业会计师，他们对职业道德的重视也将略有提高。这表明无论是概念学习还是将其应用于工作环境，财会培训都有助于强化职业道德的重要性。而在管理层级的上端，处于首席财务官级别或同等级别职位的合格会计师对职业道德的重视程度略高于所有受访者的平均水平。这或许起到了促进职业道德朝正确方向发展的作用——因为提升职业道德的关键取决于企业高层的态度。在企业对道德行为进行重要性排序和展示符合职业道德的行为时，领导者的行为将为其树立标准。同时，对于高层决策者而言，随着自动化水平的提高，健全的道德判断将变得越来越重要——确保以不影响恰当道德行为的方式支持创新。

3. 行业观点

在非营利机构和公共部门，认为职业道德在数字时代"十分重要"的受访者比例高于所有受访者的平均水平。这或许体现了各种可能因素，包括积极因素和消极因素。诸如公共部门组织的社会议程等积极因素可能将有利于在员工中建立强大的道德价值观念。或者，如果员工亲眼目睹了不道德的行为，那么他们会加强对职业道德领域的重视。

就商业组织而言，在大型金融服务组织里，每5名受访者中就有4人认为职业道德"十分重要"。这反映了该受访群体自2008年金融危机以来审查、监管及文化变革受重视的程度。

同样比例的个人从业者也认为职业道德"十分重要"。这些人士的执业活动通常基于其个人的可信度。该事实可能在一定程度上反映了他们对职业道德的重视，并将职业道德视为个人价值主张的关键。遵守职业道德，是加强客户对从业者个人信任的重要因素；而无需高度依赖受雇企业的声誉来建立客户信任。

4. 会计职业道德原则的相关性

受访者认为职业道德在数字时代仍然具有至关重要的作用。那么，与此相关的问题是，会计师国际道德准则理事会（IESBA）针对专业会计师的职业道德原则在数字时代是否依然适用？绝大多数调查受访者抱有肯定看法。这或许与这一事实息息相关，即IESBA原则虽不是规范性规则，但同样赋予专业会计师根据具体情况进行应用的责任，而并非要求会计师盲目地逐项遵从。从根本上讲，技术无法改变这样一个事实：职业道德（或道德缺乏）主要通过人类行为和人类决策来表现，而这就确保了IESBA原则的相关性。当然，有待人们理解的新信息还将不断涌现——但这只会改变道德原则的应用情境，而不会影响原则本身。

展望未来，绝大多数受访者表示，强有力的道德原则和行为将在不断发展的数字时代变得日益重要，但同时也预见到各种威胁和不道德行为有抬头之势。当今时代瞬息万变，对数字发展的新信息需求激增，因此越来越多的人会认为职业道德将在行业未来的发展中变得越来越重要。

资料来源：专业会计师 - 成就未来：数字时代的职业道德与信任. 2017. https：//cn.accaglobal.com/content/dam/acca/articles/files/100.pi-ethics-trust-digital-age-CN.pdf.

1.5 本章小结

作为开篇第一章,本章主要介绍了新时代会计行业面临的挑战与机遇、新时代的会计职业、新时代的会计伦理与新时代会计职业道德的重要性。我国进入新时代经济高质量发展阶段,同时人工智能、大数据、"互联网+"及区块链等新技术、新手段、新方法在各行各业中广泛应用,会计作为现代国家经济治理和社会发展的专业化工具和通用语言,面临巨大的历史机遇和挑战。新时代会计职业可以分为管理型(数据分析职业角色、智能决策职业角色、精细化管理职业角色)和技术型(系统开发职业角色、系统实施职业角色)两大类。随着大数据技术在会计领域的广泛应用,有关数据运用的伦理问题也日渐突出。会计人员需要遵循职业伦理规范和数据使用的伦理准则,思考数据的真实性问题、数据使用过程是否合法、是否会对利益相关者产生不良影响,以及数据储存是否存在风险和如何应对等问题,确保会计数据的合规使用。会计职业道德建设不仅有利于经济高质量发展,同时也是数字经济时代的必然要求,是保持会计行业健康持续发展的建设基础。

关键术语

经济高质量发展　　　　　　　　会计职业
数字技术　　　　　　　　　　　伦理
数字经济　　　　　　　　　　　会计伦理

课堂讨论

1. 结合自身实际,谈谈如何为经济高质量发展贡献自身力量?
2. 你如何看待会计行业在新时代面临的挑战与机遇?
3. 如何应对大数据和人工智能带来的伦理挑战,为数字经济长期健康发展指明路径?
4. 如何成为一名新时代的财务人?

情景练习

我要怎么做?

情景一

我的公司最近推出了一款新产品,该产品在市场上非常受欢迎,销售额迅速增长。然而,我注意到公司的销售团队存在一种激励计划,鼓励销售人员以虚构的销售订单来提高销售额。虽然这种行为在短期内可能带来经济利益,但它违背了财务报告准则和伦理规范。面对这个问题,我应该如何应对?

(1) 我选择保持沉默,不向上级报告虚构销售订单的情况,以避免与销售团队发生冲突,并保住自己的职位。

(2) 我立即向我的上级或内部审计部门报告虚构销售订单的情况,并提供证据和详细描述。

(3) 我与销售团队进行积极沟通,解释虚构销售订单的风险和违规性,并协商制定合规的激励计划。

请问我要怎么做?可从上述选项中选择,也可提出选项未涉及的做法,并简要说明理由。

情景二

我是一名会计师,负责处理公司的财务数据和隐私信息。我的公司正在进行一项新的合并交易,需要与另一家公司共享财务数据和敏感信息。我注意到对方公司的数据安全措施相对较弱,可能存在泄露数据的风险。面对这个问题,我应该如何应对?

(1) 我选择继续与对方公司共享财务数据和敏感信息,不考虑数据安全的风险,以推进合并交易的进展。

(2) 我向公司的管理层提出关于对方公司数据安全的担忧,并建议采取适当的安全措施,确保数据的保密性和完整性。

(3) 我拒绝与对方公司共享财务数据和敏感信息,除非对方公司提供充分的数据安全保障措施。

请问我要怎么做?可从上述选项中选择,也可提出选项未涉及的做法,并简要说明理由。

> 资料分析

资料1-1：美的集团财务数字化转型之路

1. 美的集团财务数字化转型过程

（1）打基础。

2013年，在国家一系列刺激性政策支持及行业需求增幅缓慢的背景下，我国家电行业中的电商渠道、互联网运营方式的改变及智能化产品的全面发展推动了家电企业转型升级。美的集团以"产品领先、效率驱动、全球经营"三大战略为指引，以消费者为中心，加强科技创新投入与产品开发，提升基础与核心技术能力，逐步开始实施财务信息电算化，为财务管理转型做铺垫。

美的集团通过借助企业资源计划（ERP）系统录入信息、规范会计流程科目标准和建立统一的管控体系等，为企业财务数字化转型奠定基础。

第一，财务信息技术方面，推行一体化全面流程管理体系。财务人员初步摆脱以往手工做账方式，以"资金、核算与报表"为中心，优化以ERP系统为核心的财务系统功能，促进信息数据的透明度并提高财务会计的运作效率。公司发布了M-Smart智慧家居战略，基于公司全球最齐全的产品群优势和用户基础，以大数据、智能人工为技术手段，完成公司财务的内外统一协作。

第二，资金管理方面，设立统一的财务管理标准，包括统一业务活动流程、统一财务数据标准，以及统一会计核算政策等。美的集团通过财务信息系统平台，统一对母子公司的资金进行管理，实现资金的物理集中与数据集中。

第三，海外市场方面，完善海外管控体系建设。初步建立了跨国公司的经营管理体系，以海内外大数据为支撑手段，逐步完善标准流程体系，建立了一套以财务内控、内部审计、外部审计和法务管理为核心的预警和纠错体系，为实现跨国财务数字化统一做准备。

（2）促发展。

美的集团充分利用光学字符识别（OCR）、机器人流程自动化（RPA）等，实施精细化管理，深入拓展财务数字化进程，促进数字化转型的进一步发展。

一方面，建立以"统一流程、统一主数据、统一IT系统"为中心的"三统一"目标，建立商业智能（BI）、柔性制造系统（FMS）、人力资源管理系统（HRMS）三大管理平台和企业一体化管理平台（MIP）、营销数据平台（MDP）两大技术平台，通过统一流程、数据和系统，实现对集团财务管理运营的软件保障，并对集团的财务运营、管理分析及数据规范等多个方面进行了整体优化与完善。

另一方面，实施精细化管理，进一步减少组织层级，改善组织结构，激发整个财务部门的工作活力；加大数字化设备研发，以及对财务机器人的研发投入，不断提升财会人员的效率；加强产业链协同发展，打造"产业+金融"的数据大平台。

（3）谋转型。

美的集团借助"大智移云物链"进行财务共享及数据预测，建立数据中台，实现会计信息化向财务数字化的转型。依靠集团经济体系的综合支撑，搭建"人与财"双引擎管理机制，以财务共享为依据，构建统一的数据平台；通过实行合伙人、阿米巴模式，激发企业员工活力；通过构建财务经营可视化与业财一体化管理平台，制定财务数据的统一标准，进而实现分层管理；通过全面预算与经营分析，挖掘财务数据的深度价值，有效推动财务数字化转型。另外，美的集团还深入推进人工智能与5G结合，聚焦财务预算、采购、销售、核算和税务等业务，依据"大智移云物链"技术，实现财务预算数字化、业务场景化及经营简单化，逐步由管控型财务向战略型财务转型。

2. 财务数字化转型对美的集团的影响

（1）提高运营效率。

财务数字化模式借助智能审核、智能采集等应用技术，大幅缩减财务人员的人工成本，并提高了运营效率及整体利润。与以往相比，同样的工作量下，由单个审批变为流程化批量处理，改善工作节奏，提高工作效率。一方面，各子公司减少重复工作和岗位，改变人员冗杂现象并精细化管理团队；另一方面，数字化转型促进了美的集团运营效率的提高，使库存下降，应收账款周转率提高，且有选择地进入高附加值的产品领域，通过加强研发投入，使得产品的营业收入与净利润大幅提升。美的集团2013~2020年营业收入和净利润如图1-1所示。

由图1-1可以看出，2013年进行数字化转型后，美的集团营业收入和净利润实现稳定增长，并经受住了2015年家电行业整体萧条的冲击。2017年，美的集团以240.6亿美元的年收入成功进入"世界500强"，成为当年中国唯一上榜的家电企业。财务数字化转型使企业运营效率得到提升，在很大程度上促进了美的集团整体经营状况的改善。

（2）帮助企业更好地实现价值链管理。

美的集团财务数字化转型改变了部分员工的工作方式。以财务部门为例，不同于以往的人工处理，转型后财务人员进行业务处理的更多地依靠计算机与财务软件。

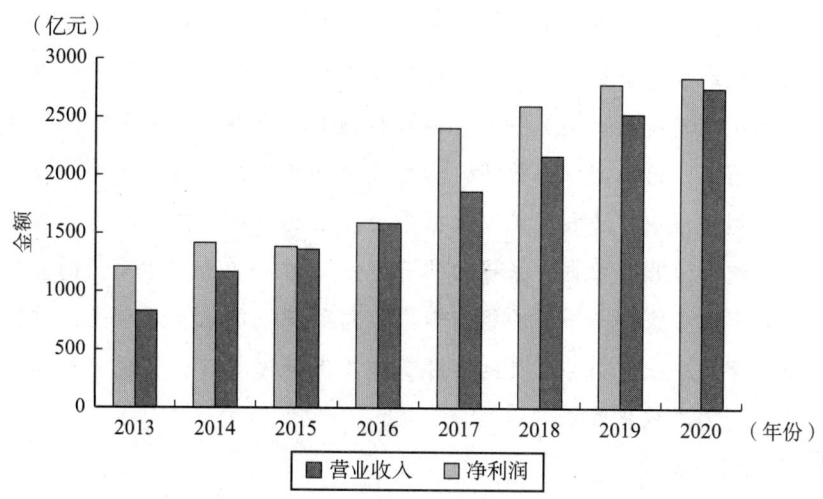

图1-1 美的集团2013~2020年营业收入和净利润

在此基础上,借助财务数字化转型能够优化资源配置,提高财务处理效率,使全价值链的上、中、下游紧密结合,并且也利于价值链具体应用方法的改变。另外,通过数字化技术的大量应用,可以更加准确、高效、完整地收集各类业务信息。在获得全价值链的所有数据后,可对这些数据进行汇总、计算、分析,以最快的速度洞察用户的新需求,在最短时间内提供更好的产品和服务,进而提升企业核心竞争力。

(3) 促进公司财务转型。

通过财务数字化转型,美的集团的财务人员无需再重复以往繁重且复杂的基础核算工作,而是将更多的时间与精力投入到公司的经营活动和战略决策中,逐渐构成"战略+业务+共享"为一体的财务发展模式,充分发挥财务管理应有的职能,促进企业财务由核算型向管理分析型转变。另外,在传统条件下,美的集团下属公司对各自财务数据核算分析后上报至总公司,由集团总公司管理层做出决策。财务数字化转型后,美的集团对总部与子公司的财务数据进行统一核算分析、纳税筹划、财务预测及盈余管理,借助财务软件进行统一管理,不仅能减少人为失误,而且能使财务管理职能发挥真正作用,为集团总体科学决策提供强劲支撑。

(4) 促进业务集成化。

目前,我国大部分大型企业集团处于财务数字化转型初级阶段。在此阶段,整体技术不到位导致母子公司之间的不同业务信息出现割裂,而且信息数据之间相互独立,无法充分使用。

美的集团总体业务布局可总结为"多元化、全球化、智能化"三大特点。随着用户收入的增长及互联网赋能范围的不断扩大,客户需求已从单一软件、工业产物和物流运输拓展到包括金融服务、供应链管理等全产业链。美的集团业务在进行数字化转型过程中逐步覆盖研发、制造、销售和物流,能够充分满足企业精细化运营和数字化转型需求,给集团财务数字化转型提供物质支持。另外,美的集团在进行财务数字化转型过程中,还利用统一数据平台建立标准统一的数字化标杆,打通内外部价值链,通过流程、数据、系统的"三统一"进一步夯实了集团的管控管理与营运基础,将各业务板块与不同的组织部门汇总到统一的信息平台上,进行统筹运营,将财务数字化手段与财务人员的实际工作情况紧密相连,实现了工作计划与具体业务组织之间的集成化管理。

(5) 优化组织结构。

美的集团作为大型股份有限公司,在经历几次大型改革后,形成了多事业部组织结构形式。集团根据业务区别,在总部下设四大产业集团,分别负责制冷家电、日用家电、机械装备和地产业务。同时,四大产业集团根据产品及地区的不同划分了不同的产品及地区事业部,导致美的集团人员较多,关系复杂,管理难度较大。

随着美的集团开始进行财务数字化转型,集团将下属各业务组织、部门人员等对象构建为多重维度,通过分析目标对象的不同需求,强化财务部门中的数字化思想及应用,建立财务数据流通道,提升数字化管理的执行力,将其与财务业务处理相融合,发现企业在经营过程中的风险与不足,及时提出解决方案,从而促进资源优化配置,实现财务会计向管理会计转型,进一步优化集团的组织结构。

3. 美的集团财务数字化转型过程中存在的问题

(1) 管理层在财务数字化转型中重点不明确。

美的集团管理人员在经济市场运作及公司经营与管理方面极为擅长,但在财务数字化转型过程中没有对资金管理进行合理规划,忽略了转型过程中的重点问题。

一方面,美的集团依旧将转型的重点停留在数据处理阶段,导致转型长期处于信息化向数字化过渡阶段。2012~2015年,美的集团为数字化转型投入20亿元,共有5000余人参与。其庞大的技术团队不利于业务流程梳理。此外,美的集团管理层决定收购一系列机器人企业,更是耗资巨大。这些决定使企业投入了大量资金,但数字化转型收效甚微,总体性价比一般,而庞大的数字化团队和自动化投入则成为公司未来发展的隐患。

另一方面,美的集团管理层并未重视利用处理后的数据。财务数字化转型不仅涉及数据的处理，更重要的是懂得如何利用处理后的数据，进而通过充分利用数据带来的信息为企业发展创造更大价值。

(2) 数据的跨区域融合有待提升。

美的集团等制造企业在步入数字化转型道路后，常在跨区域衔接处存在问题，使数据难以整合到一起、无法形成闭环，导致数字化转型之路困难重重。由于大部分企业在进行转型之前已应用了多种不同的财务软件或信息系统，经过几年甚至数十年的应用后，系统难免相互交错，在很大程度上会留下大量未经统一标准处理的数据信息。另外，由于美的集团的分公司分布在全国各地，不同区域的公司在通勤时间、办事专员、办公习惯等方面可能有所差异，这会造成数据交流时间难以匹配，进而导致分公司与分公司、分公司与母公司之间的数据统计与衔接存在问题。

(3) 业财一体化流程不连贯。

美的集团作为一家集日用电器、暖通空调、机器人与自动化系统等产业为一体的企业，在进行财务数字化转型时，应将财务与业务紧密结合，借助精准的信息数据，将各部门的业务串联起来，强调不同部门人的主观能动性，从而实现各个环节连贯。但美的集团在实际转型过程中仍存在两个方面的问题。

一方面，管理层将精力放在工业数字化转型方面，并没有在财务、采购、销售等各个部门同时推进工作，将各个流程作为单项执行，缺乏统一管控战略及内部控制体系，未能将各部门的业务与财务紧密联系，难以实现资源共享，导致整体业务效率降低，从而增加了管理成本。

另一方面，由于获取信息的偏差，各部门所获得信息的可使用性降低，进而导致企业根据所获取信息做出的决策出现偏差。例如，美的集团作为家电企业，在进行家电研发与设计之前，并没有通过大量市场调研来确定市场需求，而是盲目进行生产与销售，导致产品滞销问题的产生，最终造成业务与财务之间无法形成闭环，不利于集团长远发展。

资料来源：美的集团财务数字化转型案例研究 [EB/OL]. 财资一家，2022 - 06 - 13.

讨论题：

1. 假设你是美的集团的财务人员，其他企业请你分享美的集团的数字化转型经验，你将如何介绍？

2. 在美的集团财务数字化转型过程中，你认为最大的挑战是什么？应当如何解决这个挑战？

3. 在财务数字化转型中，数据安全和隐私保护变得更加重要。你认为美的集团应采取哪些措施来确保数据安全性和合规性？请提出具体的建议。

资料1-2：智能时代财务人必须转变的思维

英国特许公认会计师公会（ACCA）在报告中指出，对于财务组织和财会专业人员，驾驭不断变化的经济格局需要新的思维模式，其中涉及以下几个方面的能力。

（1）系统性思考。

财会人员在企业生态系统中所起的作用将变得越来越重要。随着数据工作的进一步发展，了解企业系统运作以及如何作为系统的组成部分创建价值将非常重要。

（2）了解如何捕捉和评估新的价值来源。

增强对新型价值的认知，是一种不断提升的核心竞争力，其中的技能和方法正不断发展，并且变得更加精确。对于这些正在创建的新型价值，建立衡量、报告、监控和评估等能力十分关键。

（3）建立创造力，以不同的方式思考和解决问题。

目前，算法和人工智能等新技术正越来越多地得到应用。为了使新技术真正受到信任，合乎道德地进行部署和设计，所有利益相关方都需要更好地理解其潜力与影响。创造性思维的重要性超越了解决这些问题的技术能力。真正地创造价值、解决未来的问题，将需要更多地聚焦于人和社会这两大因素。

（4）采取长期思维方式。

鉴于不确定性加剧的近期问题，采取更广泛的视角和长期的方法无疑在加大难度。但顺利应对不确定性的核心是保持适应性，同时建立弹性恢复机制和吸收冲击的能力。此外，长期思维还可以通过打破传统边界，在未曾发现的机遇中释放隐藏的价值。

目前，企业可获得的内、外部数据正成指数级增长，实时掌握绩效情况的需求不断提升。这也促使管理团队充分利用数字化创新技术来提升价值（见图1-2）。与此同时，财务团队面临的技术环境也比以往任何时候都更为复杂——面对前所未见、令人眼花缭乱的可用数字化方案，企业很难准确区分事实与夸大宣传，在创新过程中保持信心：自身选择的技术能够在未来与时俱进，始终获得支持。

面对外部环境和企业经营的复杂性、不确定性和波动性，CFO们和财务组织需要借助专业技能和技术来还原现实世界并预见未来。这就需要CFO们把握财务和经营的本质，以及建立财务的底层逻辑。

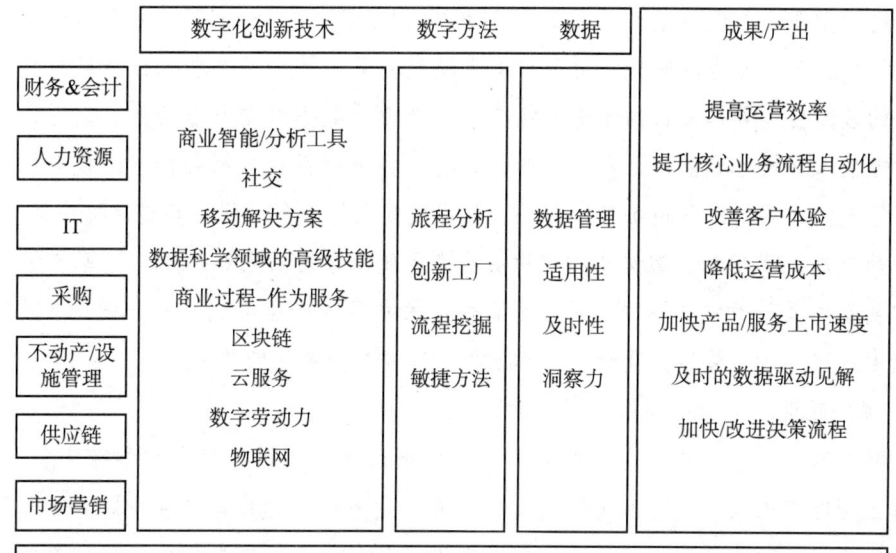

图1-2 数字化经营与数字创新技术应用

资料来源：KPMG官网。

（1）底层逻辑一："符号+数字"的逻辑。

数字经济、智能经济的底层是以交易和账户为中心的体系。财务和金融的基础是账户，而交易表现为账户的记载和处理，其核心是"符号+数字"。账户关系的表面是法律与财务关系，在技术上则是一系列数据关系。这也是在数字宇宙中，"财务+金融+科技"具有天然耦合性和相互赋能的关键所在，而"财资＝财务+金融+科技"恰恰是引爆点。

（2）底层逻辑二："信任+平衡"的逻辑。

财务恒等式体现了各个会计要素在总额上必须相等的一种关系式，它揭示了各会计对象要素之间的联系，是复式记账、编制会计报表的理论依据。一是平衡数字之间的关系，二是平衡与业务、投资者、管理层等之间的关系。通过数字化手段识别和跟踪交易的数据结构类型，区块链所对应的分布式账本技术（DLT）为资金、资产所有权的追踪和转让提供了一个透明和安全的方式。从"记账（共识机制、密码学）""核对（时间戳、数学）"到形成"单链（智能合约、加密技术）""存储（分布式结构、信息技术）""备份（分布式账本）"，区块链成为财务与金融基础设施的未来，其构建的价值互联网将从根本上变革现有规则和操作方式。

（3）底层逻辑三："价值+协同"的逻辑。

财务承担了天然的衡量、分析、管理价值的功能和角色。以数据为例，如何对数据进行专业化处理，通过"加工"实现数据的"增值"，正是财务管理部门发挥数据挖掘、分析能力的时机。财务管理者通过专业训练和长久积累，能够将自己对数据的敏感性和数据分析的核心技能应用到企业的数据管理和分析中。同时，借助大数据技术和机器智能，以及充沛的计算能力将全面释放数据的价值，提升财务支持决策效能，并辅助创造价值。此外，为完成复杂的财务工程，需要对接外部生态，如金融机构、IT机构、咨询机构等财务生态系统，包括供应链、产业链等"链"上的"买卖关系"和"交易对手"，而随着技术发展和产业组织模式升级，"链"上企业形成网络协同关系，通过分工和协作，以提升财务经营能力。

（4）底层逻辑四：还原＋预见的逻辑。

财务的本质是还原过去，预见未来。企业通过建立财务数字化和智能化平台，将财务管理模式从传统财务转型至战略财务、业务财务、共享财务和财务专家团队组成的多层次财务管理。从效率的角度来讲，基于财务工作自动化，单个数据可以在不同的财务节点被提取，数据处理时间大大地被压缩，提高了企业运营效率。从效益的角度而言，由于生产经营的每个财务数据都被实时而准确地收录，财务数据能被多维度地展示，帮助管理者做出更切合企业发展的财务管理决策。财务信息经数字化处理，大大提升了数据的可读取性和可追溯性，如企业生产经营产生的费用及收入都能追根溯源。此外，通过应用人工智能、物联网、机器人流程自动化、区块链和协作网络等技术，打造智能预测、自动化报告和交易、前瞻性生态伙伴管理，助力企业降低成本和管控风险，并发掘新价值来源，将财务部门打造成企业新的价值创造中心和赋能平台，洞见未来。

（5）底层逻辑五：共享＋赋能的逻辑。

财务共享服务中心、财务供应链模式、支付工厂、财资中心、财务公司等，重新改造了财务管理体系和财资管理模式，实现财务管理和财资经营的日常交易、运营管理和价值创造的管理职能重构和共享，并基于共享模式构建智能化财务赋能平台。如通过财务共享服务中心的建设，实现了从分散运营向集中高效运营的转变，从本质上讲是实现了类似会计工厂方式的集中运营作业，即将各个财务专业能力进行聚合和共享，并在这个过程中提升了运营效率、风险管控能力，降低了成本。这种基于专业分工的大规模作业体现了规模效益，而在智能化模式下，通过机器作业对当下大规模人工作业的替代，特别是可以被高度规则化的作业将由财务机器人来完成，其规模的价值将得到进一步挖掘。此外，除了能力共享外，作为财金资源，通过资金的集中化管理也将释放集中与共享的价值，如集团的财务公司将集团各个成员单位的财金资源进行集中管理，进而成为集团的资金归集平台、资金结算平台、资金监控平台和金融服务平台。

（6）底层逻辑六：人+算法的逻辑。

财务工作本身是专业人士（具备某项财务专业技能的人员）和算法（包括智能机器人、分析工具与方法、财务规则引擎等构成的智能算法，乃至财务指标、模型和算法等）的人机协同工作。

随着财务智能机器人（RPA+AI）不断应用到财务管理的各个领域，对财务组织和治理结构，包括建立整合人力和虚拟资源（如机器人）的生态系统，形成"人工+机器"的新工作方式。如财务共享服务通过基于人机协同的智能化平台，将改变以往采用随机派工的方式（通过强制分派制或者是抢单的方式来实现作业任务的分派），新平台下将通过对任务智能数据分析和规则引擎构建，形成自助平台将任务分发给适合财务机器人和财务共享人员的智能共享分发机制。

为了应对该挑战，CFO们纷纷着眼于企业数字化转型带来的契机——不仅能够提高效率，还可以凭借更迅速、更深刻的洞察与分析，强化敏捷性和响应能力。成功的数字化转型将增强财务职能提供战略洞见的能力，进而支持选取"合适的"新产品进行投资，识别最具盈利性的客户，并且优化业务绩效。在财务能力转型过程中，颠覆性技术正扮演着越来越关键的角色。身处全新商业环境，提升行动速度成为了企业制胜的首要秘诀。对于首席财务官来说，这意味着需要着力推进财务智能自动化。

资料来源：智能时代财务人必须转变的五大思维［EB/OL］.财资一家，2021.

讨论题：

1. 请结合上述资料，论述智能时代一名优秀的财务人应当具备哪些能力？

2. 请结合上述资料，探讨你对财务底层逻辑的理解。

3. 作为一名财务人员，你将如何通过学习和自我提升来适应智能时代的技术需求？

资源推荐

- **网站资源**

    中国大学MOOC：www.icourse163.org

    Coursera：www.coursera.org

    edX：www.edx.org

    Google 学术：scholar.google.com

Harvard Online Learning：online-learning.harvard.edu

Khan Academy：www.khanacademy.org

MIT OpenCourseWare：ocw.mit.edu

ResearchGate：www.researchgate.net

- **公众号资源**

    会计与资本市场研究平台（微信号：AccResearch）

    财会瞭望哨（微信号：gh_721a0cba1390）

    会计史（微信号：kjszywyh）

    中国人民大学管理会计研究中心（微信号：gh_4ef7fe251cf9）

    内部控制研究中心（微信号：dufecicrc）

    GOV审计研究平台（微信号：govaudit_research）

    中国管理会计研究与发展中心（微信号：gh_546245484543）

    会计之友（微信号：FRIENDSOFACCOUNTING）

    中国财政（微信号：ChinaStateFinance）

第 2 章

会计职业道德概述

 学习目标

1. 理解道德与职业道德的概念。
2. 掌握会计职业道德的概念。
3. 了解会计职业道德与会计法律制度的区别及联系。
4. 理解会计职业道德的作用与功能。

【识别二维码获取本章PPT】

 引 例

助力道德行为推广

道德行为是专业会计师的一项核心特征。2017 年初,ACCA 面向 1 万多名专业会计师(包括培训学员)和 500 多名高级("首席层级")管理人员进行了全球调查,了解他们对职业道德的看法,在谈及组织提供支持以促进职业道德行为时,受访者表示要具备以下几个方面的能力。

1. 领导力

强有力的领导团队定下高层基调,是受访者认为最为重要的一种支持(约 2/3 的受访者选择此项),也是企业促进道德行为的支持来源。这是引领整个企业发展方向的一个关键因素。同时,它也鼓励将道德原则纳入企业的战略和经营计划中。资深专业人士(首席财务官级别的)对职业道德的重视程度略高于所有受访者的平均水平。因此,这表明,在寻求领导层支持和领导层支持的意愿之间或许存在某种程度的一致性。

2. 企业道德守则

受访者提及较多的第二项需求是,为企业建立、实施和管理相关的道德守则(包括企业价值观)提供支持,略超半数的受访者选择了此项。坚守自身的职业道德守则,是受访者认为最有利于提升企业道德原则坚守能力的个人做法。对企业职业道德守则的重视可能与此完全一致——在制度层面上，推动个人所重视的道德守则。

3. 学习和评估绩效

另外两个重要支持举措均涉及如何加深对数字背景下道德问题的认识。超过半数多一点的受访者认为，有必要支持提高对违反道德守则相关影响的意识，而略低于此人数的受访者则更偏向于通过系统、正规的方式，以基于培训的方式来教授最佳实务。虽然知识构建被认为十分重要，但评估知识水平是否足够的能力同样是一项需要支持的专业胜任能力。调查中，43%的受访者表示需要相应支持来建立评估流程，即建立评估行为是否符合伦理道德的机制。

4. "举报"政策

不到一半的受访者认为，在适当的匿名或保护措施下，对"举报"政策进行广为宣传也将起到有益的作用。但此举并不在专业会计师认为需要大力支持的五大领域内。略超过一半的受访者会报告违反道德原则的行为，或将此举视为推动企业维护职业道德的一种方式。同时，这也意味着有相当一部分的少数派不会主动报告违规行为，认为这种做法不会促进企业维护职业道德，或者认为不需要为举报政策提供任何支持。

这些调查结果表明，我们必须先查清企业是否提供了足够的支持和鼓励，来确保专业会计师能对不道德行为进行举报。同时，举报机制也需进一步加强，才能有效帮助会计师作为企业的"道德良心"行事。在开展此项工作时，我们还应充分认识企业所处的特定情境，这一点将非常重要。例如，当企业文化对道德行为予以更多重视和支持时，"举报"机制便会自然发挥作用；换句话说，强制实施任何政策并不一定是建立道德文化的最有效方式。

5. 道德委员会

我们认为"通过成立道德委员会来考量道德困境和灌输道德文化"这一举措需要获得支持的受访者人数最少，其背后的原因可能多种多样。对于部分受访者而言，其所在企业可能已经成立了类似委员会——作为展示企业参与度的一种直观方式，成立委员会往往成为企业的第一要务。同时，也有人认为，在飞速发展的数字时代，对道德困境和营造文化改革所面临的要求并不仅限于成立道德委员会。鉴于当今以"众包"方式获取信息和意见的趋势盛行，成立道德委员会可能会被视为一种老套方式。

资料来源：数字时代的职业道德与信任［EB/OL］. ACCA.，2017. https：//cn. accaglobal. com/ueditor/php/upload/file/20170925/100. pi-ethics-trust-digital-age-CN. pdf.

2.1 道德与职业道德

2.1.1 道德

1. 道德的历史演变

道德是中国传统文化之"魂",在中国几千年的经济文明发展中扮演着至关重要的角色。在先秦时期的文献中,道和德这两个词常常被单独使用。道指道路,而德则指人们的行为和举止。《国语·晋语》中写道"天道无亲,唯德是授"[1],这是第一次在"道"与"德"之间建立起一种内在的联系。随后,道和德的连用逐渐出现在春秋战国时期,在百家争鸣的学术氛围中,儒家、墨家、法家等传统哲学流派都对道德进行了深入的探讨和阐述。道家注重自然道德,主张"尊道贵德",强调道是宇宙中的一切自然之道,万事万物在各自位置上的运行规律,人类道德是效法"道"的道德,无为、无欲、不争。儒家强调"内圣外王"的人伦道德,包含"仁、敬、孝、慈、信"等。"大学之道,在明明德,在亲民,在止于至善"[2]就是儒家对道德人格追求的总体表述。墨家推崇"重利贵义"的义利道德,"义,利也"。"利人乎即为,不利人乎即止"[3]是墨家提出的行为准则。法家强调"贵法不贵德"的自利道德,提倡法制,以法代德,以法成德体现了法家伦理思想的非道德主义倾向。自实行"罢黜百家,独尊儒术"的文教政策以后,中国道德文化便开始了长期以儒家思想为主导的历史。

在西方文化的发展中,道德同样占据着重要地位。西方道德从起源之初就主要探讨自然和人类活动之间的关系。古希腊的道德以追求"优秀"为基本导向,所有的道德在某种程度上都与社会或地区的道德习俗相关。城邦时代的道德逐渐从客观的道德习俗过渡到个人的主观道德。如亚里士多德提出只有通过理性的指导、通过努力获取知识,人们才能形成道德并获得幸福。古罗马时代,个体的道德生活逐渐失去了自由性,更加注重个人内心世界的反思和自我完善,但在实践中,这使道德

---

[1] [战国]左丘明撰,(三国吴)韦昭注. 国语(精)(中国史学要籍丛刊)[M]. 上海:上海古籍出版社,2015:280.
[2] [西汉]戴圣著,东篱子译. 礼记全鉴:典藏诵读版[M]. 北京:中国纺织出版社,2019:281.
[3] [清]孙诒让撰. 墨子间诂(精)/中华国学文库[M]. 北京:中华书局,2021:216,268.

变得抽象化，与现实生活对立，并逐渐变成了空洞的说教，脱离了实际生活。中世纪以后，道德被宗教神学所取代，追求进入完全否定人的现实生活的"天国"成为其道德追求的最高目标。近代以来，道德让位给了认知，道德对人类生活的内在目的性逐渐消失，成为一种约束和外在规则。

2. 道德的定义

道和德合而为一就构成了道德，当人们按照"道"的规律去行事、处世时，就表现出了"道德"。在汉语词典中，道德被定义为通过行为规范和伦理教化来调整个人与个人、个人与社会之间关系的一种意识形态。马克思主义对道德的定义是，道德反映了人类社会的一种特殊现象，它是一种社会意识形态，由特定社会的经济关系所决定，依靠社会舆论、传统习俗和内心信念的约束力来调整个人与社会之间行为规范的总和。不同的时代和不同的阶级会有不同的道德观念，没有任何一种道德是永恒不变的。道德通过确立善恶标准和行为规范，约束人们的相互关系和个人行为，调节社会关系，与法律一起维护社会生活的正常秩序。道德包括社会公德、职业道德、家庭美德和个人品德等方面。在新时代公民道德建设的"四维"结构中，社会公德、职业道德、家庭美德是个人品德的外在表现，而个人品德则是社会公德、职业道德和家庭美德的内在基础。

3. 道德的特征

与政治、法律、文艺和宗教相比较，道德作为一种特殊的社会意识形态、价值体系和精神现象，具有以下四个重要特征。

（1）道德具有历史继承性。

道德作为中华传统文化的重要组成部分，在历史长河中不断凝聚、积淀、发展和更新。在道德实践中，人们始终以取其精华、去其糟粕为主旋律，批判地继承传统道德中积极且合理的部分，并与新的历史时代的要求相结合，形成更为进步的道德观念。例如，勤劳节俭、自强不息、助人为乐、诚实守信等美德在过去的社会中备受推崇，同时也是社会主义现代化建设中需要弘扬的价值观念。

（2）道德具有特殊的规范性。

与政治规范和法律制度由政党或国家专门制定，并通过行政机关如检察院、法院、公安局等机构来强制执行和保证实施的不同，道德则依靠社会舆论、传统习惯及个人内心信念和良知来发挥规范作用，是一种内化于个体心灵中的特殊调节方式。政治规范和法律制度具有强制性的特点，而道德并不具备强制力。

（3）道德具有价值导向性。

道德不仅通过强烈的情感谴责来制止不当行为并默许正当行为，更重要的功能在于它的价值导向性，鼓励和推动人们实施高尚的行为。换句话说，道德始终以行为方式的整体最佳效果为基础，对行为者提出要求。当个人的自我利益与社会利益发生冲突、无法兼顾时，有意识地以社会利益为重，甚至不惜牺牲个人利益，可以确保道德所追求的整体最佳效果得以实现。

（4）道德具有广泛的渗透性。

道德无处不在，贯穿于社会生活和社会关系的每个角落，以及每个人内心的深处。它既是社会对个体的接受标准，也是个体与社会和谐相处以及自我认同的尺度。在社会层面上，政治和法律制度都需要借助道德进行论证和支持。道德规范社会行为，调节社会关系，并维护社会秩序的稳定。在个体层面上，道德不仅存在于个体的认知方式和情感体验中，也存在于个体对行为和生活方式的选择中。

4. 道德的功能及作用

（1）道德的主要功能。

道德的功能指的是道德作为社会意识的特殊形式所具备的对社会发展的效用和能力。道德的功能主要体现在它作为处理个人与他人、个人与社会之间关系的行为准则，并促使个体实现自我完善的一种重要精神力量。在道德的功能体系中，主要包括认识功能和调节功能。

①道德的认识功能。道德的认识功能是指道德作为一种意识形态，能够反映社会现实，尤其是反映社会经济关系的能力和效果。

②道德的调节功能。道德的调节功能是指道德通过评价等方式，引导和纠正人们的行为和实践活动，协调人际关系的能力和作用。这是道德最显著且最重要的社会功能。

除了上述主要功能，道德还具有其他方面的功能，如导向功能、激励功能、辩护功能和沟通功能等。

（2）道德的社会作用。

道德的社会作用是指道德功能的实现和发挥所产生的社会影响和实际效果。

①促进生产力和科学技术进步，推动经济社会发展。作为社会的上层建筑，道德的存在意义在于促进人的全面发展和人际和谐，提高劳动生产率，推动科学技术的进步，从而促进经济社会的发展。没有道德理念和道德准则，经济建设将是不完善甚至是畸形且缺乏生命力的。在互联网和物联网时代，道德作为资本要素的重要

性更加凸显，经济社会对于任何道德缺失现象都要持零容忍态度。

②维护社会秩序，保持社会和谐、国家长治久安。被道德所调节的人际关系是人们愿意接受和共同遵守的。在进行社会主义建设的现代社会，道德的力量对于维护社会和谐和确保国家长治久安具有重要意义。道德是广大人民团结一心进行中国特色社会主义建设的社会伦理力量。

③建立积极正面的良好社会风尚。道德在对抗世界多元化带来的各种负面影响方面起着重要作用。要彻底消除邪恶、极端和敌对势力的消极影响，除了发展生产力和提高劳动生产率外，还需要特别注重道德领域的建设。通过大力推进道德教育，充分借鉴中华传统美德的精华，培养和践行社会主义核心价值观，以消除阻碍社会主义事业发展的负面影响。

2.1.2 职业道德

1. 职业道德的定义

职业作为社会生产发展和劳动分工的产物，通过工作和劳动解决衣、食、住、行、用等最基本的生存需求，满足社会成员物质文化需要，进而推动人类社会发展。所谓职业，就是为了满足社会生产和生活的需要，从事承担特定社会责任、具有特定义务的相对稳定的工种。职业道德与人们的日常生活和行为实践密切相关，凡是存在职业的地方就有职业道德。

《辞海》中对于职业道德的定义是从业人员在职业活动中应当遵循的道德，是一般社会道德在职业活动中的体现。职业道德与特定的职业活动相对应，它是从业者在职业范围内应遵守的适应其职业活动的行为规范，是一定社会范围内的道德基本要求在不同职业活动中所体现的特定行为规范。同时，长期从事某种职业活动的人会通过职业训练形成特定的职业心理、职业习惯、职业责任心和荣誉感，从而形成职业道德。职业道德是通过总结各个行业的特点、对象和活动方式而形成的。因此，职业道德只是职业活动范围内的一种调整手段，每种职业道德都有特定的适用范围，只能约束同行业人员的职业行为。综上，可以将职业道德定义为：从事一定职业的人在职业活动中所应当遵循、承担的具有职业特征的行为准则、道德要求、道德责任、道德规范的总和。

2. 职业道德的特征

职业道德是在特定的社会经济关系中从事不同职业的人们在其职业活动中所应

遵循的行为规范的总和，具有以下几点特征。

（1）鲜明的职业性。

职业道德受到职业目的和职业活动的影响。每个职业都有其自身的利益和经营方式，以及特定的服务对象和服务手段。因此，社会对不同职业群体和从业人员会提出特定的道德要求。这些道德要求是由职业的特征所决定的，不会随着社会经济关系的变化而改变。

（2）范围的有限性。

职业道德规范的内容是基于特定的职业关系和从业人员的行为品质，在一定社会经济关系之上进行总结和反映。不同职业集团之间、职业集团内部以及职业集团与社会之间都存在着各种利益关系。职业道德规范的作用就是调节和引导这些利益关系，并约束从业人员的行为。

（3）较强的实践性。

职业行为过程就是职业实践过程，只有在实践过程中才能体现出职业道德的水准。职业活动都是具体的实践活动，根据职业实践经验概括出来的职业道德规范具有较强的针对性和实践性。它所形成的条文，一般采用行业公约、工作守则、行为须知、操作规程等具体的规章制度形式，教育、约束本行业的从业人员。这些职业道德规范不仅是内部规定，而且可以公之于众，供行业内外的人员（包括服务对象）检查和监督。

3. 职业道德的作用

从广义上看，职业道德是社会道德的一个重要组成部分，它与道德的其他方面具有相似的社会作用，如建立积极正面的良好社会风尚、促进经济社会发展等。从狭义上看，职业道德在推动职业活动的良性发展方面发挥着重要的作用。其主要社会作用如下。

（1）职业道德是现代经济顺利运行的前提保障。

现代经济主要依靠市场作为主要的调节手段来进行生产和交换活动。与此同时，企业是现代经济运作的重要组织形式。从实现市场调节的条件和确保企业功能实现的角度来看，职业道德规范和职业道德行为是必不可少的，它们是现代经济顺利运行的前提保障。

（2）职业道德是形成和改善社会风尚的重要因素。

职业道德要求人们在从事职业活动时，把正确认识和处理人与人之间的关系放在重要位置，一方面通过职业活动创造物质财富，另一方面为建设精神文明承担应尽的义务。各种职业都有独特的权利和义务，如果人们有高尚的职业道德，能够正确地认识和使用权利，履行义务，能够遵循职业道德规范，那么就有可能在从事物质资料生产的同时，促进良好的社会关系和塑造良好的社会风尚。

（3）促进工作者自我完善。

职业道德是在职业生活中的指南，它对人们的思想和行为产生深远和经常性的影响。职业道德规定了每个具体职业所承担的社会责任，引导人们在特定的职业岗位上确立具体的职业生活目标，选择适合自己的职业道路，塑造个人的人生观和职业理想，并培养具备特定职业道德品质的能力。它提供了一套价值观和准则，帮助人们在职业生活中做出正确的决策，并建立起职业道德的信念和行为准则。

拓展链接2-1：陈洪涛：忆会计工作历程，携初心砥砺前行

国家的繁荣、民族的兴盛，离不开各行各业恪尽职守、兢兢业业的奋斗者。30年前，一张全县粮食系统珠算比赛一等奖的获奖证书坚定了我在财务之路上走下去的决心。30年来，我秉承"老黄牛式"的敬业精神在会计岗位上默默坚守，诠释着会计人员的职业道德和执业操守。

1. 用细致堵塞疏漏

会计监督犹如一道坚固的防线，有效防止财务收支中违法、违规行为的发生。在会计委派核算中心工作期间，我始终以"严"字当头，对每一张报销票据高度负责，严格把关。2006年，我在审核某报账单位费用报销票据时，发现几张发票的颜色及纸张的质地都与普通发票有所不同，通过网络查询鉴别，证实这是一批假发票。我将这一情况向会计委派核算中心领导作了汇报，并在《许昌晨报》上发表了《鄢陵县会计委派核算中心审核发票时发现——伪造发票，可真不少》一文，引起了相关部门的重视。

在会计实践工作中，我对费用报销票据审核方法与技巧进行深入探索，公开发表了业务理论文章《真假票据辨别技巧》（上、下篇），为鉴别假发票提供了参考。为确保报账单位报销发票的真实性，我提出会计委派核算中心工作人员在费用报销票据审核环节借助紫光灯、网络查询发票的建议，随后鄢陵县会计委派核算中心工作人员通过业务学习培训、实践，人人练就了一双"火眼金睛"，让假发票、变通发票无所遁形。

2. 以原则捍卫"规矩"

我始终坚守"党性高于一切,原则大于人情"的宗旨,以财税会计法规约束自己的言行,身体力行,秉公执法,为报账单位管好财、理好财、聚好财、用好财。2010年,在对某一报账单位费用报销票据审核过程中,我发现20余张票额均为600元的过路费票据,当时便提出质疑——这个报账单位没有货车,即使有货车,过路费票面金额也不会完全相同。该单位财务负责人不得不向我坦言这些货车过路费发票都是经过"变通"的不真实票据,于是我毫不留情地将这些票据"打"了回去。随后那位财务负责人找来与我关系亲密的熟人朋友打招呼、"开后门",都被我回绝,从此便落下了"不讲感情"的名声。面对这些我总是一笑了之,始终以"在职一天就要干好一天"的平常心履行会计核算和会计监督的职责。多年来,我用"原则"二字拒付不符合要求的费用报销票据达900余张,涉及金额近3000万元。

3. 守初心筑牢防线

财务工作地位特殊、岗位重要,随时和钱打交道,暗藏着种种诱惑和被权力操纵的压力。

中央八项规定出台后,差旅费、会议费、公务接待、出国费、培训费管理的具体办法陆续出台,明确了相关开支标准和要求。党政机关强化作风建设的"紧箍咒"越念越紧,巡视、审计、检查力度不断加大,工作深度和广度不断深入。作为党政机关会计工作的执行者,我在参与单位管理的同时常怀敬畏之心,把党纪国法的外在约束力转化为内在自控力,始终保持清正廉洁的操守和如履薄冰的谨慎,以财税法规、党规党纪为准绳,从点滴之处筑实筑牢清廉的防线,确保单位每一笔经济业务合法合规。

2019年,单位同事加班吃饭报销一张100元的餐费被我退回,同事不理解,"这张发票好好的,为什么就不能报销呢?"我耐心向同事讲解国家税务总局2018年41号公告中"关于旧版监制章的发票不能继续使用"的规定。工作之余,我结合单位业务流程、管理需求,建立健全了经费支出报销管理及内部控制管理制度,明确各项经费支出管理权限和审批程序,制定和完善了单位财务管理制度和办法,为单位会计基础工作的规范化、制度化奠定了坚实的基础;结合财务工作综合信息优势,对经费支出的薄弱环节实施重点管控,定期对经费支出数据进行比较、分析、预测,查找财务管理中存在的问题,提出合理化建议。

4. 重学习,解疑释惑

近年来,随着财政国库集中支付、政府采购、投资评审、国有资产管理、政府收支分类、内部控制、政府会计制度实施、预算绩效管理、预算管理一体化等系列改革紧锣密鼓地进行,对行政事业单位财务人员的知识、能力和经验提出更高的要求。为使自己的业务能力能适应社会变革和行业的发展需求,我一直保持着求知的心态和良好的学习习惯,不断提升自身业务技能和工作水平。2012年10月通过全国高级会计师资格考试;2013年9月通过河南省高级会计师资格评审;2012年4月被县委组织部授予"鄢陵县第九批专业技术拔尖人才";2016年8月被许昌市财政局授予"诚信会计师"。2022年作为预算管理一体化系统预算单位会计核算环节实操亲历者,我通过执行预算管理一体化系统会计核算环节的"会计科目维护、基础数据维护、期初数据录入、凭证手工录入、凭证自动化生成、凭证审核、凭证打印、收支结转"等过程操作。日常工作中,我注重向会计同行宣传普及财税法规政策,有的对费用报销票据的合规性把握不准,我就悉心讲解;有的对报销票据的归类弄不清,我就手把手地教。针对县直行政事业单位会计咨询的业务问题,我不厌其烦耐心答复。凭借过硬的业务水平,我被推选为全县会计培训教师库成员,向参训同志宣传财税法规政策,讲解费用报销票据存在的风险点及报销票据审核的方法与技巧,赢得了参训同志的一致好评。

资料来源:陈洪涛. 会计职业道德建设|陈洪涛:忆会计工作历程 携初心砥砺前行 [EB/OL]. 财务与会计,2023-05-16.

2.2 会计职业道德

2.2.1 会计职业道德的定义

会计职业道德是在会计职业形成的过程中逐步发展和总结的。它是会计人员长期从事职业活动的结果，旨在调整会计人员与社会、个人与集体之间的关系。会计职业道德是主观意识和客观行为的统一体现。它是一套在会计职业活动中应该遵循的行为准则和规范，以反映会计职业的特点和调整会计职业关系。会计职业道德作为一种调整会计职业活动中各种利益关系的手段，具有相对的稳定性和广泛的社会性。

除了一般职业道德的特征外，会计职业道德还具有以下特点。

1. 具有一定的强制性

在我国，会计职业道德与其他道德有所不同，许多内容直接纳入会计法律制度。例如，《中华人民共和国会计法》（以下简称《会计法》）、《中华人民共和国注册会计师法》、《会计基础工作规范》等法律文件明确规定了会计职业道德的具体内容和要求。因此，会计职业道德可以被视为一种"思想立法"，其范围已超出了"应该怎样做"的限定，而属于"必须这样做"的范畴。会计职业道德之所以具有这种独特的强制性，是因为会计工作在市场经济活动中担负着特殊的角色和地位。然而，会计职业道德中仍存在许多非强制性内容，并且这些内容仍然发挥着作用。例如，提高专业技能、加强服务质量、参与管理决策、为社会做出贡献等方面的要求虽然不是强制性的，但直接影响着会计人员的专业胜任能力、会计信息的质量及整个会计职业的声誉，因此会计人员也需要遵守这些要求。

2. 较多地关注公众利益

会计职业具有一个显著的特点，即会计职业活动与社会公众的利益密切相关。在会计工作中，会计人员对于确认、计量、记录和报告的程序、标准和方法的选择和应用，都会直接影响与经济主体有关的各方的经济利益。由于会计人员自身的经济利益通常与所服务的经济主体的利益相一致，因此当经济主体的利益与国家利益和社会公众的利益发生矛盾时，如果会计人员的利益偏向经济主体，那么国家和社会公众的利益就会受到损害，从而导致会计职业道德危机的产生。因此，会计职业的特殊性对会计职业道德提出了更高的要求。会计人员在工作中需要做到客观公正，即使在会计职业活动中出现道德冲突时，也要坚持准则，并把社会公众的利益放在首位。①

---

① 王红云，余怒涛. 会计职业道德［M］. 北京：中国人民大学出版社，2021.

2.2.2　会计职业道德与会计法律制度

会计法律制度是通过国家立法部门或行政管理部门按照一定程序制定和修改的,以具体、明确的文字形式表达出来的成文条例。它规定了会计人员在职业活动中必须遵守的具体规范和要求。会计职业道德源自会计人员的职业生活和职业实践,经过长期的积累和约定俗成而形成。会计职业道德的表现形式既包括明确的成文规定,也包括不成文的规范。尤其是那些较高层次的会计职业道德,存在于人们的意识和信念之中,没有具体的表现形式,它依靠社会舆论、道德教育、传统习俗和道德评价等方式来实现。会计职业道德和会计法律制度都是会计人员行为规范的一部分,它们之间既有联系又有区别。会计法律制度以明确的法律条文来规范会计人员的行为,具有强制力。而会计职业道德则更加注重人们的内在信念和职业道德观念,它的实施依赖于社会舆论和道德评价的引导。尽管两者存在差异,但它们共同构成了会计人员行为规范的重要组成部分。

1. 会计职业道德与会计法律制度的联系

会计职业道德与会计法律制度具有相同的目标和调整对象,承担着相似的职责,它们之间存在密切的联系。这种联系主要表现在以下四个方面。

（1）两者在作用上相互补充。

在规范会计行为方面,不能仅依赖会计法律制度的强制力,而忽视了会计职业道德的教化作用。并非所有的会计行为都可以通过法律进行规范,有些行为可能并不需要或不适合由法律来规范。这时可以借助会计职业道德规范来实现对这些行为的约束和规范。

（2）两者在内容上相互渗透、相互重叠。

会计法律制度中包含了一些会计职业道德规范的内容,同时会计职业道德规范也包含了一些会计法律制度的要求。这种互为补充的关系有助于确保会计行为的合规性和道德性,促进会计职业的健康发展。

（3）两者在地位上相互转化、相互吸收。

最初的会计职业道德规范是对会计职业行为约定俗成的基本要求。随着社会的发展和需求的变化,会计法律制度逐渐制定并吸收了这些基本要求,从而形成了完善的会计法律制度。可以说,会计法律制度是对会计职业道德的最低要求,而会计职业道德则是对会计法律制度的重要补充。

(4) 两者在实施过程中相互作用。

会计职业道德和会计法律制度相辅相成、相互依赖。会计职业道德是会计法律制度正常运行的社会和思想基础，而会计法律制度则是促进会计职业道德规范形成和遵守的重要保障。[①]

2. 会计职业道德与会计法律制度的区别

即使考虑成文的会计职业道德和会计法律制度，它们在表现形式上仍然存在一定的区别。成文的会计职业道德通常只提供一般原则和要求，而缺乏具体性和准确性。它们强调了人们在会计职业中应该遵循的行为准则，但没有详细说明具体的操作方法或实施细节。相比之下，会计法律制度更加具体和明确。它由国家立法部门或行政管理部门制定，通过正式的法律文件或法规明确规定了会计行业的法律要求和规范。会计法律制度提供了具体的行为规范和法律依据，确保会计人员在职业活动中遵守法律法规，履行法律义务。具体区别表现在以下三个方面。

(1) 两者性质不同。

会计法律制度反映了统治阶级的意愿和要求，旨在维护国家、社会和个人财产的安全和完整。违反会计法律制度可能会危及国家、社会和个人的财产安全，因此，国家需要采取强制措施来确保法律的实施和执行。与此不同的是，会计职业道德并非完全源自统治阶级的意志，很多道德准则是在职业习惯和约定俗成中所形成的。在阶级社会中，会计职业道德并不是唯一的准则。会计职业道德依赖于会计人员自觉地遵守，依靠社会舆论和良知的力量来实现，它基本上是非强制性的，并具有较高的自我约束性。

(2) 两者作用范围不同。

会计法律制度主要关注调整会计人员的外在行为和确保结果的合法性，其着重点在于行为动机的合法性，具有较强的客观性。与此不同，会计职业道德不仅要求调整会计人员的外在行为，还要关注调整他们内在的精神世界。会计法律制度的各项规定是维持会计职业关系的基本条件，是对会计人员行为的最低要求，以确保现有的会计职业关系和正常的会计工作秩序。在实践中，存在很多不良的会计行为违背了会计职业道德，但未违反会计法律制度。

(3) 两者实现形式不同。

会计法律制度是经过国家立法部门或行政管理部门按照一定程序制定和修改的，

---

① 茅敏. 浅谈会计职业道德与会计法律制度的关系 [J]. 法制与经济（中旬刊），2010 (10)：77.

以具体、明确、正式的成文条例的形式表现出来。而会计职业道德则源自会计人员的职业生活和实践，是在长期积累和共识形成的基础上约定俗成的。会计职业道德的表现形式既包括明确的成文规定，也包括不成文的规范。尤其是对于较高层次的会计职业道德，它们存在于人们的意识和信念之中，而没有具体的表现形式。通常，会计职业道德只是指出人们应该遵循或不应该做某些行为的一般原则和要求①。

拓展链接2-2：中国现代会计之父论道德

夫学识经验及才能，在会计师固无一项可缺，然根本上终究不若道德之重要。

——潘序伦（中国现代会计之父）

职业道德的基本要求，就是忠于本职工作，使自己的服务对象，得到满意的服务效果，为了达到这一点，必须具备从事该项职业的特有技术水平和业务水平。因此，我们认为会计人员的职业道德应该包含品德、责任和业务技术三个方面的内容。

1. 品德方面

（1）遵纪守法，以身作则。会计工作是根据党的方针政策、国家的经济法规和现行财务规章制度来办事的，要掌握它就先要熟悉它，才能照章办事，分辨是非，进行会计监督，敢于同违反财经纪律和财务制度的人和事作斗争。同时执法者必须守法，以身作则，绝不允许知法犯法，监守自盗。

（2）坚持原则，廉洁奉公。财会人员是经管钱财工作的，每日有千千万万元的钞票财物在手里进进出出，决不能见钱眼红，而要以俭养廉，以勤致富，作到洁身自爱，不捞油水，不占便宜，不走歪门邪道，一尘不染。

（3）忠诚老实，毋忘立信。"人无信不立"，待人、处世、做事，都要坚守信用，从事财会工作者，更应提倡做老实人，办老实事，讲老实话。在职务上，法令条例规定应予保密的事项，不得泄露。

2. 责任方面

（1）做任何工作，都必须具有高度的主人翁责任感。首先是尽职尽责，按政策办事，维护党纪国法；按计划办事，不乱搞关系；按原则办事，敢

---

① 茅敏．浅谈会计职业道德与会计法律制度的关系［J］．法制与经济（中旬刊），2010（10）：77.

于与贪污盗窃、挥霍浪费和违法乱纪行为作斗争；按制度办事，不营私舞弊，不怕打击报复。其次是如实反映，对会计核算的内容，一是一，二是二，不夸大，不缩小，不隐瞒，不歪曲，老老实实，绝不弄虚作假。

（2）勤俭办一切事业，浪费可耻，节约光荣。每一个财会人员都必须加强责任心和原则性，围绕提高经济效益这个中心，反对浪费，厉行节约，精打细算，为国家积累更多的资金。

（3）为了明确职责，严格工作要求，财会人员也应制定工作守则和岗位责任制，包括基本的经济责任，具体的工作标准和质量要求，以及上下、左右之间的协作关系等内容，加以明文规定，并定期进行考核。

3. 业务技术方面

会计人员要为人民服务得好，就得有过硬的本领。在技术上精益求精，既要有基本功，又要勤奋学习新知识。会计是一门应用科学，没有现代化的科学知识是不行的。我们必须勤学苦练，精通专业。在培养学生时，要求记账、算账、报账，都做到百分之百的正确，好比医生看病开刀一样，不能有丝毫差错。

会计人员的职业道德水平的高低，直接关系到会计工作能否做好。但道德不同于法制纪律，也与工作要求有所区别，只有当它成为群众的自觉行动和社会的共同舆论时，才会产生巨大的威力。

资料来源：潘序伦，丁苏民. 谈谈会计人员的职业道德 [J]. 财务与会计，1983（4）：5-6.

2.3 会计职业道德的基本原理

2.3.1 会计职业道德的规范对象

根据会计职业的定义可知：广义上，会计职业道德规范的对象包括整个会计行业从事会计工作的人员；狭义上，会计职业道德规范的对象既包括内部会计师或单位会计人员，也包括外部的注册会计师。本书将围绕会计职业的狭义定义，阐述内部会计师或单位会计人员遵循的职业行为准则及规范。

会计人员是指根据《中华人民共和国会计法》的规定，在国家机关、社会团体、企业、事业单位及其他组织中从事会计核算、实施会计监督等会计工作的人员。根据具体从事的工作内容，会计人员可以分为出纳员，稽核员，资产、负债和所有者权益（净资产）核算员，收入、费用（支出）核算员，财务成果（政府预算执行结果）核算员，财务会计报告（决算报告）编制员，会计监督员，会计机构内会计档案管理员等。此外，会计人员还根据职权的不同可划分为总会计师、会计机构负责人、会计主管人员和一般会计；根据专业技术职务可划分为高级会计师、中级会计师和初级会计师。

会计人员是会计工作的核心，对会计事业的发展具有决定性的影响。他们的职责主要包括及时提供真实可靠的会计信息，向所有者和经营方反映企业经营绩效，认真执行和维护国家财经制度和纪律，积极参与经营管理，以提高经济效益。一个企业的会计人员素质和职业道德的优劣直接关系到企业的发展及会计工作的水平和质量。整个社会的会计队伍状况也与社会经济和整个会计事业的发展密切相关。特别是在接受委托责任的情况下，会计人员的道德行为很大程度上受到经营者的影响。举例来说，会计人员可能因为受到经理人操纵而做出有利于经理人但违背股东利益的会计处理。近年来，频繁曝光的上市公司财务造假案例显示，在单位负责人的控制和制约下，一些会计人员难以正确对待自身的角色，无视职业道德，被迫进行虚假账务处理，出具虚假的财务报告，给社会和利益相关者带来了巨大的损失。

拓展链接 2-3：83 次造假，老会计贪污了 128 万

"我不缺钱，可现在一家人的生活都被我给毁了。要不是因为炒股，我也不会犯下这样的错误。"浙江省建德市委统战部原部务会议成员戚某某在审讯室里泪流不止。作为一个老会计，她算错了自己的"人生账"。

2020 年 12 月，当地法院对戚某某案进行公开审理，长年以简朴形象示人的戚某某被指控贪污 128 万余元。更让人吃惊的是，这笔犯罪数额背后是 83 次作案。

在当地人眼里，统战部是个清水衙门，"没啥工程项目、没啥油水"。2010 年开始，戚某某职务从办公室副主任升到了部务会议成员，同时兼任统战部的会计。她还兼任侨联专职副主席、市知联会秘书长和市新联会秘

书长，知联会和新联会的会计实际上也是她在负责。

戚某某有十几年的乡镇工作经历。当年连办公桌的桌腿坏了，她都让同事用砖头垫着接着用。同事眼里的她"从不乱花单位一分钱"，统战部的财务工作由她负责，领导和同事都觉得放心。

然而，生活中的戚某某却有一个令她沉迷其中的爱好，那就是炒股。看着别人炒股赚钱，她也想进入股市赚点零花钱。但是精打细算的她怕投资失败，不愿意动用自己的家庭资金。她想到了拿公款来满足自己这个"爱好"的方法：亏掉了，钱也不是自己的，只需要把单位账面做平就行。

2013～2020年，戚某某连续作案，不放过任何一笔小钱，从千余元到十万元，蚂蚁搬家式地贪污，先后通过83次作案，将128万余元的公款放进了自己的口袋。其中，大部分钱款被她用来炒股。

"我的父亲还健在，并没有去世，这笔慰问金我没有收到。"

"我去年没有生病住院啊，统战部没有派人来慰问过我。"

"我没有领到过这一万元的补贴。"

这是案件取证过程中，办案人员从证人那里听到最多的话。

戚某某多次冒用他人名义，以慰问金、护理补贴等形式骗取公款40万余元。找到这些相关人员核实取证后，办案人员唏嘘不已。大家没想到，戚某某竟然会为了骗取一千元的慰问金而编造他们亲人去世、生病住院的谎言。

股市指数跌宕起伏，戚某某并不具备投资眼光。很快，她股市账户上50余万元的股本（含早期家庭投入的股本）赔掉了。以慰问金名义骗取的公款非但没有赚钱，还难以弥补在股市中的亏损。

戚某某又把目光投向统战部和知联会的活动经费。她伪造了种类繁多的活动，包括趣味运动会、专题调研活动、读书活动、考察活动等，签订虚假合同、涂改报销单数额、虚开发票，先后套取80多万元。据办案人员统计，到案发时她股市亏损达60多万元，剩余资金在她投案自首后主动退缴。

"本想着用公家的钱来炒股，亏了钱也不会太心痛，哪里想到却亲手毁了自己美好的生活。"然而，这些迟来的悔恨并不能让她逃避法律的制裁，戚某某最终因贪污罪被建德市人民法院判处有期徒刑三年两个月。

资料来源：以案为鉴|83次造假，老会计贪污了128万 [EB/OL]. 中央纪委国家监委网站，2021-04-15.

2.3.2　会计职业道德的作用

会计职业道德的作用，主要体现在以下几个方面。

1. 会计职业道德是对会计法律制度的重要补充

会计职业道德是对会计法律规范的重要补充，其作用是其他会计法律制度不能替代的。例如，会计法律只能对会计人员不得违法的行为做出规定，不宜对他们如何爱岗敬业、提高技能、强化服务等提出具体要求，但是，如果会计人员缺乏爱岗敬业的热情和态度，没有必要的职业技能和服务意识，则很难保证会计信息达到真实、完整的法定要求。很显然，会计职业道德可以对此起到很重要的辅助和补充作用。

2. 会计职业道德是规范会计行为的基础

动机是行为的先导，有什么样的动机就有什么样的行为。会计行为是由内心信念来支配的，信念的善与恶将导致行为的是与非。会计职业道德对会计的行为动机提出了相应的要求，如诚实守信、客观公正等，通过引导、规劝，约束会计人员树立正确的职业观念，遵循职业道德要求，从而达到规范会计行为的目的。

3. 会计职业道德是实现会计目标的重要保证

从会计职业关系角度讲，会计目标就是为会计职业关系中的各个服务对象提供有用的会计信息。能否为这些服务对象及时提供相关的、可靠的会计信息，取决于会计职业者能否严格履行职业行为准则。如果会计职业者故意或非故意地提供了不充分、不可靠的会计信息，会严重背离会计目标，造成会计信息失真，使服务对象的决策失误，甚至导致社会经济秩序混乱。会计职业道德规范约束着会计人员的职业行为，是实现会计目标的重要保证。

4. 会计职业道德是会计人员提高素质的内在要求

社会的进步和发展对会计职业者的素质要求越来越高，会计职业道德是会计人员素质的重要体现。一个高素质的会计人员应当做到爱岗敬业、提高专业胜任能力，这不仅是会计职业道德的主要内容，也是会计从业者遵循会计职业道德的可靠保证。

拓展链接2-4：2010~2019年我国上市公司财务舞弊分析

黄世忠等（2020）以我国2010~2019年因财务舞弊而被证监会处罚的113家A股上市公司为样本，对其财务舞弊类型与手法进行了分析。

1. 舞弊科目/类型特征

从表2-1可以看出，财务舞弊主要集中在对利润表的粉饰和操纵上。收入舞弊成为财务舞弊的"重灾区"，占比高达68.14%，这与全美反舞弊性财务报告委员会发起组织（COSO）在《舞弊性财务报告1998-2007》中的发现如出一辙，在此期间，涉及收入舞弊的美国上市公司占全部样本公司的60%以上。费用舞弊和成本舞弊成为财务舞弊的第二和第四大类型，占比分别为22.12%和15.04%。特别令人关注的是，资产负债表上的货币资金舞弊已然成为财务舞弊的第三大类型，占比高达21.24%。笔者还注意到，上市公司往往通过多种舞弊类型操纵经营业绩，113家样本公司涵盖了175种舞弊类型。除常规的收入、成本费用舞弊之外，货币资金、资产减值、投资收益、营业外收支等科目也日益成为管理层操纵业绩的对象。

表2-1　　　　　　　　　　舞弊类型分布

舞弊类型	舞弊企业数量	占比（%）
收入舞弊	77	68.14
费用舞弊	25	22.12
货币资金舞弊	24	21.24
成本舞弊	17	15.04
减值舞弊	13	11.50
营业外收支舞弊	10	8.85
投资收益舞弊	7	6.19
其他舞弊	2	1.77

注：舞弊科目以影响主要会计科目为统计口径，如收入舞弊同时引起成本及其他资产科目变动，仅统计收入科目。一家公司可能涉及多种舞弊类型，如同时进行收入虚增和费用虚减，二者之间相互独立，则分别作为舞弊类型统计，故本表中占比合计数大于100%。

2. 收入舞弊手法特征

黄世忠等（2020）将收入舞弊区分为会计操纵和交易造假两种类型。会计操纵类舞弊主要表现为上市公司管理层通过选择对自身更有利的会计判断,达到操纵业绩的目的,最常见的就是提前确认收入。交易造假类舞弊主要表现为上市公司管理层虚构交易以达到虚增收入的目的,最常见的是通过关联方客户或者隐性关联方,串通合谋以虚构业务和收入。如表 2-2 所示,样本公司的收入舞弊以交易造假型为甚,占比高达 69.60%。

表 2-2　　　　　　　　　　收入舞弊具体手法

收入舞弊具体手法	舞弊次数	占比(%)
第一类:会计操纵类		
会计操纵:提前确认收入	28	22.40
会计操纵:净额法按总额法确认收入	3	2.40
会计操纵:期后销售退回未调减收入	2	1.60
会计操纵:确认已停工或合同取消项目的收入	2	1.60
会计操纵:确认预计无法回款的客户收入	1	0.80
会计操纵:通过内部关联方交易虚增利润	1	0.80
会计操纵:会计政策操纵虚增收入(BT 项目未按公允价值计量)	1	0.80
第二类:交易造假类		
关联方/隐性关联方客户协助虚构业务及收入	37	29.60
虚构非关联方协助完成收入造假	25	20.00
真实非关联方协助虚构业务及收入	16	12.80
人为调高合同单价虚增收入	7	5.60
其他	2	1.60
合计	125*	100.00

注:*表示同一家公司的收入舞弊可能采用多种手法,因此涉及公司 77 家、舞弊手法合计为 125 种。

3. 费用舞弊手法特征

如表 2-3 所示,费用舞弊的主要手法为费用体外化、跨期调节及往来挂账等。在费用舞弊手法中,最具隐秘性的当属费用体外化,但其能否逃避注册会计师的审计,关键在于能否得到供应商、关联方和金融机构等的外部配合。只要这些外部相关方积极配合造假,在缺乏外调权的情况下,即使分析性复核工作做得再到位,注册会计师要发现这类费用舞弊,特别是获取充足的审计证据也是困难重重的。

表 2-3　　　　　　　　　　费用舞弊具体手法

费用舞弊具体手法	舞弊次数	占比(%)
费用计提不完整或体外支付	21	63.64
费用调整至往来挂账	5	15.15
费用跨期调节	3	9.09
研发支出资本化的调节	2	6.06
利息支出资本化的调节	1	3.03
伪造银行利息收入、配合资金造假	1	3.03
合计	33*	100.00

注:*表示同一家公司的费用舞弊可能采用多种手法,因此涉及公司 25 家、舞弊手法合计为 33 种。

4. 货币资金舞弊手法特征

如表 2-4 所示,货币资金舞弊主要涉及关联方资金占用(如康得新通过集团共管账户方式实现资金体外化),占比高达 47.22%;第二大类为掩盖收入舞弊行为而虚构货币资金(如康美药业伪造银行回单),占比高达 33.33%。

表 2-4　　　　　　　　　　货币资金舞弊具体手法

货币资金舞弊具体手法	舞弊次数	占比(%)
关联方占用:虚构采购、工程、第三方资金拆借等交易	9	25.00
关联方担保:为关联方贷款提供隐性担保、资金受限	7	19.44
虚假货币资金:伪造银行回单	7	19.44
虚假货币资金:资金转出未入账	5	13.89
关联方占用:伪造对外投资	3	8.33
关联方占用:虚构关联方借款	2	5.56
关联方占用:通过集团共管账户方式实现资金体外化	1	2.78
关联方占用:通过集团内财务公司调配资金	1	2.78
关联方占用:银行汇票、银行借款未入账、资金体外化	1	2.78
合计	36*	100.00

注:*表示同一家公司的货币资金舞弊可能采用多种手法,因此涉及公司 24 家、舞弊手法合计为 36 种。

5. 成本舞弊手法特征

表2-5列示了样本公司的成本舞弊手法。可以看出，成本舞弊手法较为单一，但具有一定的行业依赖性。例如，农林牧渔业类上市公司，其存货投入产出率较难验证，人为调减当期营业成本的概率较高。又如，设备制造业、信息技术服务业等采用完工百分比法的上市公司，由于高度依赖于对完工进度的估计，发生成本舞弊的概率亦较高。

表2-5　　　　　　　　成本舞弊具体手法

成本舞弊具体手法	舞弊次数	占比（%）
会计操纵：人为调整当期应结转的营业成本	16	88.89
会计操纵：营业成本调整至往来挂账	2	11.11
合计	18*	100.00

注：*表示同一家公司的成本舞弊可能采用多种手法，因此涉及公司17家、舞弊手法合计为18种。

6. 减值舞弊手法特征

表2-6列示了样本公司的减值舞弊手法。可以看出，上市公司实施减值舞弊主要是为了少计提资产的减值准备。常见手法为蓄意忽略减值迹象或者虚构回款冲减往来款等。

表2-6　　　　　　　　减值舞弊具体手法

减值舞弊具体手法	舞弊次数	占比（%）
会计操纵：存在减值迹象而未计提减值准备	8	40.00
交易造假：虚构回款冲减往来款，少计提坏账准备	6	30.00
会计操纵：人为调减应收账款账龄、少计提减值准备	2	10.00
会计操纵：人为调节往来科目、推迟计提坏账准备	2	10.00
会计操纵：减值依据不足却计提减值准备	1	5.00
会计操纵：未追溯调整前期存货跌价准备	1	5.00
合计	20*	100.00

注：*表示同一家公司的减值舞弊可能采用多种手法，因此涉及公司13家、舞弊手法合计为20种。

从上述分析中可以看出,财务舞弊多样且复杂。财务舞弊的原因很多,如环境的影响、制度不健全、内部监督不完善,以及会计政策的可选择性等。但不可否认,会计人员是造假的参与者,因为每一份财务报告,都需要经过会计人员之手才能流入社会,会计职业道德影响会计行为,经济腐败需要财务造假的配合,会计人员是虚假会计信息的直接制造者。因此,预防财务舞弊的发生需要注重强化会计人员的会计职业道德。

资料来源:黄世忠,叶钦华,徐珊,等. 2010~2019年中国上市公司财务舞弊分析 [J]. 财会月刊,2020 (14):153-160.

2.3.3 会计职业道德的基本职能

会计职业道德的职能是多方面的,其中主要包括以下几点。

1. 调节职能

对会计职业道德而言,其基本职能是调节。调节职能指的是会计职业道德具有纠正人们的会计行为和指导社会经济实践活动的功能。通过调节职能,会计职业道德旨在促使企业和人们的经济行为实现从"现有"到"应有"的转变。在我国当前仍处于社会主义初级阶段的情况下,会计工作中存在各种复杂的关系和矛盾,这主要体现在以下几个方面:会计人员之间的关系、会计人员与其他工作人员之间的关系、会计人员与集体和国家之间的关系、会计管理部门和基层单位之间的关系,以及会计工作的负责人与一般职员之间的关系。这些关系需要通过会计职业道德的调节职能得到平衡和协调。通过运用会计职业道德,可以理顺会计工作中人与人之间的关系,建立正常的工作秩序。这不仅是一种法规层面的调节,更是一种道德层面的调节,以确保会计工作的正常运行和发展。

2. 导向职能

如前所述,会计领域涉及许多关系和矛盾。为了正确处理内外各种关系、合理解决矛盾,必须明确正确的方向并接受正确的指导。简而言之,就需要一个良好的"向导"。在社会经济生活中,会计职业道德充当了指导会计行为方向的"向导"角色。会计职业道德可以引导社会公民和会计人员自愿选择有利于消除各种矛盾、调整相互关系的会计职业道德行为。它能够避免产生和扩大相互之间的矛盾，解决和缓解已经存在的矛盾，改善会计领域内人与人之间、个人与国家之间的关系，促使会计人员协调一致、高质量、及时地完成会计工作。同时，会计职业道德通过社会舆论及会计人员的职业道德表现，影响和引导会计科学的发展方向。大量生动的事实表明，进步和崇高的会计职业道德能够促进和影响会计科学研究朝着有利于社会、有利于绝大多数人民群众利益的方向发展。因此，会计职业道德在塑造良好的会计实践和推动学科进步方面发挥着重要的作用。

3. 教育职能

会计职业道德教育职能是指通过社会舆论的形成、树立会计职业道德榜样等方式，来深刻影响人们的会计职业道德观念和行为，培养他们的会计职业道德习惯和品质。它的重要意义在于启迪人们对会计职业道德的认识，培养他们自觉践行会计职业道德行为的意识和主动性。会计职业道德教育职能与调节职能和导向职能密切相关，相互渗透。要使会计职业道德能够在社会生活中调节和引导人们的会计行为，就必须重视会计职业道德教育职能，使会计职业道德在个人的意识中扎根，并转化为他们自觉遵守的准则。因此，会计职业道德教育职能是导向职能和调节职能的前提和基础。同时，会计职业道德教育职能的发挥是通过对人们行为的会计职业道德调节和引导来实现和验证的。

4. 认识职能

会计职业道德认识职能指的是通过会计职业道德的判断、标准和理论等形式，反映会计人员与他人和社会的关系，指引他们在与现实世界的价值关系中的取向，并提供进行会计职业道德选择的知识。这些知识通常会转化为人们内心的信念，确认他们对特定会计职业道德关系和行为在情感上的必然性。会计职业道德的可靠性在于：与其他道德一样，会计职业道德通过评估当前行为的方式推动人们将其行为从现有状态转向应有状态，把握经济实践活动的客观必然性和历史发展的脉搏。会计职业道德认识职能的直接意义在于，它能够帮助人们提高对会计、会计学、会计工作、会计地位和会计人员等一系列重要会计问题的正确认识水平，为践行会计职业道德行为做好准备。

5. 促进职能

会计职业道德促进职能具有两个方面的意义。一方面，会计职业道德对于从事会计行为的个体，即社会公民和会计人员，具有一种引导作用，可以促使他们做出善良的选择，推动他们的个人品质不断提升、精神境界不断完善；另一方面，会计职业道德对于提高社会道德水平具有强大的力量，能够产生积极的影响。这表现在以下三个方面。

首先，会计职业道德通过会计人员积极参与各种社会活动，直接对社会道德产生影响。这是因为会计人员在确立了社会主义会计职业道德观念的基础上，将其转化为内心的信念、义务感和职业荣誉感，形成了共产主义的精神境界和思想觉悟。因此，在职业生活和社会生活中，他们能够正确处理个人与个人、个人与社会之间的关系，自觉地约束自己的行为，避免和减少与他人及社会的矛盾和冲突。此外，他们还能通过道德活动，对社会公共生活中的道德行为给予褒奖和肯定，揭露和谴责非道德行为，从而形成强大的社会舆论，影响社会公共生活，推动社会道德水准的不断提高。

其次，会计职业道德通过会计人员与服务对象的接触和联系，间接地对社会道德产生影响。当会计人员在进行理财过程中注重遵守会计职业道德时，他们会以高尚的态度和行为对待他人，办事处世，以优质的服务和严格的管理赢得民众的信任。通过展现自己的良好作风、风格和品德，会计人员能够在广大人民群众中树立良好的形象。这种积极的示范作用会影响他人，激发他们对会计职业道德的重视，并以类似的态度和行为对待他人和社会。

最后，会计职业道德可以通过会计人员的家庭生活来影响社会道德。一旦会计人员形成了高尚的职业道德，他们也会将这种优秀品质带入自己的家庭生活中，从而影响家庭中的道德观念和行为，培养尊敬老人和关爱幼小的良好家庭氛围。同时，会计人员的职业道德也会影响邻里关系和社会中的人际交往。他们的道德行为在公共场所中会对道德风气产生积极的影响，促使人们更加礼貌待人、友好相处、守法守纪、乐于助人，从而有助于改善社会风气。[①]

2.4 本章小结

本章主要介绍了道德与职业道德，会计职业与会计职业道德，会计职业道德的基本原理。道德是通过行为规范和伦理教化来调整个人之间、个人与社会之间关系

---

① 叶陈刚，叶康涛，干胜道，王爱国，李志强. 商业伦理与会计职业道德［M］. 北京：清华大学出版社，2020.

的意识形态。职业道德是从业者在职业活动范围内应当遵守的与其职业活动相适应的行为规范,是一定社会范围内的道德基本要求在不同的职业活动中所表现出的特定行为规范。会计职业广义上是指整个会计行业,狭义上是指具备职业资格的会计师群体。会计职业道德形成于会计职业的产生,它是会计人员在长期的职业活动中逐步形成和总结出来的,用以调整会计人员与社会之间、会计人员个人之间、个人与集体之间关系的职业道德,是主观意识和客观行为的统一。此外,本章还介绍了会计职业道德的约束对象、会计职业道德的作用及功能。

关键术语

道德　　　　　　　　　　　　　会计职业道德
职业道德　　　　　　　　　　　会计人员
会计职业

课堂讨论

1. 结合自身经历,思考如何将道德模范的力量转化为亿万群众的生动实践,让社会主义道德为奋进新时代,共筑中国梦提供精神力量。

2. 新时代的社会主义道德与中国传统文化中的道德有哪些异同?

3. 作为一名会计人员,你认为应该如何提升自身的职业道德修养?

情景练习

我要怎么做?

情景一

作为一名会计实习生,我负责为公司编制财务报表。在分析一项业务时,我发现了一些错误记录和不一致的数据。我意识到这可能会导致财务报表的准确性受到影响。我该如何处理这种情况?

(1) 忽略这些错误记录和不一致的数据,以免引起不必要的麻烦。

(2) 报告给我的上级或负责人,提醒他们注意并要求核实数据的准确性。

(3) 自己修改这些错误记录和不一致的数据,以确保财务报表的准确性。

(4) 不做任何行动，继续编制财务报表，将问题留给其他人解决。

请问我要怎么做？可从上述选项中选择，也可提出选项未涉及的做法，并简要说明理由。

情景二

作为一名会计实习生，发现公司的某位高级经理要求我在财务报表中隐藏一些损失以提高公司的利润表现。我知道这是违反会计职业道德的行为，但我也担心如果不遵从他的要求，可能会导致我的职业发展受到影响。我该如何应对这种情况？

(1) 遵从经理的要求，在财务报表中隐藏损失，以保护自己的职业前途。

(2) 私下与经理进行沟通，提醒他这是违反会计职业道德的行为，并劝他改正。

(3) 向我的直属上级或公司的内部审计部门举报这一问题。

(4) 寻求其他会计同行或专业组织的意见，了解如何处理这种情况。

请问我要怎么做？可从上述选项中选择，也可提出选项未涉及的做法，并简要说明理由。

资料分析

资料2-1：加强会计诚信建设　助力经济高质量发展

会计诚信是会计人员从事会计工作需要遵循的价值理念和行为规范，是提供真实完整的会计信息、促进经济高质量发展的重要保障。作为中华优秀传统文化的重要内容和社会主义核心价值观的重要组成部分，会计诚信更是会计人员的立身之本、会计行业的立业之基。在全党全国各族人民深入学习贯彻党的二十大精神、迈上全面建设社会主义现代化国家新征程、向第二个百年奋斗目标进军的关键时刻，深入学习领会习近平总书记关于诚信建设的重要论述精神、认真梳理总结加强会计诚信建设的经验做法、系统谋划加强会计诚信建设的政策措施，具有重要意义。

1. 深入学习领会习近平总书记关于诚信建设的重要论述精神，切实增强做好会计诚信建设的责任感和使命感

习近平总书记在党的二十大报告中指出，"坚持依法治国和以德治国相结合，把社会主义核心价值观融入法治建设、融入社会发展、融入日常生活""弘扬诚信文化，健全诚信建设长效机制"[1]。会计诚信是诚信体系建设的重要组成部分。习近

---

[1] 习近平：高举中国特色社会主义伟大旗帜　为全面建设社会主义现代化国家而团结奋斗——在中国共产党第二十次全国代表大会上的报告 [EB/OL]. 中国政府网，2022-10-25.

平总书记关于诚信建设的重要论述精神,深刻阐明了加强包括会计诚信建设在内的诚信体系建设的重要意义,为加强会计诚信建设指明了正确方向、提供了根本遵循[①]。

(1) 加强会计诚信建设是贯彻落实党中央国务院决策部署的重要举措。

长期以来,党中央和国务院高度重视诚信建设,先后制定印发了一系列文件,对加强包括会计诚信建设在内的诚信建设体系、建设社会主义核心价值观作出工作部署、提出明确要求,为加强会计诚信建设指明了方向。会计诚信是社会主义核心价值观的重要组成部分,加强会计诚信建设、提高会计人员诚信水平是弘扬诚信文化、健全诚信建设长效机制的应有之义,是建设社会主义核心价值观的重要组成部分,是贯彻落实党中央国务院决策部署的重要举措。

(2) 加强会计诚信建设是经济高质量发展的有力支撑。

会计工作是服务经济发展的重要力量,会计信息在维护市场经济秩序、引导资源科学配置过程中发挥着重要作用。真实完整的会计信息有助于客观反映经济发展的过去、精准谋划经济发展的未来,从而为经济高质量发展提供支撑。市场经济是信用经济,诚信缺失必将影响会计信息质量、危及市场经济根基,严重影响经济高质量发展。会计诚信建设是经济高质量发展的关键一环。在全社会日益高度重视诚信建设的背景下,会计诚信建设的重要性更加凸显,已经成为影响诚信体系建设和会计工作服务经济高质量发展的重要因素。加强会计诚信建设、提高会计人员诚信水平,能够保证会计信息的真实完整、为经济高质量发展奠定会计信息基础,是会计行业积极践行党的二十大精神、主动为经济高质量发展提供有力支撑的具体表现。

(3) 加强会计诚信建设是会计行业持续健康发展的必然要求。

会计诚信是会计行业的立业之基。2001年10月,时任国务院总理朱镕基在视察北京国家会计学院时亲笔题写了"诚信为本、操守为重、坚持准则、不做假账"的校训,对国家会计学院和会计行业加强会计诚信建设提出了明确要求。近年来,随着市场经济的快速发展、经济业务的复杂多变和社会诚信的缺失,会计失信行为也有所抬头,一定程度上影响了会计信息质量和会计行业声誉,引发社会广泛关注。加强会计诚信建设、提高会计人员诚信水平,是确保会计信息真实完整、促进会计工作职能作用发挥的重要保障。要实现会计行业和会计事业的持续健康发展,必须加强会计诚信建设,不断筑牢会计诚信之本、夯实会计诚信之基,在会计行业营造良好的会计诚信氛围,推动会计行业持续健康发展。

---

① 加强新时代诚信文化建设 [EB/OL]. 光明网,2023-05-25.

2. 加强制度建设,统筹谋划推进,我国会计诚信建设取得明显成效

作为会计行业的主管部门,财政部始终高度重视会计诚信建设,着力建立健全法规制度体系,统筹谋划推动有效实施,我国会计诚信建设取得了明显成效。

(1) 建立健全法规制度体系,为加强会计诚信建设提供政策依据。

1999年10月31日,第九届全国人民代表大会常务委员会第十二次会议审议修订的《会计法》明确规定,"会计人员应当遵守职业道德,提高业务素质"[1]。根据《会计法》的规定和党中央国务院有关加强诚信体系建设的文件精神,财政部在2018年4月制定印发《关于加强会计人员诚信建设的指导意见》,明确了加强会计人员诚信建设的指导思想、基本原则,并分别从增强会计人员诚信意识、加强会计人员信用档案建设、健全会计人员守信联合激励和失信联合惩戒机制、加强组织实施等方面进行统筹部署。2018年12月,财政部联合国家发改委等22个部门共同制定印发《关于对会计领域违法失信相关责任主体实施联合惩戒的合作备忘录》,明确了联合惩戒对象、信息共享与联合惩戒的实施方式、联合惩戒措施、共享信息的持续管理等内容。2023年1月,财政部印发《会计人员职业道德规范》,提出"三坚三守"(坚持诚信、守法奉公,坚持准则、守责敬业,坚持学习、守正创新) 24个字的会计人员职业道德要求。各地财政部门根据财政部有关文件精神,分别制定了相应的实施办法。

(2) 加强学历教育和职业培训,不断提升会计人员诚信意识水平。

习近平总书记在党的二十大报告中强调,"育人的根本在于立德。全面贯彻党的教育方针,落实立德树人根本任务,培养德智体美劳全面发展的社会主义建设者和接班人"[2]。在学历教育方面,会计本科教育通常都开设了《会计法规与职业道德》专业课程,会计专业学位研究生教育均开设有《商业伦理与会计职业道德》专业课程。在职业培训方面,财政部、人社部在2018年印发的《会计专业技术人员继续教育规定》强调,公需科目包括"职业道德"内容,专业科目包括"会计职业道德"内容;财政部在2022年印发的《会计人员继续教育专业科目指南(2022年版)》强调,专业通识知识包括"会计职业道德"科目,重点学习内容主要是会计职业道德与诚信体系建设的有关内容。在财政部门组织的各层级高端会计人才培养项目中,均开设了会计职业道德方面的课程。一个涵盖学历教育和职业培训,包括会计专业学生和会计实务工作者在内的会计人员诚信教育培训体系已经建立。

---

[1] 中华人民共和国会计法 [EB/OL]. 中国人大网, 2017-11-28.
[2] 习近平:高举中国特色社会主义伟大旗帜 为全面建设社会主义现代化国家而团结奋斗——在中国共产党第二十次全国代表大会上的报告 [EB/OL]. 中国政府网, 2022-10-25.

(3) 评选表彰先进会计工作者，大力营造会计行业良好诚信氛围。

1988年6月，财政部制定印发了《颁发会计人员荣誉证书试行规定》，为从事财务会计工作满30年的会计人员颁发《会计人员荣誉证书》，鼓励会计人员热爱和做好本职工作，增强会计人员的职业荣誉感，表彰他们献身会计事业为社会主义建设所作的贡献。2007年4月，财政部制定印发《全国先进会计工作者评选表彰办法》，开始在全国范围内评选表彰先进会计工作者（此前，财政部分别在1990年10月、1995年10月和2005年4月，分别评选出500名先进会计工作者和450个财会工作先进集体、425名先进会计工作者和235个财会工作先进集体、20名杰出会计工作者和25名优秀会计工作者），截至2022年底，累计评选出229名全国先进会计工作者，其中有30名全国先进会计工作者被中华全国总工会授予"全国五一劳动奖章"荣誉称号。部分省市相继开展了所在地区的先进会计工作者评选表彰活动。一个上下贯通、逐级递进的会计人员评选表彰体系，为会计行业营造了良好的会计诚信氛围。

3. 聚焦重点难点，协同联动发力，建设具有中国特色的会计诚信体系

要以习近平总书记关于诚信建设的重要论述为指引，把会计诚信体系建设作为社会主义核心价值观的重要组成部分，聚焦会计诚信建设的重点难点，完善会计诚信体系，健全各方联动机制，努力形成新时代我国会计诚信体系建设新格局。

(1) 强化党对会计诚信体系建设的全面领导。

党的领导是全面的、系统的、整体的。会计诚信体系建设作为社会主义核心价值观的重要组成部分，必须在党的领导下进行，充分发挥党总揽全局、协调各方的领导核心作用。要坚持以习近平新时代中国特色社会主义思想为指导，深入贯彻落实习近平总书记关于诚信建设的重要论述和重要指示批示精神，按照党中央国务院的决策部署，加快推进会计诚信体系建设，为我国经济高质量发展营造良好的会计诚信氛围、提供高质量的会计信息支撑。

(2) 建设完善具有中国特色的会计诚信体系。

会计是国际通用的商业语言。会计工作作为一种经济管理活动，会计诚信体系既具有一些共同的特点，也具有鲜明的时代特色。在不同的历史时期，会计诚信都深深打上了时代的烙印，具有鲜明的时代特点。我国进入中国特色社会主义新时代，会计诚信体系建设必须要充分体现新时代的中国特色。要认真梳理总结我国不同时期会计诚信体系建设的经验、深入挖掘提炼我国不同时期会计诚信体系建设的内容，去除其与中国特色社会主义新时代不相吻合的内容，保留其合理有效的内容。同时，深入研究分析社会主义核心价值观，将其精神实质与会计工作密切结合，吸收借鉴

并纳入会计诚信体系建设中，反映在会计诚信体系的各方面各环节，不断建设完善具有中国特色的会计诚信体系。

（3）健全各方协同共治的会计诚信治理体制。

会计诚信治理涉及政府部门、教学科研机构、企事业单位、行业协会（学会）、会计人员等有关方面和不同主体。政府部门应当完善会计诚信管理体制、理顺工作关系、形成牵头部门，以及参与部门职责明确、齐抓共管、推进顺畅、监管到位的工作体制和机制。教学科研机构应当全面落实立德树人根本任务，加大会计诚信教学科研力度，将会计诚信贯穿于教学科研育人全过程各环节。企事业单位应当自觉履行会计诚信管理主体责任，将会计诚信作为会计人才选聘、培养、职务晋升等的重要依据，建设重视会计诚信、淘汰会计失信的内部用人环境。行业协会（学会）应当主动参与会计诚信治理体系建设，制定发布本行业、本领域的会计诚信规范指引，发挥行业自律自净作用。会计人员应当主动学习会计诚信知识，坚守会计诚信规范体系，自觉接受会计诚信监督检查，干干净净做人、清清白白做事。

（4）大力开展会计诚信体系教育培训和宣传。

理念是行动的先导。对于会计行业和会计工作而言，是否牢固树立会计诚信理念，直接决定着会计行业和会计工作的可持续健康发展。要大力开展会计诚信体系教育，将会计诚信体系教育作为会计专业学生教育的重要内容，将会计诚信体系培训作为在职会计人员培训的重要内容，加强课堂教学和实践教学、交流研讨，树牢会计诚信意识、提升会计诚信水平，不断加大高素质、讲诚信的会计人才队伍建设力度。要面向社会公众大力开展会计诚信体系宣传，宣传会计诚信典型经验做法，发挥会计诚信典型的精神引领和示范效果，营造风清气正的会计诚信环境。要积极引导各类媒体准确客观地报道会计诚信事件，鼓励行业协会（学会）搭建会计诚信宣传交流平台，传播会计诚信相关知识和典型案例、剖析会计失信典型案例根源，引导社会公众理性认知会计诚信引发的各种问题。

资料来源：崔华清．会计职业道德建设｜崔华清：加强会计诚信建设　助力经济高质量发展［EB/OL］．财务与会计，2023-04-26．

讨论题：

1. 结合上述资料，谈谈为何会计诚信对经济的高质量发展至关重要？

2. 政府、监管机构、行业协会及会计人员在促进会计诚信建设中起到了哪些作用？

3. 你认为会计诚信建设在数字化时代将面临哪些新的挑战？如何克服这些挑战并持续加强会计诚信的建设？

资料2-2：管好公家钱袋子

1. 财务凭证里的秘密

"从巡察组进驻后我就如坐针毡,没想到纸终究包不住火,事情这么快就败露了……"日前,江西省定南县妇女联合会原四级主任科员张某某对办案人员忏悔道。

此前,定南县委第一巡察组进驻县妇联开展常规巡察,一份财务凭证引起了巡察组工作人员的注意。"怎么3次'清洁家园(庭)'评比活动费用就有7万多元,购买了150多套四件套,而且发放范围覆盖了县、镇、村三级……"

"这么大范围发放奖品,有点反常。"工作人员立即分成两组,一组进一步查阅财务资料,另一组对照奖品发放名单走访核实。

"从来没在县妇联领过四件套之类的奖品,镇里开展'清洁家园(庭)'评比活动奖品都是镇级经费购置的。"7个乡镇妇联主席的回答惊人的一致,县妇联"清洁家园(庭)"评比活动奖品发放名单竟然是捏造的。同时,另一组人员反馈县妇联某账本9号、10号凭证报账资料缺失。

经过分析研判,巡察组随即联系县妇联主席王某某到巡察组办公室进行谈话,详细了解情况。原来,县妇联在开展"清洁家园(庭)"评比活动时并没有将奖品发放至各镇村,王某某也表示没有见过这些账务报销凭证,但单据封面上却有她本人的亲笔签名,越来越多的证据指向了县妇联财务人员张某某。

"请说一下'清洁家园(庭)'评比活动奖品发放情况。"工作人员开门见山地说。

"共开展了3次,奖品都按评选结果发放了,还有签领名单呢。"张某某说。

"但各镇村反映都没有收过这些奖品,你们领导也表示没有这回事,这怎么解释?"工作人员摆出了事实。

"可能时间长了,他们忘记了吧。"张某某渐渐紧张起来。

"那某账本9号、10号凭证报账资料上哪去了?我们询问过你们领导和会计,当时凭证资料是在账本里的。"工作人员追问。

张某某眼见事情瞒不住,只得将事实和盘托出。巡察组随即将问题线索移交县纪委监委处理。

原来,2020年8月至2021年4月期间,张某某利用其担任单位出纳的职务便利,在经手单位水电费等日常开支报账过程中,故意使用可擦笔先后10次在报账单据封面上填写科目和金额,履行完审签手续后再将单据封面科目等擦改为"清洁家园评比费用""清洁家庭评比费用"等科目,并将小额数字擦改成大额数字,再通过复印、虚开发票的方式套取公款18万余元,全部用于偿还其个人债务。此外,张某某还交代了其藏匿报账凭证资料,套取资金22万余元的犯罪事实。

最终,张某某因涉嫌严重违纪违法被开除党籍、开除公职,因犯贪污罪、洗钱罪被判处有期徒刑一年六个月,并处罚人民币十万二千元。该县纪委监委随后针对案件暴露的财务管理漏洞等问题向县财政局、县妇联制发纪检监察建议,督促强化党员干部日常教育监督管理,举一反三查找财务管理漏洞,加大廉政风险排查和管控。

2. 盲目攀比——债台高筑的"80后"会计挪用百万公款

"我对不起年老的父母,现在他们还为我操碎了心……"面对自己犯下的罪行,身为"80后"的李某某深深自责,流下了悔恨的泪水。

李某某是广西壮族自治区平果市凤梧镇人民政府原会计。2020年11月,李某某因犯挪用公款罪被判处有期徒刑六年。正值大好青春的她为何走上违法之路?

"2013年,祸根开始被我埋下……"李某某在忏悔书中写道。

这一年10月,她参加公务员考试成为一名乡镇干部,担任会计员,每天就是做账、管账。她看到以前的同学、身边的朋友穿戴比自己好,生活过得有声有色,感到自己的工作枯燥单调,觉得自己样样不如人。

她开始热衷网上购物,疯狂网购各种护肤品、高档服饰,与别人比穿着、比消费、比娱乐……样样不甘人后。

"被留置的当天上午,她的手机还收到几条包裹送达的快递信息。她对这些快递念念不忘,请求办案人员转告同事代收。"办案人员说。为了参加朋友婚礼,李某某花2000多元网购了一套晚礼服,当时她每个月到手的工资不到3000元。

玩网络游戏是李某某工作之余消遣时光的"最佳"方式,她渐渐在虚拟的网络世界里迷失了方向,有时一次就要花销上千元。李某某被留置后,办案人员在搜查她的办公室时,发现一大沓已用过的网络游戏充值卡。

事实上,李某某的工资收入根本无法满足她在网游和网购上的消费,日子过得捉襟见肘。她通过办理信用卡不停刷卡提现,刷卡之后再办理分期,还了一期又去刷卡提现,拆东墙补西墙,最终入不敷出、负债累累。

2014年1月,镇领导让刚参加工作不久的李某某去接收一笔十余万元的账外资金。面对这笔钱款,以及渐渐逼近的信用卡还款日,李某某动起了歪心思。"单位领导不会那么快用这笔资金,先借用来还个人信用卡欠款再说,以后再以现金分期的方式提出来补上。"

她心里很清楚,这么做将意味着什么。她内心挣扎,备受煎熬,然而侥幸心理最终占据上风，她决定铤而走险。

接下来的几天，她一直惴惴不安。可是怕什么来什么，没过两天，单位领导就要求她将这笔十余万元的款项转给出纳。她强作镇定，把目光转向单位公务经费，决定从公务经费中转款，以此掩盖自己的罪行。

从政府对公账户中转出三公经费充当那笔账外资金后，她一直怕事情败露，却没想到这么拙劣的伎俩竟能蒙混过关。她庆幸之余开始心安理得，胆子也越来越大。

随着信用卡开支越来越多，李某某在挪用公款这条错路上越陷越深、不能自拔。2014年1月至2017年7月期间，李某某利用担任平果市凤梧镇人民政府财务会计职务之便，挪用公款157万余元，大部分被她用于网购、玩游戏等个人消费。

"工作才四个月，就开始搞钱，李某某的胆子太大了。而且她的手法很简单，就是直接将公款转入个人账户，开支后挂账，简直明目张胆。"办案人员说。

2017年6月，单位委托会计公司整理账务，李某某挪用公款的问题浮出水面。2020年7月2日，李某某被采取留置措施。2020年7月30日，李某某受到开除公职处分并移送司法机关。

该案发生后，平果市纪委监委督促凤梧镇抓好以案促改，细化完善财务管理办法，杜绝出现虚假发票、白条报销费用、"账外账"、"小金库"等问题。该镇还联合财政、审计等部门建立防治长效机制，加强对财务人员的业务培训，定期开展督查，查堵财务管理漏洞。

类似的会计等岗位财务人员违法违纪问题还有很多……

3. 买奢侈品、搞微整形、公家账户成了提款机

一件衣服6.4万元，一个包超过20万元……1990年出生的王某，是北京市东城区某离退休干部休养所原出纳员。仅一年多的时间，她利用职务便利，侵吞、骗取公款720余万元，全部用于个人奢侈消费。

与王某相似，江苏省溧阳市残疾人联合会、市残疾人劳动服务所原出纳会计张某某为了在朋友圈"比拼实力"，同样是"90后"的她，挪用129万元公款用于微整形、购买奢侈品、出国旅游消费，以维持自己在同事眼中"白富美"的人设。

"觉得自己好可怕，我的虚荣心让我失去控制，那个看到钱就像失心疯的自己，我再也不想看到了。"为了还网贷，广西壮族自治区三江县文学艺术界联合会、三江县科协技术协会原临聘财务人员唐某某上班第三天便打起了公款的主意，两年时间从单位的4个账户挪用公款819笔，共计169.3万余元，最多的一次仅一天内就挪用了19笔款项。

此外，还有一些财务人员内心空虚，沉迷于虚幻的网络世界，为了给网络游戏

购买装备、打赏网络主播、帮网络游戏中的"爱人"在现实中投资,不惜铤而走险,挪用公款。

年纪轻、职务低、犯罪时间短但涉案金额大,记者在梳理相关案例时发现,部分基层单位年轻财务人员为追求享乐,迷失自我的问题较为突出。

4. 企图用公款"借鸡生蛋",结果却"鸡飞蛋打"

财务人员违纪违法典型案例中,还有一些人自以为有财会知识背景、具备经济头脑,企图"借鸡生蛋",将挪用、贪污的公款用于炒股、购买理财产品、投资实业等,结果却"鸡飞蛋打"得不偿失。

浙江省永康市下园朱农贸综合市场开发服务部原出纳胡某某以发工资、退押金、退摊位费等名义,先后12次挪用单位资金2074万余元用于投资,亏损高达1800多万元,直到案发时账户中只剩下200多万元。

为了炒股,浙江省建德市委统战部原部务会议成员兼会计咸某某采取蚂蚁搬家的方式,先后83次作案,单笔金额从千余元到十万元不等。她将128万余元公款放进了自己的口袋,甚至为了骗取1000元的慰问金,不惜编造同事亲人去世、生病住院的谎言。

因沉迷网络炒股,湖南省吉首市新兴城乡公路建设投资有限责任公司原出纳彭某花7个月挪用公款776.52万元用于网络平台投资。当她想回收资金时,相关平台均以各种借口拒绝让她取钱。直到报案后她才意识到,那些网络平台都是虚拟平台,自己遇到的其实是典型的网络诈骗。

更有甚者,有的财务人员一门心思指望"天上掉馅饼",深陷赌博的泥沼,赌徒心理驱使他们一次次铤而走险,将手伸向了公款。例如,湖南省常德市国土资源局武陵区分局原副股长兼出纳姚某某在两年多的时间里挪用公款4484.83万元用于网络赌博,却输得一无所有。因犯挪用公款罪,姚某某被判处有期徒刑12年。

资料来源:①管好公家钱袋子 14起财务人员违纪违法问题案例分析 [EB/OL]. 中央纪委国家监委网站,2021-05-28;②广西田东:靶向整治 封堵财务会计管理漏洞 [EB/OL]. 中央纪委国家监委网站,2021-11-18;③以案为鉴|盲目攀比 债台高筑的80后会计挪用百万公款 [EB/OL]. 中央纪委国家监委网站,2021-09-24.

讨论题:

1. 结合上述资料,论述为何会计人员会违反管好公家钱袋子原则。

2. 结合上述资料,论述会计职业道德在管好公家钱袋子中的作用和重要性。

3. 请思考如何帮助以上单位预防类似情况再次发生。

资源推荐

- **网站资源**

    中国注册会计师协会（CICPA）：www.cicpa.org.cn

    澳大利亚会计师协会（CPA Australia）：www.cpaaustralia.com.au

    标准普尔全球（S&P Global）：www.spglobal.com

    国际会计师联合会（IFAC）：www.ifac.org

    国际财务报告准则基金会（IFRS）：www.ifrs.org

    加拿大会计师公会（CPA Canada）：www.cpacanada.ca

    美国公认会计原则委员会（FASB）：www.fasb.org

    美国注册会计师协会（AICPA）：www.aicpa.org

    英国特许公认会计师协会（ACCA）：www.accaglobal.com

    中国会计准则委员会（CASB）：www.casb.org.cn

    中国证监会：www.csrc.gov.cn

- **公众号资源**

    会计学术联盟（微信号：KJXSLM）

    论文大焖锅（微信号：PaperExpress）

    香樟经济学术圈（微信号：camphor2014）

    唧唧堂（微信号：Jijitang_com）

    经管之家（微信号：jgjgedu）

    会计评价中心服务号（微信号：czbkzp）

    会计雅苑（微信号：chncpas）

    分析式会计研究（微信号：Analytical_AR）

第 3 章

会计职业道德的历史演进

 **学习目标**

1. 了解我国古代和近代会计职业道德的兴起与演进。
2. 理解我国现代会计职业道德的发展。
3. 熟悉国际会计职业道德的兴起与演进。

【识别二维码
获取本章 PPT】

 引 例

孔夫子：是思想家也是会计

孔子，名丘，字仲尼，孔夫子是后人对他的尊称。这位大名鼎鼎的学问家，不仅是伟大的思想家、教育家，还是一名伟大的会计。20 世纪 80 年代中期，联合国教科文组织曾评选出人类历史上的"世界十大文化名人"，孔子位居榜首。

孔夫子年轻时，便与会计打上了交道。当时，在鲁国执政的大贵族是季氏，孔夫子就是在季氏的手下当上了一名主管仓库会计的小官吏——委吏，一个财务小官，每个月拿到的钱粮很有限，刚刚够养家糊口。那时候的会计没有分工牵制一说，孔夫子凡事都得自己动手。于是，孔夫子拿起了一把刀，刀子刻在青竹片上，一刻上去，竹片直冒水，像是流汗一样，故名"汗青"。汗青，实际就是账本，象征着书籍、历史，诗云："留取丹心照汗青"，盖源于此。

那时候的会计虽然简单，但孔夫子却很投入。他终日守候在库房里，数着数量，画着记号，监督着仓库的财物出入。他谨慎地（会计的谨慎性原则就是从那时开始孕育的）辨别着出入事项，在竹简上刻画、登记，力求使每一笔"账目"都正确无误。

孔夫子也是一个颇有心的人，他年当十五便立志于学，研究问题总是"发愤忘食"，最后总要追究出一个结果，他对待仓库会计这项工作的态度亦是如此。"做会计的关键是什么呢？"平素孔夫子每每想到这个问题，便琢磨不已，日子久了，他从中悟出一个道理。一次，他语重心长地对旁人说："会计，当而已矣。"孔子这一说可了不得，他的门徒把这句话刻在"汗青"上，传之后世。于是，会计便有了名人名言。

生活在动荡的、纷争不断的春秋时代的孔子像守护诚信一样，怀念着周朝，并把"克己复礼"当作毕生奋斗的目标。孔子的一生，把先王的"礼制"看得比什么都重要，"非礼勿视，非礼勿听，非礼勿言"。他认为会计亦在礼帛约束之列，一切收支事项务必以礼制为准绳。当收则收，既不许少收，也不可超过规定的标准多收；当用则用，既不可因少用而违礼，亦不可违反财务制度滥用无度，与今天的预算庶几近之。在孔夫子的心目中，一切应力求适中、适当，适可而行，适可而止。

孔会计理论的实质是"政要节财"，谨慎性原则与预算管理思想呼之欲出。取要得当、用要得当、算要得当，方能达到守礼制、尊王权、财掌不乱的目的。孔子的仁爱之于当下的会计领域，不是穿上"不亦说乎"的文化衫，而是传承以人为本的夫子之道，尊重专业，尊重人才，构建和谐的会计秩序。

会计制度发展至今不是一蹴而就的，如今能形成一个完整的体系，正是由数个如孔子一般工作严谨且善于总结的会计人一代代相承，才成就了会计制度的逐步完善。

资料来源：人物｜孔夫子：是思想家也是会计［EB/OL］.中国人民大学商学院EMBA，2014-03-21.

3.1 我国会计职业道德的兴起与演进

在中国，会计职业道德的发展也经历了不同阶段。在古代，会计活动主要是为国家和官府服务，会计职业道德主要是为了维护国家利益和官府权力。现代中国会计职业道德的起源可以追溯到新中国成立后。1963年，国务院发布了《会计人员职权试行条例》，这是我国第一部专门规定会计人员职责、权限的行政法规。此后，随着中国经济的快速发展和市场化进程的推进，会计职业道德日益得到重视，20世纪80年代初开始广泛讨论，1992年9月中注协发布《中国注册会计师职业道德守则（试行）》是最早的会计职业道德规范文件，用于约束注册会计师。1996年财政部发布了《会计基础工作规范》，会计职业道德被单独列为一节，用于约束会计人员。

3.1.1 我国古代会计职业道德的起源和发展

《史记》之《夏本纪》记载："禹会诸侯江南，计功而崩，因葬焉，命曰会稽。

会稽者,会计也。"① 可见,夏朝的会计工作已在国家管理中处于重要地位。商朝的甲骨文中也有关于会计事项的记载。西周会计的发展较为迅速,中央设立了诸多会计官职,负责官府的财务管理,起草国家财务报表等工作。这些会计官员在其工作中需要遵守财务管理相关的法律法规和道德规范,这可以被视为古代会计职业道德的最早形式。在秦汉时期,会计职业道德得到了一定的发展。其中,秦代有明确的货币制度、度量衡制度等。在政府财务方面,秦始皇实行统一的货币制度和度量衡制度,建立了一套比较规范的财务制度,使得政府的财务管理有了更标准的规范。在汉朝时期,财政制度进一步完善,财政管理的职能和权限更加清晰,对会计的职业道德也有更高的要求。例如,在汉代,官员在出任职务前需要进行"举贤良方正""节俭廉洁"等方面的考核,以保证官员们的廉洁和公正。同时,汉代还对公职人员的财务状况进行审核,对于"妄动盈利""贪污受贿"等行为进行严厉惩罚,增强了会计职业道德的约束力。在魏晋南北朝时期,有些商业家和会计师已经能够将商业会计应用于经营中,实行"账实相符,资产相抵,利润相符"的原则。综合来看,夏朝至南北朝阶段的会计工作开始采用符号记账,如采用符号表示货物数量、重量等,其道德行为主要表现为勤奋工作、恪守职业道德、正确记账等。

拓展链接3-1:中国古代的"会计名人"

曾巩

唐宋八大家之一,北宋时期著名的散文家。不仅文采出众,对会计也非常精通,他曾写过《经费议》一文,论述了量入为出、开源节流对经济生活的影响和重要性。曾巩认为"用之有节,则天下虽贫,其富易致也;用之无节,则天下虽富,其贫易致也。"

曾巩在议论经费时,不是空洞地进行说教,而是采用了因素分析法,对景德、皇佑和治平三朝费用开支情况进行了对比分析。

"景德户七百三十万,垦田一百七十万顷;皇佑户一千九十万,垦田二百二十五万顷;治平户一千二百九十万,垦田四百三十万顷。天下岁入皇佑、治平皆一亿万以上,岁费亦一万亿以上。景德官一万余员,治平并幕职州县官三千三百有余,其总三万四千员。景德郊费六百万,皇佑一千二百万,治平一千三十万。以二者校之,官之众一倍于景德,校之费亦一倍于景德。"

---

① [西汉]司马迁. 史记[M]. 长春:吉林大学出版社,2015:13.

苏轼

唐宋八大家之一，宋代文学家、书画家。其文学造诣很深，诗、词、散文、书画等无一不精，脍炙人口之作甚多。苏轼曾著《省费用》一文，其主旨大意与曾巩的《经费议》大致相同。苏轼认为国有三计，"有万世之计、有一时之计，有不终月之计"。

凡"计"均应以费用为中心，费有计，则国安。如能节天下无益之费，使国有储备，则无大患难。苏轼通过理论分析阐述了节约费用开支对国家的好处和意义。在苏轼为官的生涯中，他都能以会计的思维和理财的方法为当地的百姓增加财源，提高人民的生活水平。

苏辙

唐宋八大家之一，北宋散文家。元佑初年，苏辙与户部尚书李常等人主编了《元佑会计录》三十卷，并为该书作序。苏辙认为：凡节冗官，精士卒，克众用，便国富有余。若冗员充积，国用奢侈，积糜耗多，便会导致财匮力绌。《宋文鉴》卷八十七记载：其在《上皇帝书》中以"去冗"为主题，发表了自己关于节约费用支出的看法。

他认为：害财者三，一曰冗吏，二曰冗兵，三曰冗费。而要做好会计核算工作，做到节约支出，就必须"以简自处，而以繁寄人。以简自处，则心不可乱。心不可乱，则利至而必知，害至而必察。以繁寄人，则事有所分。事有所分，则毫末不遗，而情伪必见。"即在会计工作中，手续、程序要简便易行，账簿设置要少而精，冗员冗费减少了，才能节约支出，使机构运行合理有序。

黄庭坚

北宋文学家、书法家，能诗文及词。公元1101年，黄庭坚到湖北去访友。在荆州的路上，正好邂逅自己八年未见的老朋友李辅圣，心里异常激动。黄庭坚赋诗一首相赠，诗中以会计的有关知识和老友叙旧，并和老朋友开了个玩笑。

此诗名为《赠李辅圣》，记载在《黄山谷年谱》一书中。诗的全文如下：

交盖相逢水急流，八年今复会荆州。
已回青眼追鸿翼，肯使黄尘没马头？
旧管新收几妆镜，流行坎止一虚舟。
相看绝叹女博士，笔研管弦成古丘。

> 这里运用了在宋朝官厅会计中常用的会计核算法——四柱清册法的知识和老朋友李辅圣叙旧。诗中涉及的"旧管,新收"本是四柱清册法中四柱中的二柱,其他二柱为"开除"和"实在"。四柱清册法始于唐朝,盛行于宋朝,是一种重要的会计核算法。四柱清册法在当时来讲,其先进程度远远超过西方。四柱清册法写成公式就是:旧管+新收=开除+实在,或是:旧管+新收-开除=实在。这也充分说明了黄庭坚对"四柱结算法"是十分精通的。
>
> **辛弃疾**
>
> 南宋豪放派词人。其词在数量上超过前辈和当时的作家,风格多样,以豪放为主,与苏轼并称"苏辛"。辛弃疾晚年仿效晋代隐士陶渊明,过着恬淡、舒适的田园生活。
>
> 有词为证:
>
> > 万事云烟忽过,百年蒲柳先衰,
> > 而今何事最相宜,宜醉宜游宜睡。
> > 早趁催科了纳,更量出入收支,
> > 乃翁依旧管些儿,管竹管山管水。
>
> 这首词见于《稼轩长短句》卷十中的《西江月·示儿曹以家事付之》。它基本上反映了辛弃疾晚年的生活和心境。这首词的下半部分,以掌管家事而悠然自得,以计量收支而称心自娱。词中所用"出""入"乃当时官厅会计所用记账符号,"收""支"乃民间会计常用的记账符号。辛弃疾将之用到自己的词中,自有一番新意。
>
> 资料来源:会计专业教育系列之四——中国古代的"会计名人"[EB/OL].浙江会计学院官方微信号,2018-04-23.

唐代是中国古代文化、经济、社会等领域发展最为繁荣的时期之一,唐代的会计职业道德继承和发展了前代的传统,加强了财务管理的规范和标准,同时开创了我国财政史上最早的财政预算制度。唐代会计的最高主管机构为度支部,负责财政预算和全国的会计核算,这些措施有利于保障政府财政的稳定和商业的繁荣。到了宋代,会计作为一种职业已经得到了相对稳定的发展,有专门的职业名称,例如"算师""算役""筹账""千总"等。《宋会要》中记载了一些会计制度和规定,如规定会计必须保守财务机密、严格遵守财务制度等。明朝官厅会计在继承旧有会计制度的同时又获得了新发展。朱元璋设户部主管国家财计,财务出纳勘合制度、黄册与鱼鳞图册编报制度、仓储管理制度、上计制度及经济法制都是当时的财计制度。清朝时期的会计职业道德继承了明代的优良传统,同时也随着商业的发展和社会的变迁而逐步发展和完善。商人们注重财务管理,更多地使用会计工具记录和管理财务,会计差役逐渐成为商人们的得力助手。从唐代到明清,会计职业道德的要求逐渐明确,主要体现在诚实守信、保守机密等方面。

总的来说,中国古代会计职业道德的起源和发展受到政治、经济和文化等多方面的影响,其中包括了制度规定、官方管理、经验积累和社会文化传统等因素。虽然具有时代和地域性的特点,但对我国现代会计职业道德的形成和发展也产生了深远的影响。

拓展链接 3-2:仓库会计史话轶事

王垕当了替罪羊

《三国演义》中第十七回"袁公路大起七军,曹孟德会合三将"中,讲述了一则关于财务的小故事:

曹兵十七万,日费粮食浩大,粮食将尽,不敷支散。管粮官任峻部下仓库会计王垕入禀操曰:"兵多粮少,当如之何?"操曰:"可将小斛散之,权且救一时之急。"垕曰:"兵士倘怨,如何?"操曰:"我自有策。"垕依命,以小斛散之。操暗使人各寨探听,无不嗟怨,皆言丞相欺众。操乃密召王垕入曰:"吾欲借汝一物,以压众心,汝必勿吝。"垕曰:"丞相欲用何物?"操曰:"吾欲借汝头以示众耳。"垕大惊曰:"某实无罪!"操曰:"吾亦知汝无罪,但不杀汝,军心变矣。汝死后,汝妻子吾自养之,汝勿虑也。"垕再欲言时,操早呼刀斧手推出门外,一刀斩讫,悬头高竿,出榜晓示曰:"王垕故行小斛,盗窃官粮,谨按军法。"于是众怨始解。

这是一起典型的仓库会计充当替罪羊的故事。王垕的死有多重原因。

其一,王垕越级汇报,曹操越俎代庖。曹操手下有管粮的官,王垕只是管粮官任峻的手下,即他上面有主管会计或是财务总监,可他这个仓库小会计直接向董事长兼总经理汇报了,曹操也直接向王垕下了指令,并未说此事由任峻管理。这让任峻形同虚设,内部控制的一个重要环节失去作用。

其二，王垕明知违纪，曹操授意支持。王垕明知曹操是违背制度的做法，不仅未坚持原则，相反在其授意下作弊。他抱着一种侥幸心理，上面有领导，出了事由领导负责。这与目前众多的小金库一样，财务人员对小金库的设置，大多知情并参与，钱账由财务人员控制，领导授意财务人员如何做，他们也抱着和王垕一样的侥幸心理，此为领导授意，财务不过是执行而已。

其三，责任未分清，后果未想明。由于王垕未将责任分清，未拿到逐级审核下发军粮的指令，未按制度办事，出事之后，王垕有口难辩，稀里糊涂地被迫充当了替罪羊。

北宋皇帝管仓库

北宋自建立以来，对仓库管理极为重视，充分考虑到管算结合。

其一，宋太祖制度管库。宋太祖时规定：凡州官到任，必须亲自检阅所管账籍和盘查清点官物。并明令：主库吏三年一易。仓库的主管领导必须三年一换，防止连任发生弊病，并成定制。这是从制度上对仓库会计进行管理。

其二，宋太宗牙钱管库。太宗虽未当仓库会计，却是管库高手。太宗令内藏库使翟裔等人将仓库的绫罗等财务分别登造账籍，按月向枢密院报告，内藏库财物"每千计用一牙钱记之。凡名物不同，所用钱色亦异，他人莫能晓，匣而置之御阁，以参验账籍中定数。"这一牙钱，相当于保密的卡片账，可以防止仓库会计作弊。

其三，经验当成传家宝。宋太宗牙钱管库的办法，取得了良好的效果，于是他将这一实践中摸索出来的经验当作传家宝传给了他的儿子宋真宗，并说：在内库管理方面，你按这个办法执行就足够了。

资料来源：①《宋史·食货志·会计》；②杨良成. 仓库会计史话轶事[EB/OL]. 中国会计视野，2019-03-16.

3.1.2 我国近代会计职业道德的发展

中国近代会计职业道德的发展可以分为两个时期：北洋政府时期和国民政府时期。这两个时期中国的政治、社会和经济环境对会计职业道德产生了不同的影响。

在北洋军阀政府统治时期，中国社会处于政治动荡和社会混乱的状态，这给会计职业的发展带来了一定的限制。在这一时期，会计职业的发展相对有限，会计职业道德的意识和规范尚未完善。许多会计工作者主要集中在政府和军队等机构中，他们的职业道德受到政治和军事权力的影响。由于缺乏有效的监管和制度规范，一些不端行为和腐败现象在会计工作中时有发生，例如，篡改财务信息、滥用职权、违反诚信原则等。这些行为导致了会计职业声誉的下降，同时也使得社会对会计行业产生了不信任感。特别值得指出的是，谢霖作为这一时期中国会计行业的重要人物之一，创办了中国第一家会计师事务所，命名为"正则会计师事务所"。他期望事务所及其工作人员以及培养出来的会计人员能够秉承屈原的公平正义精神从事会计相关业务。这体现了谢霖对会计职业道德的重视和倡导。尽管在北洋军阀政府统治时期，会计职业面临诸多挑战和不完善之处，但谢霖及其他一些积极的会计从业者的努力为会计职业道德的发展奠定了基础。

随着国民政府的建立，中国社会开始逐渐稳定，会计职业得到了更多的重视和发展。在这一时期，国民政府推动了会计制度的建立和规范，并开始强调会计职业道德的重要性。国民政府制定了相关法规和规章，明确了会计人员的职责和义务，提倡诚实、透明和公正的行为准则。此外，会计师协会的成立和职业培训的开展也为会计职业道德的提升起到了积极作用。近代著名会计学家潘序伦将会计师的基本素质归纳为三大要素：学识、经验和道德，而在三者之间，"学识经验及才能，在会计师执行事务之时，固无一项可缺，然根本上究不若道德之重要"①。他强调会计师应积极遵循职业道德，包括公正、诚信、廉洁和勤奋，这为会计职业道德的塑造和提升提供了指导，也为今后的会计职业道德体系的建立和完善提供了宝贵的经验。

总的来说，中国近代会计职业道德在北洋政府时期起步较晚，受到政治和社会环境的制约。而在国民政府统治时期，会计职业道德得到了更多的关注和规范，会计人员的职业道德意识逐渐增强。这为中国现代会计职业道德的发展奠定了基础。

3.1.3 我国现代会计职业道德的建设历程

1949年，中华人民共和国成立后，政府开始推行社会主义建设，会计工作也逐步纳入国家管理体系中。1963年国务院颁布的《会计人员职权试行条例》对会计人

---

① 潘序伦. 潘序伦文集 [M]. 北京：立信会计出版社，2008：23 – 50.

员的职责和权限作了详细而具体的规定，这是我国第一部专门规定会计人员职责、权限的行政法规。1978年根据新时期总任务的要求，国务院颁布了《会计人员职权条例》，这是1963年《会计人员职权试行条例》的修订版。1984年财政部颁布的《会计人员工作规则》对会计人员的职责、权利和义务作了具体规定，主要目的在于不断提高会计人员道德素质和业务素质，以适应经济管理的需要。随着改革开放和经济的快速发展，会计（人员）职业道德得到重视，20世纪80年代初已开始被广泛讨论。

最早的会计职业道德规范文件是从注册会计师开始的，1992年，中国注册会计师协会发布了《注册会计师职业道德准则》（以下简称《准则》），这是中国会计职业道德标准化的重要里程碑，虽然只对注册会计师有约束力，但《准则》从制度层面上明确提出了注册会计师职业道德的概念和要求，这在我国会计职业道德建设史上具有重要的意义。1995年财政部发布的《会计改革与发展纲要》指出，"要研究制定会计职业道德规范，加强会计职业道德和职业纪律教育，全面提高会计人员素质"，"建立一支业务素质高、客观公正、严格遵守职业道德和执业规范、社会信誉好的注册会计师队伍"[1]，为"九五"期间及21世纪会计职业道德建设指明了方向。1996年财政部颁布的《会计基础工作规范》对"会计人员职业道德"作了专门规定，明确提出了会计职业道德的具体条款，实现了在会计制度中使会计职业道德的表现形式单独成文和单独规范，这是我国会计职业道德建设史上的一个里程碑。1997年施行的《中国注册会计师职业道德基本准则》对规范注册会计师职业道德行为，提高注册会计师职业道德水准，维护注册会计师职业形象起到了重要的作用。1997年财政部等单位联合发布的《进一步规范会计工作秩序的意见》指出，"加大职业道德宣传教育的力度，在会计战线树立敬业爱岗、坚持原则、钻研业务、搞好服务的职业道德观。加强会计人员管理制度和职业道德情况的监督检查，对严重违反国家财经纪律和职业道德的会计人员，取消会计专业技术职务和上岗资格"[2]，对会计职业道德建设提出了进一步的要求。1998年财政部发布的《违反注册会计师法处罚暂行规定》规定，注册会计师、会计师事务所不按职业道德准则的要求执业，予以警告，情节严重的，予以暂停执业，加大了会计职业道德建设的力度。1998年财政部发布的《会计人员继续教育暂行规定》，明确将会计人员职业道德教育规定为会计人员继续教育的五大内容之一。

---

[1] 会计改革与发展纲要 [J]. 上海会计，1996（5）：51-54.
[2] 进一步规范会计工作秩序的意见 [J]. 上海会计，1998（3）：60-61.

21世纪以来，会计职业道德继续发展及强化，主要体现在法律法规的完善、国际接轨、职业道德教育的加强、监管力度的加大与新技术的发展等方面。其一，法律法规的完善：2000年新修订的《会计法》，把职业道德条款写进会计工作的根本大法之中，会计人员应当遵守职业道德，提高业务素质，这是我国会计职业道德发展过程中的一个非常关键的标志性事件。2002年，中国注册会计师协会发布了《中国注册会计师职业道德规范指导意见》，对《中国注册会计师职业道德基本准则》进行了细化和补充，具有操作性，对注册会计师职业道德建设具有非常重要的意义。其二，国际会计准则的接轨：中国加入世界贸易组织（WTO）和国际会计准则委员会（IASC）的改革。中国会计准则（CAS）的制定也受到国际会计准则（IAS）的影响，逐步与国际会计准则接轨，提高了会计从业人员的职业道德要求。其三，会计职业道德教育的加强：2003年财政部发布了《关于开展会计职业道德宣传培训工作有关事项的通知》，为此，各级财政部门把会计职业道德建设作为一项重要工作来抓，采取多种形式开展会计职业道德宣传教育工作。高校与职业培训机构在会计专业课程中均增加了职业道德教育的内容；各级会计协会和注册会计师协会不仅会定期开展职业道德考核和评价工作，对违反职业道德规范的会计从业人员进行严肃处理，并公开曝光；还会开展先进会计职业道德典型经验的推广活动，通过宣传表彰等方式，推动职业道德规范化建设和职业道德文化建设。其四，监管力度的加大：财政部、证监会、会计师事务所监管委员会等部门也不断加强对会计从业人员的职业道德监管和执法，加大违法违规行为的惩处力度。其五，新技术的发展：数字技术和信息技术的应用使得会计人员更加关注精细化、专业化和智能化的工作，提升了职业素养和职业水平，为会计职业道德的发展提供了新的支撑；但同时也带来了新的风险和挑战。例如，虚假账户、数据篡改、数据泄露等违法行为可能随着数字技术和信息技术的应用而变得更加容易，从而威胁到会计职业道德和会计信息的真实性和可靠性。2023年，财政部印发《会计人员职业道德规范》，该规范将会计人员职业道德要求总结提炼为"三坚三守"，即"坚持诚信，守法奉公""坚持准则，守责敬业""坚持学习，守正创新"。

总的来说，21世纪的中国会计职业道德发展是一个不断提高、不断完善的过程。随着经济的快速发展和改革的深入推进，对会计职业道德提出了更高要求。同时，不良行为的频发也促使相关部门加强对会计职业道德的监管和执法。在国际化的背景下，中国的会计准则也逐渐趋于与国际会计准则一致，对中国会计从业人员的职业道德提出了更高的要求。为了应对技术发展的挑战，会计职业道德教育也得到了加强。

拓展链接3-3：以红岩精神提升会计人员的思想品质

1. 正直诚信，廉洁奉公

会计的诚信与廉洁微观上关系到企业经济利益，宏观上关系到市场经济运行机制，缺乏相关的意识，轻则引起企业失信问题，重则会使存在经济交易往来的不同主体之间产生重大的信息误差，进而影响到社会安定。"诚"则无欺，南方局财务王辉向中央转交账款的实际数与记载数相差了一万元整，她没有瞒报篡改，自筹数月弥补差额，最后查明是账目记录的差错，并非王辉个人的过失，尽显红岩人的诚实与清廉。信则"守言"，中共地下党员肖林夫妇遵照指示开办公司筹措党费，达成使命时，一次性向党组织上交资金约合黄金12万两，固定资产达1 000多万美元，自己只留下三块银圆以作纪念①。

会计信息决定了配置生产要素的合理与否、经济决策的科学与否，会计信息将流通运用于生产、使用、评价和决策多个环节，非常需要多方面"诚信"的贯穿呈现，因此会计人员遵循客观公正原则是会计信息不负使命的前提。吸收红岩精神的养分，首先就要做到人的"不欺"：尽职勤勉，正直诚信，倡导会计人说真话、做实事，反对虚伪。如此才能产出物的"不欺"：依据真实发生的经济业务或能充分证明经济业务发生的合法凭证，如实地反映出财务状况和经营成果。

2. 爱岗敬业，追求进步

董必武同志曾负责南方局的账目管理，一次因有六毛钱平不了账，董老在大会上作了检查，给中央写了检讨，深刻体现了财务工作应有的严谨性。周恩来同志在农历45岁生日这天写下了《我的修养要则》，思考了如何进一步提高工作能力、改进工作作风。回忆红岩春秋，不同战线、不同岗位的人都体现出爱岗敬业、追求进步等共同特点，这是大后方胜利的原因之一，也是会计人员职业道德最基本的要求。

"爱岗"指导从业者要热爱自己的工作岗位，"敬业"要求从业者保持对工作尽职尽责的态度。《会计改革与发展"十四五"规划纲要》中明确提到需要切实加快会计和审计的数字化转型步伐、会计职能拓展、深度

---

① "百万富翁的无产者"（党史一叶）[EB/OL]. 中国共产党新闻网，2018-09-04.

参与会计国际治理等主要任务，意味着会计岗位肩负的职责更为复杂。会计人员热爱从事的职业、树立努力的方向，有助于构筑积极向上的会计管理环境。除端正自我态度外，企业管理者、社会教育机构也应该为会计人员创造必要的机会，为其提供深入的培训、促进和外部的交流，提升会计人员的专业技能，让会计人员能保持一个不断学习的状态。

3. 善处逆境，斗志凛然

为了党的伟大事业敢于斗争，是红岩人鲜明的政治品格，王朴烈士毁家纾难、坚贞不屈、英勇就义，用28岁的生命诠释了一个共产党人的精神风骨。伟大精神推动伟大事业，在今天，红岩精神仍是我们干事创业的强大力量。

随着我国产业变革和科技创新的步伐稳步深入，新的商业模式层出不穷，会计政策发展方向、会计工作的职能职责及工具方法等都将发生变化。善处逆境、斗志凛然，是宏观层面推动我国会计事业取得新成绩、实现新跨越必备的精神支柱，是微观层面改善"会计难当，职权难用，成绩难见，违纪难免"这类会计从业人员畏难情绪和懒散态度的对症良药。

资料来源：王海兵，徐孟瑶. 会计职业道德建设|王海兵 徐孟瑶：红岩精神对我国会计人员职业道德建设的启示［EB/OL］. 财务与会计，2023 – 05 – 16.

3.2 国际会计职业道德的兴起与演进

3.2.1 国际会计职业道德的兴起

20世纪以来，随着全球贸易和投资的增加，越来越多的跨国公司组建并在全球范围内活动，这些公司需要财务信息来辅助决策和管理业务。这就需要会计师扮演更为重要的角色，他们需要在不同国家和地区的法律、会计规则和职业道德等方面考虑到各种因素，这也使得跨国公司的财务报告变得更加复杂和困难。同时，也使得会计师在处理跨国公司的财务报告时面临更多的职业道德问题，如如何平衡利益冲突、保护客户机密信息等。在这样的背景下，国际会计组织开始成立，并专注于制定和推广国际会计职业道德守则，以保证全球会计师的职业道德水平得到保障。在1972年召开的第10届世界会计师大会上，与会的主要会计职业团体倡议成立国际会计准则委员会（International Accounting Standards Committee，IASC）和国际会计师联合会（International Federation of Accountants，IFAC）。随后，IASC于1973年在英国伦敦正式成立（2001年1月IASC改组为IASB），该组织的主要目的是制定国际会计准则，并为全球公司提供一套通用的财务报告准则，以确保它们在全球范围内的财务报告是一致的、可比较的和可理解的。1977年，IFAC成立，其在IASC的基础上继续推动国际会计准则的发展和推广，旨在促进国际会计标准的一致性和互认性，提高会计师的专业水平和职业道德，增强会计师在全球范围内的声誉和地位，并通过制定全球性的守则，为全球投资者提供透明度和信心。

1977年，IFAC成立了道德委员会（Ethics Committee），负责制定和推广适用于全球会计职业师的职业道德守则。自1980年5月，经国际会计师联合会通过，道德委员会制定的《国际会计职业道德守则》公布于世。该守则在前言中明确指出，会计人员要遵守职业道德标准，并据以处理自己与客户、雇主、雇员、同行及公众间的关系。自此，IFAC的道德委员会多次修订《国际会计师职业道德守则》，以适应会计职业中的新挑战和新发展。该守则在形成过程中，借鉴了许多国家的成熟经验，包括各个国家在会计职业道德领域的法律、规范、标准、监管机制等方面的做法和经验，阐述了会计师职业道德方面的基本原则和价值观，如廉正、客观、独立、保密及业务能力等。

拓展链接3-4：国际会计师联合会（IFAC）

国际会计师联合会（International Federation of Accountants，IFAC）成立于1977年，是会计行业的国际组织，总部位于美国纽约。IFAC由130多个国家和地区的175个成员组织和准成员组织组成，代表着全球近300万在事务所、教育、政府和工商业等领域工作的职业会计师。

IFAC的宗旨是服务于公众利益并强化会计行业，为此，IFAC致力于制定高质量的国际职业准则（包括国际审计准则、国际会计教育准则、国际会计师职业道德守则，以及国际公共部门会计准则等），引导、推动其采用和实施，推动会计职业组织的能力建设，提升会计师的职业价值，以及在涉及公众利益的问题上代表全球会计行业发声。中国注册会计师协会于

> 1997年5月8日加入IFAC，并派代表担任理事。
>
> IFAC的最高权力机构为会员代表大会，由每个成员组织各派一名代表构成。会员代表大会通常每年举行一次会议，主要负责审议与章程和战略有关的议题并选举理事会理事。
>
> 理事会是IFAC的领导机构，由理事会主席、副主席和20多名理事组成。理事会负责根据会员代表大会的授权及IFAC章程和附则的要求，领导IFAC开展工作，监督IFAC的日常工作，并就涉及全球行业发展的重要议题向会员代表大会提出建议。
>
> IFAC设职业会计组织发展委员会、工商业界职业会计师委员会、中小事务所委员会、跨国审计师委员会及遵循咨询小组等。根据各阶段工作需要，IFAC还成立多个特别工作组来完成相应的工作。此外，IFAC还为国际审计与鉴证准则理事会、国际会计教育准则理事会、国际会计师职业道德准则理事会、国际公共部门会计准则理事会等4个独立的国际标准制定机构提供财务和行政支持，这些机构独立决策，IFAC不参与国际标准的制定。
>
> 资料来源：国际会计师联合会（IFAC）[EB/OL]. 中国注册会计师协会网站，2018-08-08.

3.2.2　21世纪的国际职业道德

21世纪以来，全球化现象日益凸显，全球范围内的经济、政治和社会联系更加紧密。全球化的发展对会计职业道德的标准和规范提出了更高的要求，需要制定全球范围内通用的道德守则和指导方针，以确保全球会计师在职业操守和行为方面的一致性和可靠性。由于各国的法律法规、文化背景和经济情况的不同，会计职业道德的实践标准和规范存在着巨大的差异，这使得全球会计职业道德标准的制定和实施变得非常困难。为了应对这一挑战，IFAC在2002年成立了国际职业道德守则理事会（IESBA），将道德委员会的工作转移到了IESBA。IESBA始终致力于开发和推广全球统一的会计职业道德标准和指导方针，以确保全球会计师在职业操守和行为方面的一致性和可靠性。IESBA借鉴了许多国家的职业道德守则，如美国的AICPA职业道德守则、英国的ICAEW职业道德守则等，在2004年，首次发布了全面基于概念框架法的国际会计职业道德守则（International Code of Ethics for Professional Accountants）。作为一个独立的委员会，IESBA 在成立之后对国际职业道德守则进行了多次修订，旨在适应不断变化的市场环境和业务需求。

1. 第一次制度变迁（2009 版）

2001 年安然事件的发生严重损害了社会公众和投资者对会计行业的信心，引发了人们对于审计独立性的关注。随着《萨班斯－奥克斯利》法案的颁布和公众利益监督委员会（PIOB）这一独立管制机构的成立，IESBA 重新起草了《职业道德守则》（以下简称《守则》）的独立性要求并在 2009 年 7 月发布了新版守则，要求所有职业会计师评估对遵守基本道德原则形成的威胁，并采取防范措施消除这些威胁或将其降低至可接受水平。尤其对于公共利益实体，守则禁止会计师参与某些利益和关系，明确了 IESBA 认为没有防范措施足以将威胁降低到可接受水平的情况。

为了应对遵守基本原则造成威胁的各种情况，防止出现仅因为一种情形没有被明确禁止就允许某种行为的结论，该版守则沿用了自 2004 年开始采用的原则导向（principle-based），主要内容由 Part A－守则的一般应用（general application of the code）、PartB－执业的职业会计师（PAPPs）和 PartC－工商业界职业会计师（PAIBs）三部分构成，涉及并涵盖了职业会计师可能遇到的与职业道德有关的全部事项。在将"第 290 节 独立性"区分为审计审阅业务和其他鉴证业务的基础上，特别对审计和审阅业务的几个方面加强了独立性要求：（1）将范围从上市公司扩展到所有公众利益实体；（2）将合伙人轮换要求扩展至所有关键审计合伙人；（3）强化了提供非鉴证服务的部分规定；（4）禁止将关键审计合伙人的薪酬或业绩评价与其向审计客户推销的非鉴证服务直接挂钩；（5）如果来自某一涉及公众利益的审计客户或相关实体的总费用连续两年超过事务所全部收费的 15%，要求在发表审计意见之前或之后进行复核；（6）对事务所员工跳槽至公众利益实体的审计客户并担任要职作出冷却期的要求。

相比已有守则，第一次制度变迁首次将独立性分为审计审阅业务独立性和其他鉴证业务独立性，明确了对所有职业会计师的要求并显著加强了对审计师的独立性要求，同时也进一步确定了守则制定的原则导向，从而使得 IESBA 不仅能为尚未发布道德守则的司法管辖区制定守则，还可以为那些已实施类似守则的国家实现更全面、更有效的应用提供指南。这为守则在不断变化的环境中保持相关性和有效性奠定了基础，也对整个职业道德守则体系的发展产生了深远影响。

2. 第二次制度变迁（2013 版）

迫于监管组织的压力并考虑司法管辖区的差异性，IESBA 在 2011 年 10 月发布的征求意见稿中提议建立一个强有力的框架用于解决违反守则独立性要求的问题，通过向治理层报告所有违规行为来保持透明度、减少主观性，从而为职业会计师在遇到违反守则要求的情况下应采取的行动提供指导。会计职业环境的变迁使职业会计师在许多情况下面临利益冲突与道德困境。2011 年 11 月曝出的奥林巴斯财务丑闻让职业会计师再次站到了大众面前，职业道德的沦丧导致奥林巴斯造假持续并隐藏长达 20 年的时间。实际上，无论是执业的职业会计师还是工商业界职业会计师，任何实际或潜在的利益冲突都会对客观公正和诚信造成威胁，而客观公正和诚信又与独立性紧密相连，因此为了进一步减少对独立性的威胁，IESBA 于 2011 年 12 月发布了利益冲突征求意见稿，提议对涉及相关内容的 B 部分"第 220 节 利益冲突"和 C 部分"第 310 节 潜在冲突"进行审查修订。此次守则通过更具体的要求以及提供更全面的指导和示例为所有职业会计师在遇到涉嫌欺诈或非法行为时如何识别、评价和应对利益冲突提供了支持。

3. 第三次制度变迁（2015 版）

根据对 26 个国家和地区的调查结果以及监管机构对具体问题的反馈，IESBA 在 2015 年 1 月发布了声明，对"第 290 节 独立性 – 审计和审阅业务"中针对审计客户的部分非鉴证服务（Non – Assurance Services，NAS）条款进行了修订，具体包括：（1）撤销允许事务所在紧急或其他异常情况下向公共利益实体审计客户提供某些记账和税务服务的规定；（2）加强并完善了为非公众利益实体的审计客户编制会计分录和财务报表时提供的"常规性或机械性"服务的概念；（3）明确并强化了为审计客户提供非鉴证服务时管理层责任方面的内容。该版守则通过删除紧急例外条款彻底解决了误用或滥用非鉴证服务引发的风险，消除管理责任条款的模糊性则解决了由审计师提供非鉴证服务结果所引发的"橡皮图章"问题，从而极大减少了职业会计师面临的法律责任风险，也使其更符合公众利益。

4. 第四次制度变迁（2019 版）

随着各国持续强化各自在独立性等领域的监管力度，IESBA 也基于对一些公司的会计违规行为及 IFAC 的大量调查对 2015 版守则内容展开了"差距分析"（gap analysis）。为了解决 PAIBs 面临的越来越紧迫的道德问题，提高守则的清晰度和可用性，在征求了多方意见并充分考虑各国法律法规及文化差异等因素的影响后，IESBA 基于新的结构和起草框架对守则进行了实质性的修订重组，主要内容包括：（1）增强且更显著的概念框架；（2）与防范措施有关的更明确、更有力的规定；（3）加强独立性条款，解决个人与审计或鉴证客户的长期关系；（4）新修订的工商业界职业会计师（PAIBs）章节，涉及信息的编制、报告及违反基本原则的压力；（5）为执业的职业会计师（PAPPs）提供明确指导，即守则第 2 部分对 PAIBs 的有关规定也适用于 PAPPs；（6）强化了 PAIBs 和 PAPPs 提供或接受利益诱惑（包括礼品和款待）的规定；（7）增加新的应用材料，强调在进行职业判断时了解事实和情况的重要性，并对如何通过遵守基本原则更好地支持在审计或其他鉴证业务中运用职业怀疑态度做了进一步解释；（8）纳入了国际独立准则。相较于以往的修订，该版守则可以说是历年来变动最大的一次，通过积木法式（building blocks approach）的重构在以下三个方面实现了突破：一是强化了职业道德的概念框架，强调会计师应通过该框架识别、评价并应对遵循职业道德基本原则所面临的困难和威胁；二是在会计师事务所与审计客户保持长期业务关系时，更加强调合伙人轮换制度对独立性的重要作用；三是强调在面对压力和诱惑时，会计师应如何坚守职业道德。

最新版《2022 国际会计师职业道德守则》于 2022 年 9 月 8 日发布，共包括四个部分，如图 3-1 所示。其一，该守则为专业会计师的伦理基本原则制定了标准，反映了该职业对公众利益责任的认识。这些原则确立了专业会计师的行为标准，基本原则包括：诚信、客观公正、专业胜任能力和勤勉尽责、良好职业行为、保密。

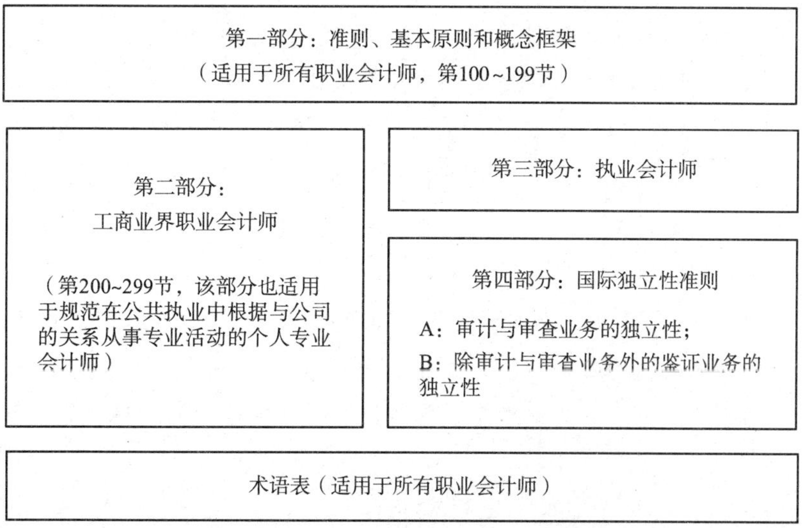

第一部分：准则、基本原则和概念框架
（适用于所有职业会计师，第100~199节）

第二部分：
工商业界职业会计师

（第200~299节，该部分也适用于规范在公共执业中根据与公司的关系从事专业活动的个人专业会计师）

第三部分：执业会计师

第四部分：国际独立性准则
A：审计与审查业务的独立性；
B：除审计与审查业务外的鉴证业务的独立性

术语表（适用于所有职业会计师）

图 3-1　IFAC 国际会计师职业道德守则

其二，该守则提供了一个概念框架，专业会计师应用该框架以识别、评估和解决对符合基本原则的威胁。该守则规定了各部分的要求和应用材料，"要求"部分针对该节中所要阐明的事项，明确职业会计师应当履行的一般义务或具体责任；"应用材料"部分用于提供相关背景信息、解释、行动建议或考虑事项、示例以及其他指引，以帮助职业会计师更好地遵守要求。其三，针对审计、审查和其他鉴证业务，守则规定了国际独立标准，为如何运用职业道德概念框架提供了具体指引。[1]

拓展链接3-5：安然事件

安然公司，曾经是美国的一家大型能源公司，也是全球最大的电力、天然气和电信公司之一，一度在美国500强公司中排名第七。在2000年，公司的营业额达到了1010亿美元，员工人数为21000人。

2001年10月16日，安然公司公布了2001年第二季度的财务报告，宣布公司亏损了6.18亿美元，同时披露了由于经营不善，公司的股东资产减少了12亿美元。

2001年10月22日，美国证券交易委员会要求安然公司提交交易详细信息，并对安然及其关联公司展开了正式调查。

2001年11月1日，安然公司抵押了部分资产，获得了两家机构10亿美元的担保额度，但是，美林和标普公司再次降低了对安然的评级。

2001年11月8日，安然公司被迫承认自1997年以来一直在做假账，共计虚报了6亿美元的利润。

2001年11月28日，标准普尔将安然的债务评级降低到了"垃圾级"。

2001年11月30日，安然的股价跌至0.20美元，市值从高峰时的800亿美元跌至2亿美元。同一天，安然的欧洲分公司申请破产，两天后，美国的安然公司也提出了破产保护申请。公司的留守人员负责进行资产清理，执行破产程序，以及应对法律诉讼。

2001年12月2日，安然公司正式向破产法院申请破产保护，破产清单中列出的资产高达498亿美元，这使得安然公司成为了美国历史上破产规模最大的企业。安然公司破产后，其多位前高管接连受到刑事调查和起诉，

---

[1] 蒋楠. 国际职业会计师道德守则的制度变迁及启示[J]. 中国注册会计师，2022（9）：118-122.

被指控犯有内部交易犯罪。

2005年12月28日，安然公司的前首席会计师向法庭认罪，承认犯有证券欺诈罪，最后被判处7年监禁，罚款125万美元。

2006年1月，安然的前董事长、前首席执行官、前首席财务官被检察机关指控犯有骗取贷款、财务造假、证券欺诈、电邮欺诈、洗钱、内部违规交易等多项罪名。

2006年5月25日，美国休斯敦联邦地区法院对多名安然前高管作出了有罪判决。

安然破产案件引发了一系列连锁反应，安然被揭露出财务造假和腐败等多种违规行为。自1990年以来，安然就向美国和英国的政要提供了超过600万美元的政治献金。为安然提供审计服务的安达信会计师事务所因涉嫌妨碍司法公正而宣告倒闭。由安然破产案件所牵连出来的世通公司也随后破产，成为美国历史上最大的破产案件。花旗银行、摩根大通、美国银行等也因涉嫌财务欺诈，向安然破产案件的受害者分别支付了20亿、22亿和6900万美元的赔偿金。安然事件也直接导致了美国《萨班斯－奥克斯利法案》（Sarbanes－Oxley Act）的出台，该法案被视为自1930年以来美国证券法最重要的修改。

资料来源：陈瑞华. 安然和安达信事件［J］. 中国律师，2020（354）：87-89.

3.3 本章小结

会计职业道德的历史演进是一个复杂而多样的过程，受到多种因素的影响。不同的时代背景、社会文化、经济环境和政治制度都对会计职业道德的形成和发展起到了重要作用。在古代社会，会计活动主要是为国家和统治者服务。会计人员承担着记录财务信息、纳税和征收等任务，其职业道德的主要目标是维护国家利益和统治者的权力。在这一时期，会计人员需要遵守保密原则，确保财务信息不被泄露，以维护国家的统治地位。随着工业革命和市场经济的发展，会计职业的地位逐渐提升，会计职业道德也得到了更多的重视。在中国，会计职业道德的建设经历了一个漫长的过程。古代中国的会计职业道德起源于商业和农业的发展。随着现代会计制度的建立，我国明确了会计人员应遵循的道德原则和行为规范；同时，加强了对会计职业道德的监管，以促进会计行业的规范发展。随着全球化的推进，国际会计师联合会（IFAC）在推动全球会计职业道德发展方面发挥了重要作用。IFAC发布的《国际会计师职业道德守则》旨在引导全球会计师遵守道德守则，保护公众利益。

关键术语

道德与行为准则　　　　　　　　职业行为准则
会计准则　　　　　　　　　　　职业会计师

课堂讨论

1. 思考我国古代会计职业道德的传承方式和影响因素，讨论古代会计职业道德的传统是如何传承和弘扬的，以及对现代会计职业道德的影响和启示。

2. 会计职业道德的历史演进中，政府、学术机构和行业协会等在其中扮演了重要的角色，他们分别发挥了怎样的作用？在当今时代，政府、学术机构和行业协会在促进会计职业道德方面应该发挥怎样的作用？

3. 在不同历史时期，不同国家和地区的会计职业道德标准和规范都会有所不同。那么，在全球化的背景下，如何平衡不同国家、不同文化、不同法律体系下的会计职业道德，使得全球范围内的会计行业都能够遵守职业道德和规范，达到互信互利的目的？

情景练习

我要怎么做？

情景一

我是上市公司的一名会计人员，负责处理公司的财务数据。我发现一个错误的凭证录入，该错误可能导致公司财务报表的准确性受到影响。然而，发现并更正这个错误可能会给公司的股价带来很大影响。我在面对这个问题时应该怎么办？

（1）我选择不主动发现和更正这个错误，以避免给公司带来影响，并继续进行后续工作。

（2）我立即发现并报告这个错误，推动进行更正，以确保财务报表的准确性，尽管可能会影响股价。

（3）我主动与相关部门和领导沟通，共同评估错误的影响，并制定适当的补救方案，以尽量减少财务损失的同时保证财务报表的准确性。

请问我要怎么做？可从上述选项中选择，也可提出选项未涉及的做法，并简要说明理由。

情景二

我是一家中小型企业的会计主管，我的上级要求我将自己的个人支出列为公司支出，在报表中提供虚假的信息以获得税务优惠，并表示不会亏待我。我知道这样做是财务造假行为。我在面对这个问题时应该怎么办？

（1）我按照上级要求将个人支出列为公司支出，并提供虚假信息以获得税务优惠，以避免与上级发生冲突。

（2）我坚决拒绝将个人支出列为公司支出，并向上级说明这样做的违法性和不道德性，并提供合理的解决方案。

（3）我积极寻求合法的税务优惠方式，并向上级解释这种做法的合规性以及它是如何符合道德和会计职业道德守则的。

请问我要怎么做？可从上述选项中选择，也可提出选项未涉及的做法，并简要说明理由。

资料分析

资料3-1：构建注册会计师诚信与职业道德体系

国际会计师职业道德准则理事会（IESBA）主席加布里埃拉·菲格雷多·迪亚斯（Gabriela Figueiredo Dias）女士在北京国家会计学院举办的第二届"会计诚信与高质量发展论坛"上作主旨演讲。

1. 道德与信任

在这个公司危机和金融危机频繁发生的世界里，公众对会计人员、审计人员和公司高管的期望越来越转向对职业道德的要求。企业及其信息是否可靠，最大程度上决定了该企业的适应力和成败。反复发生的危机影响了公众对企业的信任，由此触发了更多监管审查和监管干预。请允许我举些例子。例如，2016年以来，欧洲实施的会计师事务所强制轮换制度；2023 年 4 月 1 日起，南非也将实施类似政策；澳大利亚、英国、欧盟等多国政府都加强了对审计的持续检查。值得一提的是，经济合作与发展组织（OECD）税基侵蚀和利润转移（BEPS）框架，以及欧盟与泛欧国家也正在考虑对税务筹划和税务咨询服务进行监管，以回应"潘多拉文件"揭露的国际富豪避税丑闻。可见，国际社会正持续强调诚信道德的核心地位，维护公众利益比以往任何时候都更加重要。因为这样做，可以建立并加强公众对整个注册会计师行业和专业服务的信任。诚信道德是抵御声誉风险的保障，尤其是在不确定和经济低迷的时期。国际职业会计师道德守则（以下简称"国际守则"）是全球职业会计师得到公众信任的基础。基于强烈的对公众利益的承诺，国际守则规定了职业道德基本原则，政府可以将其用于监管职业会计师的职业态度和职业行为。这五项职业道德基本原则包括诚信、客观公正、专业胜任能力和勤勉尽责、良好职业行为、保密。

2. 诚信：职业道德基本原则之一

说到诚信，是本次论坛的核心主题。剑桥词典将诚信定义为"诚实的品质，并且有很强的道德原则，使你拒绝改变"。国际守则反映了同样的诚实和正直理念。诚信也意味着即使无人监督也要做正确的事情，尤其重要的是，我刚才提到的日益严格的审查，以及来自利益相关者关于不道德行为与不可持续商业行为的强烈批评，例如，管理者将自身利益放在首位，或对利益相关者披露误导性的可持续发展信息，这通常被称为"漂绿"（greenwashing）现象。来自经济部门的腐败、贿赂和欺诈，都受到了严厉的审查和批评。整个社会更加意识到企业错误行为的高昂代价，不仅对公民个人而言，还是对整个经济体系都是如此。对职业会计师而言，至关重要的是在执业过程中避免错误行为，特别是在审计、鉴证财务和非财务信息方面。这是因为，可靠的公司信息是金融市场的生命线，是实现经济增长、安定繁荣、全民福祉的必要条件。

职业会计师和其他专业人士一样，必须培养他们的道德能力。他们必须尽快意识到，在以后的职业生涯中，他们将面临道德困境。他们必须准备好，当那一天到来的时候，即使做出正确的选择也可能是要付出代价的，但迟早会有好的回报。而那些在道德方面看似捷径的路线和选择，通常会变成不可行的危险方式，乃至对整个社会带来负面后果。诚信需要持续重视和不断实践，这就是为什么对会计师事务所和专业机构来说，建立和培育以个人诚信和职业道德为基础的企业文化如此重要。

为什么好人会做坏事呢？从实践角度来看，动机、压力和机会往往会导致个人放弃其诚信行事的义务，其中包括：动机，如获取潜在的经济回报或职业机会；压力，如来自上级或客户的恐吓或威胁，或者个人经济困难；机会，如在无人知道的情况下获利,或者无人对不正确的事情提出质疑。动机、压力、机会,是职业会计师必须特别注意和防范的因素,以履行其诚信行事的义务。

最重要的是,个人态度和借口是决定会计师能否坚守诚信的关键因素。那么,有哪些态度和借口会导致优秀的会计师做坏事呢?例如:否认责任;否认产生的伤害;否认受害者的存在,特别是当事人意识到,自己的行为对他人造成伤害时,就声称受害者罪有应得,当职业会计师面对他们的过错时,声称受害者是坏人、骗子等。借口可能包括:我值得;我别无选择;我选择现在不去想;其他人正在做同样或更糟糕的事情。所有这些都表明,职业会计师必须要有基于国际守则的坚定的职业精神,了解可能导致他们不诚信的情形,这样他们才能在维护公众信任的工作中真正有所作为。

3. 关于国际守则

我们刚才提到,诚信是国际守则中的职业道德基本原则之一。国际守则适用于所有职业会计师,包括审计人员和非审计人员。国际守则是原则导向的,这对于国际守则在全球范围的应用是很有必要的。国际守则还鼓励对职业行为的思考和职业判断的运用,这些职业行为和职业判断以国际守则为指导,以维护公众利益为首要目标。因此,职业会计师和会计师事务所的优势在于可以使用国际守则来指导他们的职业判断和职业行为。

4. 关于新修订的国际守则

与10年前相比,国际守则更扎实、更全面。让我来强调一些最重要的变化。例如,4年前,我们全面改写并重构了整个国际守则,目前国际守则的结构和内容对用户更友好、更易理解,支持更一致的应用;新增了应对违反法律法规行为的有关条款;在国际独立性标准中,新增了与客户存在长期业务关系、非鉴证服务和收费等有关条款;新增了关于提升职业会计师的职责定位和职业精神有关内容的修订,这些都与诚信密切相关。国际守则的所有改进在很大程度上都有助于支持和促进职业会计师在工作中发挥不可或缺的关键作用。

5. 关于对职业会计师期望的职责定位和职业精神

现在让我们谈一谈职业会计师的职责定位和职业精神有关内容的修订,因为它们与诚信主题非常相关。修订目标是为了促进职业会计师的职责定位、职业精神和职业行为在维护公众利益方面发挥作用。该修订稿于2020年10月发布,自2021年12月起生效。这些修订适用于所有职业会计师。通过强化职业道德基本原则,特别是诚信原则和良好职业行为原则,强调了职业会计师维护公众利益的责任,明确了职业会计师必须具备恰当行事的能力和品格,即使在面对压力时,或者这样做可能会对个人或组织造成潜在的不利后果时也应坚守职业道德。这意味着要使用我之前提到过的道德能力，也意味着面临困境时要站稳立场。

新修订条款还要求所有职业会计师在运用职业道德概念框架时，要保持职业怀疑态度。保持职业怀疑态度的要求不仅适用于审计人员，还适用于其他职业会计师。保持职业怀疑态度是一个可扩展的概念，它既包括考虑信息的来源、相关性、充分性，也包括考虑职业活动的性质、范围和成果，它还要求抱有开放和警惕的心态，必要时展开进一步调查，以获取更多的信息。需要强调的一点是，职业会计师要意识到在运用职业判断和职业道德概念框架时可能会存在偏见，导致在获取、评价和解释信息时过分盲目相信客户或倾向于迎合客户，而不是考虑财务报表使用者的需求。

最后，国际守则还强调了组织文化的重要性。国际守则为各种促进道德文化的活动提供了指导。让我强调一下，会计师事务所负责人和其他高管对于提升会计师事务所道德价值的重要性，他们要对诚信文化负责，开展适当的教育和培训，实施促进诚信文化的管理流程和绩效评价，在与客户及其他人员接触中践行道德价值观。国际守则还提出了一些促进会计师事务所和企业内部道德文化的例子。

6. 关于可持续发展信息的报告与鉴证

发言最后，我想分享一些关于 IESBA 未来战略的重要事项。这与诚信主题密切相关，也有助于未来会计师职业本身的发展和进步，这就是可持续发展。在资本市场上，可持续发展信息的披露正在急剧增长，这主要受投资者需求的驱动，投资者对此类信息的要求越来越高。许多地区的监管机构正在制定可持续发展信息披露和鉴证方面的法律法规。进一步而言，新成立的国际可持续发展准则理事会（ISSB）正在制定可持续发展信息披露的标准，今年已经发布征求意见稿，他们的标准很快就能出台。这些发展反映了一个重大转变，即投资者关注企业如何应对可持续发展问题。在可持续发展报告框架和标准方面，还要应对缺乏标准化，提供何种保证水平的鉴证，以及由谁提供此类鉴证等问题。

因此，出于维护公众利益的目的，需要确保这些信息可靠、可比且经过鉴证。可持续发展信息至少要有可靠性和可比性，要像财务信息那样接受鉴证。就像我之前简要提到的"漂绿"和"漂社"（social washing）现象，当企业提供环境和社会影响有关信息时，就可能会发生这种现象。例如，企业披露的污染水平、劳工政策可能与他们的实际行动不一致。换言之，当企业披露虚假或误导性信息时，这显然是不道德的行为。因为它不仅会损害公司声誉，而且破坏公众信任，从而损害整个社会。职业会计师要在可持续发展信息的报告和提供鉴证方面发挥重要作用，鉴于其在财务报告和鉴证领域的专业能力，必须遵守强有力的道德规则。

事实上，可持续发展信息是抵御"漂绿"和"漂社"的第一道防线。可持续发展信息清晰、准确、完整、及时是至关重要的。尽管企业和监管机构主要关注环境问题和气候相关的披露，但我们不能忘记，ESG还有另外两个支柱，S代表社会，G代表公司治理。关于后者，我们必须牢记道德行为和诚信。如果企业有好的管理者，那么环境和社会的可持续发展目标就已经实现了一半。

IESBA决定响应可持续发展信息的需求，致力于与ISSB、IAASB和国际证监会组织（IOSCO）密切协调，及时制定可持续发展报告和鉴证有关的国际道德守则和独立性准则。IESBA正在从战略上认真考虑如何更好地回应对可持续发展鉴证有关职业道德标准的呼吁。事实上，不仅如IOSCO和金融稳定委员会（FSB）等国际组织需要上述标准，而且非职业会计师执行可持续发展报告和鉴证时，也需要遵守相同的道德标准，至少是相同道德水平的标准。IESBA计划于2022年12月批准可持续发展报告和鉴证项目计划。同时，IESBA于今年发布了"漂绿"有关文件，为职业会计师应对"漂绿"而产生的道德状况或挑战提供指导。IOSCO和FSB等国际监管机构对IESBA的可持续发展项目表示支持。今年6月，FSB认为，IESBA为可持续发展报告和鉴证制定有关道德标准，这对于可持续发展报告和鉴证的基础建设是必要的。2022年10月13日，FSB在最新进展报告中重申了IESBA正在开展的工作的重要性，并对取得的进展表示鼓励。IOSCO在2023年9月发表声明，欢迎IESBA为可持续发展信息披露制定职业道德守则和独立性准则，无论由谁执行上述报告和鉴证。我希望大家关注IESBA在这一重要倡议方面的进展。事实上，我们即将制定的职业道德标准和独立性标准将在支持全球可持续发展报告和鉴证的公众信任方面发挥关键作用。

资料来源：构建注册会计师诚信与职业道德体系——行业发展研究资料（No. 2023-1）[EB/OL]. 中国注册会计师协会，2023-02-13.

讨论题：

1. 结合上述资料，回答"如何构建注册会计师诚信与职业道德体系"？

2. 请问为什么建立诚信与职业道德体系对于会计行业的可持续发展和公众信任是至关重要的？

3. 作为一名会计人员，你将如何为建立诚信与职业道德体系贡献力量？

资料3-2：《祠约十三则》中的会计思想

李渔在清初顺治年间曾乡居夏李村三年，出任祠堂总理（相当于现在的村主任一职），期间制定了《祠约十三则》，提出了村务公开、村级监理等制度，这是兰溪市历史上第一部村规民约,至今具有现实指导意义。仔细分析可知,李渔通过《祠约十三则》体现出来的会计思想主要有以下十个方面。

1. 民主选举:建立相互制衡的乡村治理机制

从乡村管理机构的确定上可窥见乡村管理的面貌。根据《祠约十三则》第一、第二条可知,鉴于"夫专则不胜其劳,而轮则未免传舍,视之孰肯图长计久"(一人专任则过于劳累,而实行轮值则责任心不同,很难为长远考虑),当时李渔巧妙地避开了一人专任和轮值的缺点,并取二者的优点,采取"于斯文祠长中推长优力赡一人总理,其余轮年襄赞"(推举一位德高望重之人为祠堂总理,其他的人作为轮值之人相助)的策略,另推举祠长四人加以监理,且这四位监理不能让年纪轻又喜欢多事的及年老昏聩的人来充数。如果四人中有人因年老退位了,要全族十三个厅公选出一人补上,从而形成管理与监督的分离与制衡,保证管理机构始终围绕公选民主的本质展开。

2. 内部控制:中国乡村会计史上的独特存在

李渔的会计治理思想在中国会计史上有其独特的存在,这集中反映在《祠约十三则》条款中所表现出的内部控制及内部牵制的特质上。当年,李渔首先对祠堂总理、出纳与轮值人之间的牵制与制衡特质进行了探索,要求祠堂总理只是统筹全盘事务,保管锁钥和文券账目,不得自行管理钱粮。每年轮值的人要进出钱粮,必须与祠堂总理商量;祠堂总理要进出钱粮,也必须让当年轮值的人知晓,这样相互制衡,可减少私分私吞的弊端。另外,条款中还提出从"田产租目正册"与"副册"的牵制入手,在处理一本正册与十三本副册之间关系的过程中,彻底杜绝祠产的文券册籍藏于一个人家里而导致的舞弊行为,要求"将田产租目立正册一本,副册数十本,存于公匦,总理者收之"。同时,"同事者每人执一册,十三厅每厅执一册"。第十二条还规定,每年冬祭之日,管事之人书写一张纸张贴在祠堂内室门上,写明本年收入租谷多少、收入钱粮本利多少、支出多少、实存多少。各厅都带上副本前来祠堂抄录,以便于稽查。若祠产钱粮数目一日比一日多、一年比一年多,就是管事者的功劳了。如无故减少了,人人都可以拿这些数目为依据诘问管事之人。体现出人人设防、层层牵制的个体化经验。由此可见,通过祠堂总理"其银谷不得染指,以避瓜李之嫌"与出纳员"信实而殷厚者"之间的牵制,预防了祠堂总理的"一支笔"之弊,体现出对于"管钱不管账、管账不管钱"的平衡和秩序的追求,使夏李村的乡村建设在内部牵制与控制等方面逐步成熟。

3. 用人品德:应对祠堂利益充满敬畏

在李渔看来,乡村理财能否成功,很大程度上取决于祠堂事务管理者的德才。

祠堂事务管理者只有德才兼备，内心才能充满责任感，充满对祠堂利益的敬畏。如第一条所言，对于祠堂所有的钱粮，要选择有信誉、做事踏实又家道相对殷实的来保管。此外，还规定出纳要择"信实而殷厚者"任之。

4. 驱利意识：一种以本生利的力量

驱利意识不仅是一种以本生利的力量，更是一种乡村生命的支撑，还是一种乡村治理的精神面貌。作为祠堂事务管理者，应该知道"积粮囤货，贱时买进、贵时卖出，而不便于开借贷之门"（第六条），以及村里资产"用一分则少一分，本少一分则利少一分"（第三条）。只有这样的驱利意识，才能挖掘出乡村理财的深度，拓展恰当的盈利方法，巩固美丽乡村建设。

5. 开源节流：降本增效的有效方法

乡村会计治理应体现开源节流、因地制宜，量力而行，这就要求乡村治理者全面掌握乡村的财务状况，同时具备较高的理财知识储备。当时，建造享堂需银钱千数，现如今银两没有半分，粮谷尚无一粒，赤手空拳，从何做起？李渔想尽各种办法，用最少的钱尽可能办更多的事，把村庄整治计划一步步落实。如过路凉亭（且停亭）和水利设施（石坪坝），这两大建筑的用料基本上就地取材，使用当地的黄条石和竹木。李渔基于乡村财政紧张的现状，崇尚勤廉，以身作则，倡议所有班子成员不拿一分工资补贴，"不得饮祠内一杯水，以杜消耗之源，俟积贮有余，另议供给"（第三条）。甚至第四条中建议："自今当总计，一年完粮办祭所费几何？任事之人多方设处，或征旧遗，或募新助，以备岁用。留租谷为生息之本，待三年后银谷羡余，然后去用，斯为长策。"（现在一年总的费用，都需祠堂管事之人多方争取，要么征收旧欠，要么通过募捐，来保证一年的用度。要留好租谷来存本生息，待三年后钱粮有了结余，再来商量如何使用，这才是长久之计）。

6. 内部审计：对审计问责的呼唤

在乡村治理过程中，各种利益诱惑可能会演化为不同利益相关者对经济利益的贪污或争夺，导致责任意识的淡漠和对财务治理漏洞的利用，如此发展状态势必需要会计治理的"审计问责制"。因此，针对过去祠堂祭田多少、田租多少任由执事者一人涂改增删、无处稽查的状况，第十条要求，轮值年交接祠堂事务，以冬至为期。交接时须预先誊写清楚本年账目，收入多少、开支多少、还存余多少，必须逐项记清楚，以便核查。账目糊涂不清的，应罚其所得的1/10；如有贪污侵占情况的，则以一罚十。接手者如知情不报，与原上手者一同处罚。

7. 奖罚分明：引导人们形成正确的责任心

优秀的乡村治理管理者能够通过运用家法、罚款、罪送官府等措施，将受托委托责任用具体的奖罚措施严肃地彰显出来。只有倡导借款"到时若不能及时偿还，则由担保人代为偿还，同期交纳，迟交当罚"的诚信精神，树立"侵占祠产及负赖祠租者"（第八条）、"小则开祠正以家法，大则送官以灭祖论"（第九条）的责任意识与法制意识，才能惩罚不遵祠规、破坏祠事的败事者，从而引导人们形成正确而严肃的责任心。

8. 人性管理：让村民们的生活更美好

美丽乡村事业也应该实行人性管理。乡村财务治理注重从不同管理措施中打破各种非人性化治理的局限，不断激发村民的主观能动性。乡村财务治理的意义应该在于让村民们的生活更美好，让人生更精彩。

第五条规定，有欠祠堂银两、租谷二十年未收回的，他们往往都已把凭据当作旧纸了。现在一下子要求他们全部偿还，难免有些棘手，应当按各家不同的情况来处理：家境好的，要全部偿清；稍稍贫困一些的偿还一半；相当困难的，可待以后偿还；家里已没有后代了的，可烧掉其凭据。总之要尽可能清理，使他们偿还。第十一条规定，管事的人，应以和为贵。如涉及祠产等事，未具体明确之前，即使在祠堂内争得面红耳赤，也不妨事；而事情经商议决定之后，就应协力相济，不要斤斤计较而必生嫌隙。对于有营私舞弊的，一旦被大家发现即按是非曲直予以处置。

9. 年度决算：综合反映和总结全年的盈亏状态

乡村治理过程中，各种经济核算之间亏损盈余在所难免。为综合反映和总结全年的盈亏状态，进一步加强财务管理，账表如何记录明细，又如何归于清算，第十条规定，轮值年交接祠堂事务，以冬至为期。交接时须预先誊写清楚本年账目，以便核查。

10. 财务披露：对民主价值的尝试和探索

判断一个乡村管理者是否真正推动了美丽乡村事业的发展，需要看其是否有公开账目的勇气、有财务披露的胸怀。以《祠约十三则》有关财务披露内容为例，可以看出李渔对乡村财务治理所表现出的对民主价值的尝试和探索，以此看到民权会计在中国古代的萌芽。针对过去财务账本只"藏于一人之家，田之亩分、租之多寡，无论局外者不知，即同事之人，亦止闻其略"的混乱状况，第七条规定，收租应当在收获季节之初开始，写一张大通告张贴于族内公众场合，说明祠租交纳期限：某月某日起，到某月某日止。逾时迟交的予以处罚。如本族租种祠田户，超过期限者一次性罚取10%的滞纳金，"每一石罚一斗"，他姓另当别论。

李渔主笔的《祠约十三则》不仅有具体的会计治理措施，更有对会计核算过程的审计要求。值得指出的是，从乡村会计核算治理机构到财务披露的问责，《祠约十三则》以两权分离为基础,以诚信、严格与廉洁为度,在坚持年度核算的基础上进行财务披露,展现出古代乡村会计治理的风貌,至今依然具有一定的借鉴意义。

资料来源:文硕. 李渔:戏剧的美　会计的光 [EB/OL]. 财务与会计,2023-05-19.

讨论题:

1. 结合上述资料,总结《祠约十三则》中有哪些会计思想?

2. 讨论上述会计思想在当下会计工作中是否仍然适用?

3. 在当前社会背景下,上述会计思想是否需要进一步发展和创新?请提出一些具体的建议,并解释其必要性和潜在影响。

资源推荐

- **网站资源**

    国家企业信用信息公示系统:www. gsxt. gov. cn/index. html

    国家税务总局:www. chinatax. gov. cn

    国家统计局:www. stats. gov. cn

    国家外汇管理局:www. safe. gov. cn

    海关总署:www. customs. gov. cn

    中国国家税务总局:www. chinatax. gov. cn

    中国人民银行:www. pbc. gov. cn

    国家金融监督管理总局:www. cbirc. gov. cn

    中国证券登记结算有限责任公司(CSDC):www. chinaclear. cn

    中国财政部会计司:kjs. mof. gov. cn

    中国裁判文书网:wenshu. court. gov. cn

    中华人民共和国商务部:www. mofcom. gov. cn

- **公众号资源**

    中国会计网(微信号:mycanet)

    中国会计视野(微信号:esnaicom)

    中国会计报(微信号:Accounting-News)

    国资报告(微信号:guozibaogao)

    投行业务资讯(微信号:touhang888)

    新时代会计(微信号:ACCTINE)

第 4 章

新时代会计职业道德的继承与发展

 **学习目标**

1. 熟悉会计职业道德基本原则。
2. 理解会计职业道德规范的主要内容。
3. 掌握新时代会计职业道德规范。

【识别二维码
获取本章PPT】

 引 例

职业道德新规助力会计事业高质量发展

财政部 2023 年 1 月印发《会计人员职业道德规范》（以下简称《规范》），这是我国首次制定全国性的会计人员职业道德规范。《规范》将新时代会计人员职业道德要求总结提炼为三条核心表述，即"坚持诚信，守法奉公""坚持准则，守责敬业""坚持学习，守正创新"。

业内人士认为，加强会计人员职业道德建设，对长期以来会计职业活动实践中形成的职业道德要求进行总结提炼和广泛宣传，引导会计人员形成正确的价值追求和行为规范，对于提高会计工作水平和会计信息质量，推进会计诚信体系建设，助力经济社会高质量发展具有重要意义。

1. 立意深刻内容充实

"《规范》提出'三坚三守'，是对会计人员职业道德要求的浓缩，具有承前启后的作用。"在北京国家会计学院教授郑洪涛看来，"坚持诚信，守法奉公"和"坚持准则，守责敬业"这"两坚两守"是传统意义上对会计人员的基本要求，体现的是行业的特性，即会计核算要求真实准确。

《规范》的亮点在于最后的"一坚一守"，体现的是新时代下对会计人员未来发展的要求，即要坚持学习、守正创新。特别是具备创新思维，面对新的业务、新的技术，财务工作不仅得跟上，而且得走在前列。如何运用、引领新的技术；同时，渗透到经营管理中去，在数字化、智能化转型中顺应时代潮流，使会计工作更具价值，这是会计人员面临的新挑战。

德勤中国首席合伙人付建超认为，《规范》的出台是财政部第一次系统化地阐明了会计人员职业道德建设包含的具体内容。《规范》要求明确，逻辑清晰，从自律、履职和发展三个方面对"怎么做一个合格的会计人员"给出了层层递进的具体表述。会计从业人员应将《规范》作为专业工作的行为指南，通过自查、自律、自勉，积极贯彻、不断实践和严格落实。

"《规范》体现了会计的公允性、专业性和创新性。"河南省肿瘤医院总会计师韩斌斌解释道，公允性体现在会计工作是界定各方利益的工具，让相关利益得到更好的保障。专业性体现在从事这个行业的人需要具备较高的专业知识水平。创新性体现在企业的不同阶段，会计工作要与时俱进。

2. 助推会计事业高质量发展

《规范》强调会计人员"坚"和"守"的职业特性和价值追求，将对会计行业的未来发展产生深远的影响。

"《规范》具有很强的倡导性，语言精练，文字简洁，朗朗上口。"在韩斌斌看来，《规范》容易记忆，通过阅读能提高会计人员的职业道德意识，能让职业道德规范入脑入心，并付诸实际工作。这将提升会计工作的可靠性、准确性、相关性，在社会商业秩序中起到良好的稳定作用。

"守正概念是针对会计行业'不做假账'基本原则的升华概括。"郑洪涛认为，作为财务工作者要不忘初心、坚守底线，会计信息要真实地反映企业的财务状况、经营成果和现金流量情况，准确地揭示各项经济活动所包含的经济内容。另外，会计人员应以创新思维助力会计工作转型升级，推动会计事业高质量发展。

付建超认为，《规范》的印发必将从标准制定的角度对会计人员价值追求起到立竿见影的引导效果。同时，《规范》的宣传将引导会计行业树立惩恶扬善的良好风气，并在整个社会层面形成"什么是合格的会计人"的清晰概念。评价会计人员合格与否的核心标准是其能否坚持诚信、坚定准则、坚守会计人员的道德规范。在此基础上，会计人员还要不断地学习，提高业务水平，才能做好自己的本职工作。《规范》必将为会计人员和会计行业营造出良好的职业道德环境和健康的行业发展态势起到积极作用。

3. 内化于心，外化于行

《规范》印发后，业内人士一致表示要促进广大会计人员牢记于心、践之于行。

付建超结合会计师事务所工作经验，认为应该在学习、宣传、践行三个方面进行具体落实。首先，要求事务所全体执业人员认真学习《规范》，按照《规范》的要求对照自己，加强自律，坚守会计准则和审计准则，通过不断学习保持领先的专业能力，进一步加强行业的诚信体系建设。事务所的每一位执业人员都应该始终坚守诚信建设，因为这是注册会计师行业的灵魂和底线。

其次，在组织全体执业人员学习《规范》的过程中，结合事务所的工作实际，鼓励践行先进典型，用具体案例激励事务所的同事见贤思齐，争当先进。

最后，拟将《规范》作为行业指导，不断完善事务所的质量管理工作，不断完善专业人员的培养方案，在相关环节嵌入《规范》的最新、最高要求，确保事务所的内部管理和人员考核工作与《规范》要求的步调保持高度一致，引导事务所夯实诚信建设基石。

"我们可以从会计人才存量与增量两方面考虑，深化落实《规范》的要求。"郑洪涛解释道，存量指的是现有的广大在职会计人员，要在会计人员继续教育、会计人才培养项目中加强职业道德课程建设。增量指的是未来的会计人员，是即将进入社会的财务专业大学生，要推动高校加强职业道德教育，让他们在参加工作之前，接受正确理念与价值观的熏陶，以便更好地适应工作岗位。

"未来可以组织专题学习与解读，进一步地去深刻领悟《规范》的内涵。"谈及未来如何将《规范》落实到医院财务工作时，韩斌斌认为，要加强典型宣传和警示教育，加强会计工作督导。在《规范》印发后，她第一时间就将文件转发到财务科的群里，让同事们学习。选聘人员时，也要将遵守职业道德情况作为选人用人的重要标准。

资料来源：职业道德新规助力会计事业高质量发展［EB/OL］. 中华人民共和国财政部，2023-10-17.

4.1 会计职业道德基本原则及新发展

4.1.1 会计职业道德基本原则

目前最成熟、体系最完整的职业道德守则以 IFAC 的《国际会计师职业道德守则》最为典型，其由基本原则、概念框架与具体规则组成。IFAC 在《国际会计师职业道德守则》中设定了以下五项内部会计师（单位会计人员）和外部会计师（注册会计师）应共同遵循的职业道德基本原则。

1. 诚信

会计职业道德的首要原则是诚信。这一原则要求会计师在为客户保密的前提下，在所有职业活动中保持正直、诚实守信,并以公众利益为重。由于会计信息具有公共物品属性,职业会计师的诚信隐含了以公众利益为导向。这意味着当公众利益与客户或雇主利益发生冲突时,会计师应以公众利益作为判断标准;当公众利益、客户或雇主利益与会计师自身利益发生冲突时,应以公众利益为重。只有这样,才能促进会计职业的发展和提高社会地位,并赢得卓越的职业声誉。IFAC 指出,维护公众利益是会计行业的宗旨。公众不仅包括职业会计师服务的客户,还包括广大投资者、债权人、政府机构、社会公众等其他可能依赖会计师提供的信息以做出相关决策的组织或个人。这种依赖赋予会计师维护公众利益的责任。因此,从这个意义上说,公众利益可以定义为那些可能依赖会计师工作的组织或个人的整体利益。

诚信原则容许会计师出现无意的差错和不同的诚实观点,但不容忍欺骗和对原则的妥协。诚信原则要求职业会计师以正当和公正作为职业行为的基础。在没有具体准则、规则或指南或者遇到观点上的冲突时,职业会计师应该自问:"我所做的是一个诚信的会计师应该做的吗?我保持了诚信吗?"进而验证自己的决策和行为。

诚信原则要求会计师在形式和实质上如实地遵守各项技术标准和道德准则。根据 IFAC 的职业道德守则,基于诚信原则,会计师在以下情况下不得与相关信息发生关联:(1)信息包含严重虚假或误导性陈述;(2)信息缺乏充分根据;(3)信息存在遗漏或含糊其词,可能导致误导。如果会计师发现与有问题的信息发生了关联,应采取措施来消除这种关联。在上述情况下,如果会计师按照职业准则的规定出具了恰当的业务报告(例如,在审计业务中出具恰当的非无保留意见审计报告),则不会被视为违反诚信原则。

2. 客观公正

客观公正原则是会计职业道德中包含客观和公正两个紧密相关要素的基本原则。客观性指的是以客观的态度看待事物,不以特定人的观点为转移,强调根据事物本身的属性来进行评判,而不受个人意志的影响。在哲学上,客观性指的是一个事物独立存在且不受主观思想或意识影响而保持其真实性的性质。公正则表示对待各方公平正直,没有偏袒,平等对待。对于职业会计师而言,客观公正的基本内涵包括坚持客观的立场,忠实于事实真相,实现公正和公平(包括程序公平和结果公平)。这其中,坚持客观的立场是基础,忠实于事实真相是核心,实现公正和公平是目标。简言之,客观公正即追求实事求是。客观公正原则对会计师行为的规范主要表现在对职业判断的约束上。IFAC 的职业道德守则规定:(1)会计师应当遵循客观公正原则,公正处事,实事求是,不得由于偏见、利益冲突或他人的不当影响而损害自己的职业判断。(2) 如果存在可能导致职业判断出现偏差,或对职业判断产生不当影响的情形,会计师不得从事与之相关的专业活动。

3. 专业胜任能力和勤勉尽责

专业胜任能力是指会计师在履行工作职责时应具备的基本知识、专业技能、相关的管理能力和职业价值观,符合既定的标准。它是会计师教育、职业经验和持续学习的综合结果。勤勉尽责,也称为应有的职业关注或应有的职业谨慎,是会计执业过程中非常重要的基本原则。它要求会计师持有慎重的实务观念,理性地运用自己所具备的知识,充分考虑自身经验,并做出符合社会合理期望水平的判断。

对于专业胜任能力和勤勉尽责这一会计职业道德基本原则,IFAC 的职业道德守则规定:(1) 会计师应当遵循专业胜任能力和勤勉尽责原则,以获取并保持应有的专业知识和技能,确保为客户提供具有专业水准的服务,做到勤勉尽责,并按照适用的技术和专业标准行事。(2) 在运用专业知识和技能时,会计师应当合理运用职业判断。(3) 会计师应当持续了解并掌握当前法律、技术和实务的发展变化,使专业知识和技能始终保持在应有的水平。(4) 会计师应当勤勉尽责,即遵守职业准则的要求,并保持应有的职业怀疑,认真、全面、及时地完成工作任务。(5) 会计师应当采取适当措施,确保在其授权下从事专业服务的人员得到应有的培训和督导。(6) 在适当时间,注册会计师应当使客户或专业服务的其他使用者了解专业服务的固有局限。

4. 保密

保密原则要求职业会计师对其在职业活动中获知的机密信息予以保密。除非法律或专业要求允许或有披露的义务,否则未经适当特别授权,职业会计师不得使用或披露所获得的信息。需要特别强调的是,当公众利益与保密原则产生直接冲突时,职业会计师的保密原则需要让位于公众利益,这是保密原则的例外情况。

对于保密原则,IFAC 的职业道德守则规定职业会计师应当遵循下列要求:(1) 警惕无意中泄密的可能性,包括在社会交往中无意泄密的可能性,特别要警惕无意中向关系密切的商业伙伴或近亲属泄密的可能性。(2) 对所在会计师事务所或受雇单位内部的涉密信息保密。(3) 对拟承接的客户或拟受雇的单位向其披露的涉密信息保密。(4) 在未经客户或受雇单位授权的情况下,不得向第三方披露其所获知的涉密信息,除非法律法规或职业准则规定会计师在这种情况下有权利或义务进行披露。（5）不得利用因职业关系而获知的涉密信息为自己或第三方谋取利益。（6）不得在职业关系结束后利用或披露因该职业关系获知的涉密信息。（7）采取适当措施，确保下级员工以及为会计师提供建议和帮助的人员履行保密义务。（8）在终止与客户或受雇单位的关系后，会计师应当对以前职业活动中获知的涉密信息保密。如果变更工作单位或获得新客户，会计师可以利用先前的经验，但不得利用或披露以前职业活动中获知的涉密信息。

如前所述，保密原则存在例外情形或豁免情形。对此，IFAC 的职业道德守则规定，在下列情况下，会计师可能会被要求披露涉密信息，或者披露涉密信息是适当的，不被视为违反保密原则：（1）法律法规要求披露，例如，为法律诉讼准备文件或提供其他证据，或者向适当的监管机构报告发现的违反法律法规行为。（2）法律法规允许披露，并取得客户的授权。（3）会计师有职业义务或权利进行披露，且法律法规未予禁止，主要包括下列情形：第一，接受会计师协会或监管机构的执业质量检查；第二，答复会计师协会或监管机构的询问或调查；第三，在法律诉讼、仲裁中维护自己的合法权益；第四，遵守职业准则的要求，包括职业道德要求；第五，法律法规和职业准则规定的其他情形。

此外，IFAC 的职业道德守则还规定，在决定是否披露涉密信息时，会计师需要考虑下列因素：（1）如果客户或受雇单位同意会计师披露这些涉密信息，这种披露是否可能损害相关人的利益；（2）是否已在可行的范围内了解和证实了所有相关信息，信息是否完整；（3）信息披露的方式和对象，以及披露对象是否恰当；（4）可能承担的法律责任和后果。

5. 良好职业行为

根据 IFAC 的职业道德守则规定，良好职业行为原则要求职业会计师在任何业务、职务或活动中不得故意从事可能损害诚信原则、客观公正原则或良好职业声誉的行为，从而违反职业道德基本原则。如果一个理性且具备充分信息的第三方在评估某种行为时认为该行为可能对良好的职业声誉产生负面影响，那么这种行为可以被归类为可能对职业声誉造成损害的行为。

此外，IFAC 的职业道德守则还规定，职业会计师在向公众传递信息以及推介自己和工作时，应当客观、真实、得体，不得损害职业形象。职业会计师应当诚实、实事求是，不得有下列行为：（1）夸大宣传提供的服务、拥有的资质或获得的经验；（2）贬低或无根据地比较他人的工作。如果职业会计师对其行为是否适当存有疑问，可以向会计职业机构或监管部门咨询。

拓展链接4-1：原则导向与规则导向

1. 会计准则制定模式比较

（1）基于原则导向与规则导向制定的会计准则模式的比较。

一般认为，美国现行的会计准则是"规则导向"的，而国际会计准则是"原则导向"的。原则导向和规则导向到底有什么差异呢？以规则为基础的模式试图详述每一种假定情景下恰当的会计处理，使得任何情况下所适用的会计方法都是直接确定的。以原则为导向的会计准则仅对某一对象或交易、事项的会计处理和财务报告提出应遵循的原则，不力图回答所有问题，也不对每种可能情况提供详细的规则。表4-1对原则导向和规则导向下会计准则进行了比较。

表4-1　　　　　　　　　原则导向与规则导向的区别

比较项目	原则导向	规则导向
准则范围	明确了准则的范围	准则中一般没有明确的范围
详细指南	一般不需要	需要
例外和界限	存在比较少的例外和界限	比较多
职业判断	需要较多的职业判断	需要较少的职业判断
规范基础	基于经济活动，注重经济实质	基于经济交易，注重交易形式
概念框架	内容完整明确	一般比较模糊
会计目标	准则中有清楚的目标	准则中没有清楚的目标
适用范围	适用范围比较广	比较窄

（2）规则导向与原则导向的利弊分析。

任何事物都具有两面性，会计准则模式问题亦是如此，两种导向各有利弊。

一是规则导向的会计准则严密、完备，具有较强的可操作性，不需要多少会计职业判断，而且可减少公司交易设计的不确定性和注册会计师与其客户的纷争，另外也便于证券部门对上市公司进行财务监督。但是，规则导向的会计准则也有其致命的弱点。不仅总是滞后于金融创新，而且企业可以通过"业务安排"和"组织设计"轻而易举地逃避准则的约束，最终导致重形式轻实质的情况出现。

二是以原则导向制定的会计准则，由于只制定了各有关经济交易的通用会计准则，而没有对具体的经济事项做出规定，因此准则体系有较大的灵活性。对于原则导向的会计准则来讲，更容易理解和应用，会计人员和注册会计师在对经济业务进行账务处理或审计时，根据交易的经济实质而不是其法律形式或其他内容来进行相应的处理。这样财务报告反映的是交易的实质而非其形式，从而保证财务报告的公允性。由于这种模式只规定了通用原则，会计人员可以对新出现的交易事项做到快速反应，审计人员也可以根据自己的职业判断审计出虚假的会计信息，在一定条件下可以提高会计的信息质量。但同时我们也不得不注意到，以原则为导向的会计准则缺乏具体规定，要求公司会计师更多地运用会计职业判断，而不恰当的职业判断可能会导致更加严重的后果。因为会计职业判断并不单纯是一种技术手段，不同的判断将会生成不同的会计信息。也就是说，会计职业判断是具有经济后果的。会计职业判断结果将影响到不同主体的利益，使得一部分主体获益，而另一部分主体受损。鉴于会计职业判断的经济后果性，我们在确定会计准则制定模式之前必须对会计职业判断现状有一个清醒的认识。

2. 关于我国会计准则模式的思考

（1）我国的现状分析。

目前我国的会计规范仍坚持会计制度和会计准则并重。具体而言，我国会计制度近乎于规则基础模式；我国会计准则结合了原则基础模式和规则基础模式，其中基本准则规定了会计核算的基本原则、会计报表项目的定义、会计报告的要求等，虽然需要大幅的修订，但是可以视之为偏向原则基础模式，而具体准则采用"准则+指南"的形式，更偏向规则基础模式。因此，我国现行的会计规范体系并非纯粹的原则基础模式抑或纯粹的规则基础模式，而是二者的结合。

从原则导向准则适合的环境因素去分析，我国目前不适合美国"激进式"的制定模式变迁道路。下面对我国现实的会计环境特点进行分析。

①会计的文化环境。

我国的文化环境所崇尚的是集体主义，人们规避不确定性的程度较大。从会计的文化环境角度不难理解，我国的会计人员所偏好的是按部就班的会计制度，他们对制度的具体性要求较高，故而我国的会计规范中规则基础型的会计制度在未来较长时期内仍有存在的必要。

②会计职业界的人员素质。

我国会计环境的主要特征之一是企业会计人员整体业务素质不高，注册会计师行业自律性较差。而原则基础准则模式要求会计职业界具有较强的职业判断能力和较高的职业道德水平。从职业判断能力方面看，我国由于历史原因，部分会计人员学历较低，其职业判断能力较弱，很难适应从会计制度向原则基础准则的转变。从职业道德水平看，我国资本市场上会计信息失真现象非常严重，诸多造假恶性案件的出现也说明了我国会计职业界的职业道德水平亟待提高，那么转向原则基础准则极可能加剧我国的会计信息失真问题。在这种职业判断意识和职业道德水准的状况下，建立在高度依赖会计职业判断基础上的原则导向的会计准则能否有效实施十分令人怀疑，其所生成的会计信息质量也无法得到保证。

③会计职业界的风险过低。

原则基础准则模式的应用基础是建立在完备健全的法律体系和会计职业界较强的法律风险意识之上的。与美国的法律制度下诉讼成风、会计职业界所面临的诉讼风险极大的现实相比，我国会计职业界所面临的法律风险过低。虽说2017年新修订的《中华人民共和国会计法》对违法行为规定了明确的惩治措施，但在真正的实施过程中有关会计人员执业风险的法律体系仍不完善。一方面，对承担会计法律责任的主体界定不严密，对各种违法行为没有可操作性的法律解释。另一方面，我国的相关法律体系中也缺少对民事责任的界定，在现实操作中，对民事责任的追究非常弱化。所有这些都很容易导致职业道德水平原本就有待提高的会计职业界更有可能在进行职业判断时肆无忌惮地进行操纵，从而更易降低会计信息的质量。

(2) 我国的现实选择。

由以上分析可以看出，尽管原则导向的会计准则更符合准则的发展潮流，但处于转型经济条件下的我国，至少在现阶段是不宜全面转向原则基础准则模式的，适当的规则会使原则导向更具有可操作性，更符合我国的国情。会计制度和会计准则相结合的会计规范形式还将在未来相当长的时期持续存在。因此，对会计准则制定模式最为现实的选择应当是：充分研究我国会计环境的具体特点而"量体裁衣"，在考虑原则基础准则和规则基础准则的各自优缺点的基础上,对两种会计模式的优点兼收并蓄,并对可能出现的缺陷进行抛弃。可以走一条原则和规则相结合的中间道路,尽量重原则一些,轻规则一些。在这个指导思想下继续完善我国的会计准则体系,建立一套公认可靠的财务会计概念框架,以此作为会计准则的指导。准则制定机构要具有高度的独立性与权威性,制定人员要具有广泛的代表性,制定过程要执行充分的程序,解释和运用要保持严格的一致性,以实现准则制定的公平性与有效性。

资料来源:刘丽,王心刚. 会计准则制定模式 [J]. 合作经济与科技,2005 (22):53-54.

4.1.2　数字环境下的会计职业道德基本原则

数字技术进步的速度、意义和复杂性给会计职业带来了新的机遇和挑战,大数据及人工智能环境下与职业判断有关的责任归属、数据保护和隐私安全等也对职业道德提出了新的命题。IESBA 主席斯达沃斯·汤马达基斯指出《国际会计师职业道德守则》中的五大基本原则是不会过时的,甚至在新的时代,这五大基本原则会更加有适应性、有针对性。实际上,颠覆性技术的出现,会使得五大基本原则的具体内容发生变化。比如在保密方面,会计师需要为客户保密的内容包括数字化的内容、数据关注和网络安全等。会计师行业要保持客观中立,在新技术面前会面临一些挑战,因为审计师进行沟通的对象不一定是人,有可能是具有自我学习能力的机器,或者是其他的人工智能设备。所以,新技术对于行业的影响有两点:一是会使得人们对于根本原则的应用和理解更加丰富,二是新技术的使用也带来了一定的风险,具体是什么样的风险需要人们去评估,同时积极地做出应对。对于如何在数字化时代保持职业怀疑能力,也是人们正在研究探索的。毕竟在数字化时代,很多数据挖掘和分析工作是由机器完成的,人们没办法检查机器得出结论背后的逻辑、推理分析等中间过程。

为了实时掌握技术变革对公众利益和职业会计师道德行为产生的影响,IESBA 在 2018 年成立了技术工作组 (technology working group, TWG) 并制定了两阶段的工作重点,包括将守则的基本原则与已发布的人工智能伦理框架中的原则进行比较分析,以及探讨区块链、加密货币、网络犯罪和网络安全、物联网和数据治理等技术发展对职业道德产生的影响等。

2020年2月27日,IESBA发布了第一阶段报告,指出进一步强化数字时代职业道德和职业判断在建立信任上的关键作用、职业会计师应对职业环境的复杂性、数字时代下职业道德基本原则的适用性、职业会计师的专业胜任能力以及审计人员的独立性等几个方面的相关规定,建议对"第113节 专业胜任能力和应有的关注""第220节 信息的编制和报告""第114节 保密性"等进行修订,考虑与数据隐私和信息保护有关的事项,增加与数据保护和技术应用有关的材料,以便更及时地反映现代信息技术对独立性造成的威胁。随着数字化转型的全面推开,有关机构治理、对接国家经济生态系统等一系列问题已经被提上日程,如何将数字时代的商业变革对会计职业道德的影响及时体现在守则中并与现有的业务内容和制度规范保持一致成为未来有待解决的问题。

根据IESBA技术倡议的第二阶段工作重点,技术工作组在多个重点领域进行了实况调查,以确定和评估技术对专业会计师行为的潜在影响,以及《国际会计师职业道德守则》(包括国际独立性标准,以下简称《守则》)的相关性和适用性。重点领域包括机器人过程自动化(RPA)、人工智能(AI)、区块链、云计算和数据治理等。技术格局虽然是动态的和不断演变的,但尚未出现会对《守则》的相关性产生重大影响的革命性转变。相反,第二阶段的调查结果支持这样一个事实,即除了少数例外,《守则》继续适用和相关,以指导职业会计师参与颠覆性和变革性技术的设计、实施或使用以及相关问题的道德决策。《守则》中需要修改的内容主要涉及强化对用于人工智能训练的数据的保密、人工智能使用的透明与可解释性、数据治理及保管、道德领导与决策、就技术相关风险和披露进行有意义的沟通、依赖或使用专家、足够的专业技能、职业会计师的压力、商业关系等。

拓展链接4-2:《会计人员职业道德规范(征求意见稿)》起草说明

为贯彻落实党中央、国务院关于加强社会信用体系建设的决策部署,推进会计诚信体系建设,提高会计人员职业道德水平,根据《中华人民共和国会计法》《会计基础工作规范》,结合会计工作实际,财政部会计司研究起草了《会计人员职业道德规范(征求意见稿)》(以下简称《规范》)。现将有关情况说明如下。

1. 起草背景

党的十八大以来,党中央、国务院部署加快社会信用体系建设、构筑诚实守信的经济社会环境，将会计人员作为职业信用建设的重点人群，要求引导职业道德建设与行为规范。党的十九大报告明确要求"深入实施道德建设工程，推进社会公德、职业道德、家庭美德、个人品德建设"。党的二十大报告进一步提出"实施公民道德建设工程，弘扬中华传统美德，……，推动明大德、守公德、严私德，提高人民道德水准和文明素养""弘扬诚信文化，健全诚信建设长效机制"。

会计人员承担着生成和提供会计信息、维护国家财经纪律等重要职责，会计人员职业道德素质直接影响会计工作和会计信息质量。加强会计人员职业道德建设，对长期以来会计职业活动实践中形成的职业道德要求进行总结提炼和广泛宣传，有利于引导会计人员形成正确的价值追求和行为规范，提高会计职业形象和行业声誉；有利于提高会计工作水平和会计信息质量，服务经济社会高质量发展；有利于完善会计诚信体系，推动社会信用体系建设。

2. 起草过程和主要内容

2022年财政部会计司启动了《规范》的起草工作。经过深入研究形成了《规范》初稿，并组织征求了部分高校会计学教授、企业总会计师、行政事业单位财务负责人、地方财政部门有关同志的意见，根据各方意见进行多轮修改完善，形成了目前的征求意见稿。

《规范》提出了新时代会计人员职业道德的三条要求，标题分别是坚持自律、守法奉公，坚持准则、守信敬业，坚持学习、守正创新（以下简称"三坚三守"），强调会计人员"坚"和"守"的职业特性和价值追求。三个标题24个字的内涵与后面的内容保持了高度统一，是对会计人员职业道德要求的集中表达。

3. 主要考虑

"三坚三守"的提出主要出于以下考虑。

（1）聚焦行业特点。在起草过程中，财政部会计司认真学习、承继以往有关会计职业道德的要求和相关表述，充分借鉴、参考我国教师、律师、公务员、注册会计师、内审人员、资产评估师等职业道德规范内容和体例，聚焦"会计人员"这个主体和"职业道德"这个主题，避免内容泛化、空洞普适。

（2）递进规范层次。"坚持自律、守法奉公"是对会计人员的基本要求,"坚持准则、守信敬业"是对会计人员的核心要求,"坚持学习、守正创新"是对会计人员的发展要求,从基本要求,到核心要求,再到发展要求,由浅入深,层层递进。

(3) 方便宣传推广。《规范》充分考虑了后续宣传、教育和推广的需要,将会计人员职业道德要求高度凝练为 24 个字,力争做到语言精练、层次分明,朗朗上口、容易记忆,有利于在广大基层会计人员中宣传弘扬,促进会计人员牢记于心,践之于行。

资料来源:关于征求《会计人员职业道德规范(征求意见稿)》意见的函 [EB/OL]. 中华人民共和国财政部,2022 - 10 - 28.

4.2 会计职业道德规范及新发展

4.2.1 会计人员职业道德规范

会计职业道德规范是会计职业活动中应遵守的体现会计职业特征的、调整会计职业关系的行为规范,是对会计人员的职业品德、职业纪律、职业能力和职业责任等职业意识和业务行为方式的基本要求,是一种内在的自我约束方式,是一般社会道德在会计业务活动中的具体体现。在 2023 年首次制定全国性的会计职业道德规范之前,我国已经有了一些会计职业道德规范,但这些规范大多是由行业协会、学术机构或财政部等部门发布的行业自律规范,例如,财政部发布的《会计基础工作规范》《关于加强会计人员诚信建设的指导意见》;财政部会计财务评价中心编著的《初级会计实务》中将会计职业道德的主要内容概括为八个方面,这些规范旨在指导会计从业人员遵守职业道德、提高业务水平、维护行业声誉和公信力。此外,各省市也会根据自身实际情况制定相应的会计职业道德规范,以加强行业自律和规范管理。总体来看,从会计法规制度上,我国比较重视会计职业道德规范的建设,但上述法律法规中有关会计职业道德的表述大多比较笼统,特别是在单位会计人员职业道德的规范体系建设方面还有待拓展和完善。

1. 《中华人民共和国会计法》（以下简称《会计法》）中的职业道德规定

《会计法》第三十九条规定："会计人员应当遵守职业道德，提高业务素质。对会计人员的教育和培训工作应当加强。"

2. 《会计基础工作规范》中的职业道德要求

财政部 2023 年 5 月公布的《会计基础工作规范》将会计职业道德单独列为一节。

（1）会计人员在会计工作中应当遵守职业道德，树立良好的职业品质、严谨的工作作风，严守工作纪律，努力提高工作效率和工作质量。

（2）会计人员应当热爱本职工作，努力钻研业务，使自己的知识和技能适应所从事工作的要求。

（3）会计人员应当熟悉财经法律、法规、规章和国家统一会计制度，并结合会计工作进行广泛宣传。

（4）会计人员应当按照会计法律、法规和国家统一会计制度规定的程序和要求进行会计工作，保证所提供的会计信息合法、真实、准确、及时、完整。

（5）会计人员办理会计事务应当实事求是、客观公正。

（6）会计人员应当熟悉本单位的生产经营和业务管理情况，运用掌握的会计信息和会计方法，为改善单位内部管理、提高经济效益服务。

（7）会计人员应当保守本单位的商业秘密。除法律规定和单位领导人同意外，不能私自向外界提供或者泄露单位的会计信息。

（8）财政部门、业务主管部门和各单位应当定期检查会计人员遵守职业道德的情况，并作为会计人员晋升、晋级、聘任专业职务、表彰奖励的重要考核依据。

会计人员违反职业道德的，由所在单位进行处理。

3. 《关于加强会计人员诚信建设的指导意见》中的职业道德规范

2018 年颁布的《关于加强会计人员诚信建设的指导意见》中指出，强化会计职业道德约束。针对会计工作特点，进一步完善会计职业道德规范，引导会计人员自觉遵纪守法、勤勉尽责、参与管理、强化服务，不断提高专业胜任能力；督促会计人员坚持客观公正、诚实守信、廉洁自律、不做假账，不断提高职业操守。

4. 会计职业道德的主要内容

根据我国会计人员和会计工作的实际情况，结合我国《新时代公民道德建设实施纲要》《会计基础工作规范》和国际上对会计职业道德的一般要求,《初级会计实务》中将会计职业道德概括为:爱岗敬业、诚实守信、廉洁自律、客观公正、坚持准则、提高技能、参与管理和强化服务。

(1) 爱岗敬业。会计人员在会计工作中应当遵守职业道德、树立良好的职业品质、严谨的工作作风、严守工作纪律、努力提高工作效率和工作质量。要求会计人员正确认知会计职业,树立职业荣誉感;热爱会计工作,敬重会计职业;安心会计工作和工作岗位,任劳任怨;严肃认真,一丝不苟;忠于职守,尽心尽力,尽职尽责。爱岗与敬业相辅相成、相互支持。

(2) 诚实守信。会计人员应当保守本单位的商业秘密。除法律规定和单位领导人同意外,不能私自向外界提供或者泄露单位的会计信息。要求会计人员做老实人、说老实话、办老实事,执业谨慎,不弄虚作假;不为利益所诱惑,保密守信,信誉至上。

(3) 廉洁自律。要求会计人员树立正确的人生观和价值观;公私分明,清正廉洁,不贪不占,保持清白;遵纪守法,一身正气;坚持职业标准,严格自我约束,自觉抵制不良欲望的侵袭和干扰。

(4) 客观公正。会计人员办理会计事务应当实事求是、客观公正。要求会计人员端正态度,以客观事实为依据,依法依规办事;实事求是,不偏不倚;公正处理企业利益相关者和社会公众的利益关系,保持应有的独立性。

(5) 坚持准则。会计人员应当熟悉会计法律、法规和国家统一会计制度,始终坚持按照会计法律、法规和国家统一会计制度规定的程序和要求开展会计工作,保证所提供的会计信息合法、真实、准确、及时、完整。坚持会计准则发生道德冲突时,应以客观公正原则和法律、法规及国家统一会计制度的要求为精神,作出合理公正的职业判断,以维护国家利益、社会公众利益和正常的经济秩序。

(6) 提高技能。会计人员应当热爱本职工作,努力钻研业务,使自己的知识和技能适应所从事工作的要求。要求会计人员具有不断提高会计专业技能的意识和愿望,不断增强提高专业技能的自觉性和紧迫感;具有勤学苦练的精神和科学的学习方法,刻苦钻研,不断进取,提高业务技能水平。

(7) 参与管理。会计人员应当广泛宣传财经法律、法规、规章和国家统一会计制度。充分发挥会计在企业经营管理中的职能作用,努力钻研相关业务,全面熟悉本单位经营活动和业务流程,建立健全企业内部控制、促进完善企业规章制度和业务流程,保障企业生产经营活动合法合规;主动提出合理化建议,充分发挥决策支持的功能作用,积极参与管理,促进企业可持续高质量健康发展。

(8) 强化服务。会计人员应当熟悉本单位的生产经营和业务管理情况，运用掌握的会计信息和会计方法，为改善单位内部管理、提高经济效益服务。要求会计人员树立服务意识，提高服务质量，努力维护和提升会计职业的良好社会形象。保护企业投资者等利益相关者及社会公众权益是会计的基本任务。这就要求会计人员必须树立为企业、为人民服务的根本思想，将强化服务贯彻落实到会计工作的全过程，维护会计人员和会计职业的良好社会形象。

拓展链接4-3：倡导"三坚三守"推进诚信建设
——我国首次制定会计人员职业道德规范

为推进会计诚信体系建设、提高会计人员职业道德水平，财政部近日制定印发了《会计人员职业道德规范》。这是我国首次制定全国性的会计人员职业道德规范。

规范出台有何意义？对会计人员提出了哪些要求？新华社记者采访了财政部会计司有关负责人。

会计人员承担着生成和提供会计信息、维护国家财经纪律和经济秩序的重要职责。党的十八大以来，党中央、国务院部署加快社会信用体系建设、构筑诚实守信的经济社会环境，将会计人员作为职业信用建设的重点人群，要求引导职业道德建设与行为规范。

"加强会计人员职业道德建设，对长期以来会计职业活动实践中形成的职业道德要求进行总结提炼和大力宣传，引导会计人员形成正确的价值追求和行为规范，对于提高会计工作水平和会计信息质量，加强社会信用体系建设，推动经济社会高质量发展具有重要意义。"一位负责人说。

此次制定的规范，将新时代会计人员职业道德要求总结提炼为三条核心表述，即"坚持诚信，守法奉公""坚持准则，守责敬业""坚持学习，守正创新"。

这位负责人介绍，三条要求逻辑清晰、层层递进：第一条"坚持诚信，守法奉公"是对会计人员的自律要求；第二条"坚持准则，守责敬业"是对会计人员的履职要求；第三条"坚持学习，守正创新"是对会计人员的发展要求。

"规范提出'三坚三守'，强调会计人员'坚'和'守'的职业特性和价值追求,是对会计人员职业道德要求的集中表达。"这位负责人说。

规范印发后将如何引导会计人员践行相关要求?

这位负责人表示,各地区各有关部门应当把学习贯彻规范作为当前和今后一个时期加强会计职业道德建设的首要任务。

"通过组织开展形式多样的学习活动,充分利用各类媒体平台,大力宣传规范精神,帮助广大会计人员全面理解规范内容,准确把握规范提出的要求,使其成为广大会计人员普遍认同和自觉践行的行为准则。"这位负责人说。

另外,将规范作为会计人才培养教育的重要内容,在会计人员继续教育、会计人才培养培训项目中加强职业道德课程建设,引导会计人员深入学习和认真践行规范。推动高校财会类专业加强职业道德教育。指导用人单位加强会计人员职业道德教育,将遵守职业道德情况作为评价、选用会计人员的重要标准。依法成立的会计人员自律组织可以根据规范制定职业道德准则。

此外,各地区各有关部门还要积极营造良好职业道德环境。"加强典型宣传和警示教育,通过鼓励先进、树立典型,激励广大会计人员自觉遵守职业道德规范,形成见贤思齐、争当先进的生动局面;推动建立会计人员失德失信行为惩戒机制,加强对典型失信案例的警示教育,形成扶正祛邪、惩恶扬善的行业风气。"这位负责人说。

资料来源:倡导"三坚三守" 推进诚信建设——我国首次制定会计人员职业道德规范 [EB/OL]. 财务与会计,2023-01-31.

4.2.2　新时代会计职业道德规范

为推进会计诚信体系建设、提高会计人员职业道德水平,财政部于2023年年初制定印发了《会计人员职业道德规范》。这是我国首次制定全国性的会计人员职业道德规范。此次制定的规范,将新时代会计人员职业道德要求总结提炼为三条核心表述,简称"三坚三守",即"坚持诚信,守法奉公""坚持准则,守责敬业""坚持学习,守正创新"。从内容上看,"三坚三守"是调整和处理会计职业关系的基本要求和基本的行为规范,基于上述基本规范针对具体的会计职业行为所提出的具体行动指南目前仍有待补充及扩展。

1. 坚持诚信，守法奉公

"坚持诚信，守法奉公"是对会计人员的自律要求。会计人员要牢固树立诚信理念，以诚立身、以信立业，严于律己、心存敬畏。学法知法守法，公私分明、克己奉公，树立良好职业形象，维护会计行业声誉。

（1）坚持诚信。

会计人员应当明确认识到诚信的重要性，牢固树立诚信理念，将其作为行为准则的基石，始终保持诚实守信的态度。

首先，以诚立身。会计人员要以诚实为本，坚持真实、准确、透明的原则，在处理财务信息和报告时不作虚假、夸大或误导性的陈述。应当遵循职业道德，坦诚待人，真实表达自己的观点和见解，并与他人建立诚信和互信的关系。

其次，以信立业。会计人员要建立起信誉良好的职业形象，以专业知识和技能为基础，恪守承诺，信守职业准则和道德规范。应当保持高度的职业操守，坚守职业道德底线，不违反职业规范和法律法规，以信任和可靠性赢得他人的尊重和信赖。

再次，严于律己。会计人员要严格要求自己，对自身的行为和决策负责。应当严守职业纪律，遵循法律法规，严肃认真地对待工作，不随意篡改、掩盖或操纵财务数据；应当保持高度的敬业精神，认真履行职责，不因个人私利或其他因素影响公正和客观的判断。

最后，心存敬畏。会计人员要对自己的工作具有敬畏之心，认识到财务信息和报告对企业和社会的重要性和影响性。应当意识到自己的职责和责任，尽职尽责履行工作，避免违规行为和错误决策的发生；应当时刻保持对职业道德的尊重，不断追求专业知识和能力的提升，不断反思和改进自己的工作方式和方法。

（2）守法奉公。

会计人员必须具备法律意识和公共利益意识，将法律和职业道德作为行为准则，坚守职业底线，保持高度的责任感和职业操守。

首先，会计人员应当深入学习法律法规、会计准则等相关规定，熟悉并掌握适用于会计工作的法律知识。遵守法律法规的约束，不做违反法律规定的行为，确保会计工作的合法性和合规性。

其次，会计人员要明确个人和职业之间的界限，避免将私人利益与职业利益混淆。会计人员应当把个人利益放在次要位置，把公众利益放在首位，坚持以公正、客观、公平的原则进行工作，不受任何个人利益的干扰。

再次,会计人员要自我约束、自我要求,以公共利益为导向,保持廉洁自律的态度,拒绝贪污腐败,坚守职业道德的底线,始终为公共利益服务。通过克己奉公,会计人员能够树立起良好的职业形象,赢得他人的尊重和信任。

最后,维护会计行业声誉是会计人员的责任。会计人员应当积极参与行业自律,遵守行业准则和职业道德规范,严格要求自己的工作质量和行为表现,为整个行业树立良好的声誉。

2. 坚持准则,守责敬业

"坚持准则,守责敬业"是对会计人员的履职要求。会计人员要严格执行准则制度,保证会计信息真实完整。勤勉尽责、爱岗敬业、忠于职守、敢于斗争,自觉抵制会计造假行为,维护国家财经纪律和经济秩序。

(1) 坚持准则。

会计人员要遵循相关准则和规定,包括国家和行业的会计准则、财务报告准则等。会计人员应当熟悉并理解相关准则的基本原理和核心要点,遵循规范的会计处理程序和内部控制,确保会计信息的规范性和准确性,确保会计处理的一致性和可比性。

保证会计信息真实完整是会计人员的职责。会计信息作为企业财务状况和经营情况的重要表达,必须具有真实性和完整性,以提供给利益相关方准确的决策依据。会计人员应当保持专业的操守和诚信,通过规范的会计处理和记录,确保会计信息的真实性,不得故意误导或隐瞒重要信息;不受任何利益干扰,坚持客观公正的原则,不夸大或隐瞒企业的财务状况和经营情况。

(2) 守责敬业。

首先,勤勉尽责和爱岗敬业是会计人员应当具备的基本素质。会计人员应当尽职尽责,认真履行自己的职责和工作任务,不敷衍塞责,确保工作的准确性和及时性;应当对自己的工作充满热爱和责任感,积极主动地提升自己的专业能力,为企业和社会做出贡献。

其次,忠于职守和敢于斗争是会计人员在履行职责时所需具备的重要素质。会计人员应当始终保持诚信和廉洁;应当恪守职业操守,不受任何非法或不当利益的影响,为了保护公众利益,勇于与不正当行为作斗争,包括抵制会计造假行为;应当敢于揭露不正当行为,维护公平和正义,推动企业和社会的良性发展。

最后,维护国家财经纪律和经济秩序是会计人员的重要使命。会计人员作为财务管理的重要参与者,应当遵守国家的财经纪律和法律法规,不得从事违法违规的行为；应当积极配合相关部门的监管工作，确保企业的财务活动合法合规，维护国家的财经秩序和经济的稳定。

3. 坚持学习，守正创新

"坚持学习，守正创新"是对会计人员的发展要求。会计人员要始终秉持专业精神，勤于学习、锐意进取，持续提升会计专业能力。不断适应新形势新要求，与时俱进、开拓创新，努力推动会计事业高质量发展。

（1）始终秉持专业精神，勤于学习、锐意进取，持续提升会计专业能力。

首先，会计人员要始终秉持专业精神，对自己从事的会计工作保持高度的专业认同和敬业精神。会计人员应当了解会计职业的特点和要求，熟悉相关的法律法规和会计准则，不断提升自己的专业知识和技能；对待会计工作应当认真负责，保证会计信息的准确性和可靠性。

其次，勤于学习、锐意进取是会计人员不断成长和进步的关键。会计领域的知识和技术不断更新，要求会计人员保有学习态度和学习能力；不断开阔视野，跟随行业的发展动态，了解新的会计标准和方法；参加专业培训和学术交流活动，与同行分享经验和思考，不断提升自己的会计专业能力。

最后，持续提升会计专业能力是会计人员的职业要求和责任。只有通过不断地学习和进取，会计人员才能适应新时代的会计要求，满足企业和社会对会计信息的需求，为企业的发展和经济的稳定做出贡献。同时，持续提升会计专业能力也能够增强会计人员的自信心和职业竞争力，为个人的职业发展提供更多的机会和选择。

（2）不断适应新形势新要求，与时俱进、开拓创新，努力推动会计事业高质量发展。

首先，不断适应新形势新要求是会计人员的责任和使命。随着社会经济的不断变化和发展，会计工作也面临着新的挑战和需求。会计人员应当具备敏锐的洞察力，及时了解和把握新的会计政策、法规和标准，以及企业经营环境的变化；应当积极学习和适应新的会计理论和技术，不断提高自己的专业水平，以满足新形势下会计工作的要求。

其次，与时俱进、开拓创新是会计人员持续发展的关键。会计领域不断涌现新的技术、方法和工具，要求会计人员不断更新自己的知识和技能，善于应用新的科技手段和管理方法。会计人员应当积极参与业务创新和管理创新，提出改进和优化的建议，为企业的发展提供智力支持和战略决策；应当关注行业的前沿动态，积极参与行业交流和合作，推动会计事业的创新发展。

最后，努力推动会计事业高质量发展是会计人员的使命和追求。会计人员应当以专业的态度和责任心履行自己的职责，提供准确、可靠的会计信息，为企业决策和管理提供支持；应当积极参与会计改革和规范建设，推动会计制度的完善和规范化；应当注重质量和效益，追求卓越，为会计事业的发展贡献自己的智慧和力量。

拓展链接4-4："三坚三守"是会计行业"指南针"

财政部发布《会计人员职业道德规范》（以下简称《规范》）后，夏春梅就将内容精心书写在笔记本的扉页上。

"工作也要讲究仪式感，需要有颗虔诚敬畏的心，'三坚三守'就是会计人员最好的职业'指南针'。"她笑着说。

作为金航数码科技有限责任公司总会计师，夏春梅已在财务工作岗位上辛勤耕耘二十载，并始终坚守职业道德底线。结合自己丰富的实践经验，她向记者分享了自己学习新时代会计人员职业道德要求的感悟。

夏春梅认为，"坚持诚信，守法奉公"是会计人员最基本的要求，是安身立命之本。诚信是市场经济的基石。会计信息作为市场经济通用的商业语言，由会计人员生成和提供。因此，会计人员要尤为重视诚信。

在她看来，作为一名国有企业总会计师，诚信是独立、客观、公正地行使职权，常怀律己之心，做到自警自省、慎独慎微、不徇私情、不谋私利，自觉推动规范市场经济秩序，保护国有资产安全完整。

在谈及对《规范》中"坚持准则，守责敬业"这条要求的理解时，夏春梅首先从会计信息的本质出发，阐述了她的看法："会计信息是将一个个行业不同、规模不同、文化不同的具体企业的经营状况，弱化其个性特征，按照一套统一的逻辑，采用统一的标准，抽取共同的信息，转化、生成具有可比性的经济数据信息，再遵循统一的范式展示给利益相关者。在这个过程中，逻辑、标准和范式将极大影响最后呈报出来的会计数据。因此，坚持准则规范的内容尤为必要。"

她进一步形象地解释道，这就好比厨师制作菜肴，食客们享用的是最后制作出来的成品。大家想要的是原汁原味，通常会根据成品来推断食材好坏。但判定厨师有没有添油加醋甚至是以次充好、以假乱真，就要看其有没有按照统一的规范、食谱来进行择、洗、炒和摆盘。

近年来,以康美药业、康得新为代表的上市公司财务造假,以及最近因德勤巨额罚单再次进入公众视野的华融财务造假案,都造成了恶劣的影响,不仅导致投资者巨额的经济损失,也严重挫伤了投资者对资本市场的信心。

研究表明,会计操纵型收入舞弊是财务造假的典型手法,主要表现就是滥用准则,通过选择对自身更有利的会计政策进行估计和判断,提前确认收入以达到操纵和粉饰经营业绩的目的。

"在这种情况下,会计人员更要毫不动摇地坚持准则,切实履职尽责。"夏春梅说。

随着信息技术的日新月异,新的商业模式层出不穷,夏春梅认为,这对会计人员的执业能力提出了更高的要求,即不仅需要懂财务,还要懂业务和信息技术。

"业财融合"不再是一句口号、一个愿景,而是对会计人员的迫切现实要求。会计只有不断向前端延伸,真正地了解业务、深入业务、融入业务,才能更加精准地反映业务、服务业务、牵引业务。

在数字经济时代,数据已成为一种新型生产要素,会计与信息技术持续融合,"大智移云物区"在会计领域得到广泛应用。

古语道,非学无以广才,非志无以成学。夏春梅表示:"会计人员需要坚持学习、与时俱进,不断调整知识结构,一专多能,大力提升综合能力素质,向着专业化、复合型、职业化目标不断迈进。"

资料来源:"三坚三守"是会计行业"指南针"[EB/OL]. 中华人民共和国财政部,2023-10-18.

4.3 本章小结

本章主要涉及国际会计师职业道德基本原则、我国会计职业道德规范及其在新时代的发展。一方面,国际会计师联合会(IFAC)发布的《国际会计师职业道德守则》中包含了五项基本原则:诚信、客观公正、专业胜任能力和勤勉尽责、保密以及良好职业行为。这些原则在数字环境下不会过时,但应用会发生变化。具体来说,随着颠覆性技术的出现,会计职业道德的具体内容可能会发生改变。另一方面,本章还介绍了我国会计职业道德规范的发展历程。在2023年首次制定全国性的会计职业道德规范之前,我国已经存在一些会计职业道德规范,但这些规范大多是由行业协会、学术机构或财政部等部门发布的行业自律规范。随着新时代的到来,2023年发布的新时代会计职业道德规范将更有助于推进会计诚信体系的建设,提高会计人员的职业道德水平。总之,会计职业道德的发展是一个与时代相适应的过程。国际会计师职业道德守则以及我国的会计职业道德规范的制定和更新,旨在推动会计行业的规范发展,提高会计人员的职业道德意识和水平,以适应新时代的要求和挑战。

关键术语

诚信	坚持准则
客观公正	提高技能
专业胜任能力和勤勉尽责	参与管理
保密	强化服务
良好职业行为	坚持诚信,守法奉公
爱岗敬业	坚持准则,守责敬业
诚实守信	坚持学习,守正创新
廉洁自律	

课堂讨论

1. 如何通过会计职业道德的培养和引导,使会计人员能够积极践行社会主义核心价值观,传承和发扬社会主义核心价值观在会计实践中的具体体现?

2. 如何理解会计职业道德在培养会计人员家国情怀与为人民服务意识过程中的作用?

3. 讨论一下数字技术对会计职业道德的影响,如数据安全和隐私保护、人工智能在决策中的应用等。你认为会计专业人士应如何适应和应对这些挑战?

4. 请讨论会计人员如何在实际工作中应用和落实"三坚三守"?

情景练习

我要怎么做？

我是一家大型企业的高级会计师，负责处理公司的财务报表和敏感信息。在我的手上，有一份重要的财务报告，其中包含了公司未来的战略计划和市场竞争的关键数据。我的上级要求我将这份报告保密，并且不能向其他部门或员工透露其中的内容。然而，我意识到这份报告的信息对公司其他部门和员工来说是至关重要的。他们的决策和工作需要依据这些信息进行调整和规划。同时，我也发现其中存在一些潜在的财务风险和违规行为。在这种情况下，我面临着保密与透明之间的道德抉择。我应如何应对？

（1）严格遵守上级的要求，将报告保密，并不向其他部门或员工透露其内容。这样做可以避免与上级发生冲突，同时也遵循了保密的职业原则。

（2）将报告中的重要信息和风险问题与相关部门的负责人进行秘密沟通，以确保他们了解并能够采取相应的措施。这样做既保护了保密性，又兼顾了公司其他部门的利益。

（3）将报告中的重要信息和风险问题向公司的内部审计部门进行匿名举报，以便他们可以进行调查和审核。这样做可以确保公司内部对潜在风险有所了解，同时也保护了自己的身份。

（4）向公司的高级管理层提出自己的担忧和建议，解释报告中存在的风险和违规行为，并提出透明和合规的解决方案。这样做可以促使公司高层重视问题，并采取相应的行动。

请问我要怎么做？可从上述选项中选择，也可提出选项未涉及的做法，并简要说明理由。

资料分析

资料 4-1：以红岩精神的智慧优化会计人员的工作方式

金荣安（2016）认为，会计人员职业道德本质上包括两个方面的内容，道是对会计人员的职业技能和方法技术的要求，德是对精神品质的要求，二者缺一不可。红岩精神有敢于斗争的精神品格，也有善于斗争的智慧技巧，归纳提炼其中蕴含的政策理念、管理手段，将其嵌入财会行业，可以从一定程度上优化会计人员的工作方式，助力会计人员提高"道"的水平。

1. 团结多数的统战思维

在企业中营造财务部门与其他部门的和谐关系。"以诚相待，团结多数"是南方局先辈们首创的统战方针。周恩来同志倡导"六月风荷"的政治品格，是旨在保持坚定立场的前提下去广交朋友。他强调："要有宽大的胸怀和气魄，要能容纳各种各样的人""要与群众接近，不自视清高、不袖手旁观"。南方局上下非常重视与各党派民主人士的联系，团结他们参加抗日斗争，并为解放战争的胜利创造了有利条件。

财务部门与其他各个部门都联系密切，大量数据信息向财务部门汇聚，经过分析审核后又向整个企业流通。作为企业重要的组成部分，营造团结和谐的人际关系有助于会计人员顺利开展工作。会计人员在进行审核等工作时态度傲慢、效率低下容易引起其他部门同事的不满，难以构筑和谐的工作环境；以个人标准或部门的风险喜好否定业务部门的申请方案，也不利于企业共同目标的实现。会计人员应耐心指点同事，如流程提报、报销申请等问题，如需告知否定意见，应讲清楚具体原因、提供修改方案，做到在监督中服务、服务中监督，形成团结协作、配合密切、真诚互助的企业氛围。

2. 南方局领导的表率作用

以榜样力量构建会计人员统一的价值观。国民政府曾专门为周恩来同志配备了一辆黑色轿车，虽是专车，但周恩来同志却从未专用，他嘱咐：有需要均可用车，尽可能为大家提供方便。皖南事变后，周恩来同志面对危局庄严地宣告："要牺牲，我们一起牺牲！"作为南方局的领导人，周恩来同志总是把自己与群众融为一体，以严于律己、不搞特殊的政治本色，彰显着榜样的力量，润物细无声地感召着其他同志为革命事业一同奋斗。

会计工作与公司利益、社会公众利益均联系密切，管理层应该重视引导会计员工与企业在价值观上达成统一。企业的领导干部也应该以身作则，加强自身修养、为员工树立榜样。推行人本化的管理模式，设身处地去为员工着想，尊重并信任会计人员，在思想上达成"共识"，在报酬上体现"共利"，对员工的辛勤工作给予肯定。要转变会计员工的心理定位，从"普通业务员"到"参与管理"，从"置身事外"到"荣辱与共"，助力推动资源合理使用，提高单位的管理水平，提升单位的经济运行效益。

3. 狱中八条的警钟长鸣

建立并完善会计人员的约束机制。《挺进报》事件使得重庆的地下党组织受到重创，多个主要领导干部的叛变是导致破坏势头难以遏制的根本原因。狱中同志将惨痛的教训总结为八条意见，以警示革命后人。"狱中八条"包括：防止领导成员腐化；重视党员尤其是领导干部在经济、恋爱、生活上的作风问题；对叛徒特务要严惩不贷，强调了队伍中作风建设与约束监督的重要性。

会计人员长期与钱打交道，掌管着公司的财务信息，容易利用职务之便损公肥私，损害集体利益。面对财务岗位的自有风险，企业首先要建立健全内控制度，并确保其得到了有效的执行与监督。领导层不能以应付上级或外审机构的检查为出发点设立内控制度体系，应该针对企业真实的情况，覆盖所有的业务环节去搭建内部控制体系，否则即使内控的内容再严谨，也形同虚设，没有可执行性。其次要重点关注授权与审批环节，不能想当然地简化相关流程。再次要加强资金的管理，确保资金的用之有效；加强预算的管理，减少浪费资金的行为。最后要营造积极正面的社会氛围，强化执法力度，提高监管水平，执法必严、违法必究，大力提高会计造假、违法的成本，树立起"红线"的严肃性和震慑力。

4. 关心盐价的见微知著

挖掘财务数据背后的信息、加强财务风险防范意识。解放后，周恩来同志公务繁忙，家中收支都交由司机杨金铭管理。一日周恩来同志听闻买盐的花销多了1分钱，有些疑惑。见过收据后，周恩来同志跟北京市的相关部门通了电话，查明了涨价原因：卫生局在食用盐中加碘以预防市民患上大脖子病，使得食用盐价格有所上涨。周恩来同志告诉司机："我并不是在意多开支的那分把钱，而是因为食盐是千家万户都要使用的消费品，不能随意涨价。"周恩来同志通过家庭开支去了解社会上的市价民情，这样见微知著的敏锐有助于会计人员挖掘数据背后的深度信息、增强在细节中防范风险的意识。

专业知识和工作经验影响着财务人员对数据和形势的敏感度，因此需要夯实会计人员的基础知识，学习了解业务流程。目前基础的核算工作都可以由计算机完成，日常业务也只需要会计人员运用既定的借贷理论去处理，从而对数据内部的勾稽关系缺乏重视，更不愿深度去了解业务流程与原理，这样只追求结果、无视过程的行为，会丧失会计人员应有的敏锐性。面对财务指标的变动，不能感性判断和笼统归因，要用真实数据说话，不盲目下定论。见微知著还要求会计人员从细节里摸索出风险变化的趋势。风险的发生并非无迹可寻，善于捕捉异常的蛛丝马迹，总结规律积累经验，利用现有的信息化手段，最大限度地开发出数据的价值，有助于会计人员识别风险,及时进行风险预警。

5. 勇拒中央的撤退指令

杜绝盲从,坚定会计人员客观独立的立场、制定合理的沟通方式。皖南事变后,中共中央紧急命令叶剑英、周恩来等重要干部在最短期限内离开重庆。面对上级急电,周恩来同志并未盲从,而是选择先冷静下来对国共合作形势和抗战整体局面进行系统的分析,并作出判断:"重庆阵地之重要,和向国民党顽固势力展开政治进攻的需要",此时应坚守阵地,以待转机。遂反复与党中央沟通,阐明不能撤退的理由。最终,党中央同意了该意见,并提出了"政治上全面攻势,军事上守势"的斗争策略。

在战争年代,"盲从上级"也许会付出生命的代价,在和平年代,"盲从上级"会阻碍建设事业的发展。会计人员在面对领导授意或施压,要求进行财务数据造假时,应该勇敢说"不",坚定客观独立的立场。"客观"作为会计人员职业道德一直以来追求的目标,最基本的要求就是在履行会计职能时,对所有会计事项进行的确认、核算、监督都不掺杂任何个人的主观意愿,皆以真实发生的交易或事项为凭据;"独立"需要会计人员不盲从上级领导的错误指示,坚持自我的原则,恪守依法办事的要求,不弄虚作假,不掩盖不正当的行为。如此才能规范、准确地反映企业的财务经营状况,提供相关财务报告,维护好利益相关者的权益,为经济运行的良好环境坚守自己的岗位。沟通是传递信息的桥梁,也是维系情感的纽带。业财关注的重点不同,容易导致双方都陷入固有思维,引起沟通不畅,甚至产生嫌隙。运用科学的沟通方式,首先要转变沟通时对角色的定位,财务部门应该成为企业价值的管理者,业务部门的合作伙伴;沟通时从"重监督""重控制"向"重服务""重支持"转变。其次要在事前做一些预防性沟通,帮助业务人员有针对性地与客户打交道;在事后做一些指导性沟通,不要只告知财务结果、抛出问题,例如,若利润下滑,应一起探究原因,给予业务人员指导、提供改善方向。

资料来源:王海兵,徐孟瑶. 会计职业道德建设|王海兵 徐孟瑶:红岩精神对我国会计人员职业道德建设的启示[EB/OL]. 财务与会计,2023-05-16.

讨论题:

1. 结合上述资料,总结如何以红岩精神的智慧优化会计人员的工作方式?
2. 请论述红岩精神对会计人员提升会计职业道德水平的重要性?
3. 红岩精神在新时代会计道德困境中如何传承和发扬?

资料 4-2:数字经济时代的会计职业道德准则建设

迎接数字时代,激活数据要素潜能,认真研究和深入把握会计职业道德发展趋势和规律，推动数字经济时代的会计职业道德准则建设。

1. 数字经济时代的商业模式

数字经济已渗透到人们的日常工作与生活中，也影响着国家治理、社会治理、公司治理的进程，对于实现共同富裕、提升国家治理能力现代化、促进社会道德进步、提升企业效率发挥着越来越重要的作用。数字经济浪潮中，市场的进入障碍被破解，跨界竞争正在成为新趋势。在5G、数字化、人工智能、区块链等技术的赋能下，企业发展已经可以跨越各种边界，用户与售卖者、管理者与打工者、供应商与项目主体等都已没有明确的边界。数字经济正在广泛而深刻地影响和改变着人类社会。

数字技术正在改变人们的生活方式、出行方式、社交方式、沟通方式、管理方式以及社会的组织形态、企业的商业模式。面对变化多端、纷繁复杂的商业环境，应该认真分析研究，抓住商业模式的本质，深入探究数字经济时代下的商业模式变革。

(1) 免费引流。数字经济时代崛起的一大批企业，其经营逻辑与传统工业时代的企业相比发生了根本改变。我国具有代表性的数字化企业，如百度、阿里巴巴和腾讯。百度是提供搜索服务的公司，但不以搜索赚钱；阿里巴巴是电子商务公司，其下属的电子商务平台淘宝是其最主要的交易平台，主要为支付宝、蚂蚁金服引流；腾讯是提供社交服务的公司，但是 QQ 和微信都是免费的，主要为微信支付、游戏平台引流。而我国大部分传统企业仍然是靠产品和服务赚钱，当碰到这种免费、跨界的竞争对手之后，几乎没有应对之策。在数字经济时代，当互联网将整个世界连接在一起之后，过去传统、简单、线性的产业链被重新有序重组，取而代之的是以消费者为核心的更加高效的各种生态系统。

(2) 共享经济。共享经济是指拥有资源所有权的单位或个人将资源的使用权有偿转让给其他单位或个人并获取相关的报酬，其他单位或个人通过分享资源来创造价值，是一种源自互联网技术实践的新业态。在共享经济模式下，凭借互联网技术，传统商业模式被颠覆，"使用即拥有"的传统商业模式被共享理念所取代，社会经济进入了全新的"互联网+"发展阶段。从共享单车、共享雨伞再到共享充电宝、共享住宿、共享数据，共享经济已充斥在我们工作、生活的各个方面。而且，共享经济的快速发展开拓了新的就业渠道，出现了一大批新职业，为社会提供了数以亿计的就业岗位，在增加劳动者收入方面发挥了重要作用。

(3) 跨界经营。在数字经济时代，行业的边界被数据和算法击穿，数据和算法能力可以为企业迅速积累行业经验；对企业来说，无论是客户、技术还是资本资源，在社会上都比较容易获得。因此，跨界现象已经越来越普遍，跨界经营成为必然。如今的跨界合作模式通过把两个或多个不同的业态进行创新碰撞，达到"吸睛"的效果。跨界的从来不是同行业的企业，跨界者以前所未有的创新速度，从一个领域进入到另一个领域。打败一个企业的大都不是同行，很可能是与该企业不相关的其他行业的企业。例如，使康师傅、统一方便面销量锐减的不是同行的竞争，而是美团、饿了么等外卖企业；使口香糖销量锐减的也不是同行的竞争，而是智能手机的广泛使用。

（4）平台赋能。平台赋能是指为满足所有客户群体的需求，连接两个或多个特定群体，为其提供互动机制，并从中得到收入的商业模式。平台赋能省去了中间环节，使供需直接对接，数据传递更为流畅，供应方能够更加准确地捕捉到需求方的喜好，需求方也能参与到供应方的设计和生产过程中去，使价格回归真实价值。数字经济时代，当空间限制和流量限制打开之后，用户数量众多的"平台"作为一种新兴模式，正在改变着人类的商业行为与生活方式。海量的客户数据，低廉的边际扩张成本，以免费内容与服务获取客户，再以其他增值服务获取收入的商业模式，使企业能够迅速进入别的产业，而传统产业企业既有的商业模式和成本结构难以与之竞争。很多成功案例告诉人们，掌握平台就是掌握了客户、掌握了未来。

（5）简单便宜。简单是指通过技术上的变革使得产品和服务做得更简便，产品和服务逻辑顺畅，交互、视觉设计清晰，乃至架构设计清晰，不需要烦琐的说明和流程，追求极致的用户体验。就人们的心理需求而言，未来的产品不是把功能变得越来越多、越来越强大，而应是越来越简单、越来越容易使用。同时，也正因为这种简单、易操作，使用户变得越来越多。产品功能简单后，其价格就会越来越便宜，可以通过降低成本和利用技术简化、优化等手段使产品变得更便宜，也可以通过改变整体成本或者收入结构从而让产品变得更便宜。便宜不是简单的降价，其本质上是通过降低成本、优化商业模式来和用户实现双赢。

2. 数字经济时代的会计职业道德准则

数字经济时代下，会计人员除继续遵守传统的会计职业道德准则，如爱岗敬业、诚实守信、廉洁自律、客观公正、坚持准则、提高技能、参与管理和强化服务等外，对于受数字技术和新商业模式影响而新出现的、体现数字经济时代特征和特定要求的会计职业道德准则，也应严格遵守。

（1）以人为中心。会计工作的出发点和落脚点应以会计人员为中心，保护会计人员的尊严、利益和价值主体地位，确保大数据、区块链、智能会计等数字技术使用与人类的基本价值取向相同。会计工作应始终坚守服务人的道德底线，以服务于人类追求幸福生活为导向。对数字技术的发展不能仅停留在实现现实利益层面，而应通过推动人类社会的根本变革，实现人的全面发展。数字技术在会计领域中的使用不得侵害基本人权，而应用于改善会计人员的工作环境，使会计人员减少加班加点、减轻压力。为了防止过度依赖数字技术、恶意使用数字技术操纵会计行为，需要把握以下原则：首先，数字技术可以代替会计人员的部分工作，减少工作时间，提升其能力和创造性；其次，会计人员自己可以判断和决定如何使用数字技术以及由此带来的后果和责任，根据问题性质在工作过程中恰当分配；最后，防止出现"信息弱者"和"技术弱者"群体，减轻会计人员对未来失业的恐惧。

（2）零信任为前提。数字经济越发展，商业信任需求也将会越严格。全面维护和提升商业信任，应回归数字经济时代信任的基础——零信任。零信任是指没有默认的信任，必须要经过验证才能信任；没有永久的信任，必须要持续观察，确保个人的行为不越权，或者说不与个人所在组织的行为基线发生偏移。零信任是从不信任到信任的过程，只有以不信任为出发点持续努力、不断完善，才能确保建立充分的信任。会计人员取得的外部和内部数据应以身份确认为基础、业务安全访问为前提、持续信任评估为手段、动态内部控制为保障，确保数据是合法、真实、安全和可信任的。应以零信任为前提建立一个数据合法、安全的防御体系，将合法安全防护与企业经营管理结合起来，基于相关业务数据、管理数据等的相互关系，确定内外部数据取得程序的合法性、安全性和可信任性。

（3）个人隐私保护。在数字经济发展过程中，依据个人行为等数据的分析，可以高精度推断其政治立场、经济状况、兴趣爱好、身体状况等。当今，人数据是政府、企业、个人争相开发利用的一种资源。随着大数据技术的飞速发展，数据的收集、挖掘、利用、交易越来越方便，客观上需要会计人员加强对个人隐私的保护。数字化时代，公民隐私的数字化加剧了隐私的无形化，"看不见、摸不着"的数据的存储方式、传输速度、表现形式都发生了翻天覆地的变化，隐私数据在不经意之间即被侵犯甚至可能被泄露。因此，会计人员对于在会计工作中利用职权所获得的员工隐私信息要严肃对待：首先，企业在权限范围内使用员工的隐私数据，应保障不侵犯个人尊严、平等和自由；其次，确保正确、正当使用员工的隐私数据，并使员工本人能够因该隐私数据的使用而获益；最后，企业对员工隐私数据的使用应平衡好使用和保护之间的关系。

（4）数据安全保障。随着数据活动在生产生活中的海量增加，数据安全问题越发凸显，给员工个人权益、产业健康发展甚至国家安全带来诸多风险。应确保政府、企业、员工各类数据的合法、安全、可控。对于数字技术在会计核算和监督中的应用，应当进行使用与安全的权衡与比较。如果使用可能危及数据安全的某一项数字技术，企业应采取事前评估、事中果断叫停和事后补救等措施。会计人员在会计核算和监督中应用某项数字技术时，应合理把握利益与安全之间的平衡关系，保障政府、社会、企业和员工数据的安全性：首先，企业应正确评估及降低某项数字技术的应用风险、推进深度应用风险和全过程的风险管理；其次，企业应重视数据使用的完整性和客观性，不应依赖不全、不实数据得出结论，导致数据误导使用者；最后，企业应提高会计人员的数字素养，科学、合法收集、挖掘、分析、利用数据，确保数据的安全性。

（5）公开公平客观。在数字经济时代，数字技术在研发、设计、制造、应用等各个环节的应用，以及诸如人工智能的算法、参数、设计目的、性能、限制等相关情况，都应当是公开透明的，不应该使用过时、不准确、不完整或带有偏见的数据，以避免大数据、人工智能对特定人群存在偏见和歧视。会计人员将数字技术应用于会计核算和监督中时，应坚持公开、公平、客观原则，并说明相关的使用责任：首先，在工作中应用数字技术，不因员工的国籍、年龄、性别、肤色、宗教等给予不同的对待；其次，应确保数字技术正确运行，使用的数字技术公开，数据获取及使用合法；再次，根据公平原则，应设置对话沟通的渠道，使员工能够理解和相信数字技术应用及数据的客观性；最后，应保障数字技术应用的可信赖程度。

资料来源：秦荣生. 数字经济时代的会计职业道德准则建设［EB/OL］. 财务与会计，2022-06-27.

讨论题：

1. 结合上述资料，总结数字时代的会计职业道德准则。

2. 结合上述资料，分析在数字经济时代，原有会计职业道德规范是否仍旧适用？并说明理由。

3. 作为一名财务人员，你将如何在实践中践行数字时代会计职业道德准则？

资源推荐

- **网站资源**

    安永：www.ey.com

    德勤：www.deloitte.com

    东方财富网：www.eastmoney.com

    普华永道：www.pwccn.com

SAP：www.sap.com

金蝶：www.kingdee.com

用友：www.yonyou.com

- **公众号资源**

    中国会计学会（微信号：Accounting-China1）

    财政部（微信号：mofczb）

    ICAEW（微信号：ICAEW_Students）

    MPAcc 教育发展智库（微信号：MPAcc-Education）

    普华永道（微信号：PWCCHINA）

    ACCA 特许公认会计师公会（微信号：ACCA_China）

    中国商业会计学会职业教育分会（微信号：CBAI-VE）

    财资一家（微信号：Treasury China）

    中国注册会计师协会（微信号：CICPAWX）

第 5 章

新时代会计职业道德概念框架及应用

 **学习目标**

1. 理解会计职业道德概念框架的含义及作用。
2. 掌握会计职业道德概念框架的应用。

【识别二维码
获取本章 PPT】

 引 例

财务人员的德才兼备如何修炼

作为财会人员,"德才兼备"才是理想的标准。如果财会人员用品德和能力垒一座金字塔,道德素质必然位于塔的最底部,是根基所在。如果没有良好的职业道德,业务水平越高,就越有可能给企业造成更大的损失。道德素养对于财会人员职业发展有哪些重要性?财会人员应当如何修炼品德、守住底线?就此问题,记者采访了两位业内专家。

1. 经得起考验很重要

在中远关西涂料化工有限公司财务总经理张晓峰看来,社会各界之所以更强调财会人员的职业道德素养,关键在于其职业特点。"财务报告是一个主体资金和经济活动的反映,是投资者决策的重要参考。"他表示,如果财务报告不真实,将导致一系列不良后果,小到误导个人决策,大到影响国家宏观决策。因此,财会人员必须以诚信为本、操守为重,遵循准则,不做假账,保证会计信息的真实性和可靠性。

拥有 10 余年从业经验的财会人员沈伟同样表示,财会人员的生存发展之道以"德"为先、为主。"诚信"是财会工作中的基础道德规范,也是财会人员在行业内的口碑标杆。近些年,国内外一系列财务造假事件引起业内广泛关注。在信任危机之下,财会人员更应当坚守职业道德,确保工作的准确无误,将会计信息内容客观真实地反映出来。

张晓峰告诉记者,在日常工作中,"人情关""压力关""诱惑关""无知关"都是考验财会人员的重要关口。他进一步解释道，人情关是指在财务处理上，不依制度和准则，受人情的影响；压力关是指受到上级或业绩等各方面压力；诱惑关是指抵挡不住诱惑，自甘堕落；无知关是指专业不扎实，导致工作出现问题。

"作为财会人员，'有才无德'是危险品，'德才兼备'才是精品。拥有良好的品德才能做到在钱、权、利的诱惑面前不为所动，才能控制住私心及'一闪念'。财会人员因所处位置的重要性，其道德素养对企业的发展至关重要。与钱打交道，应当努力做到公私分明，自律且正派，千万不要'一失足成千古恨'。"沈伟补充道。

为贯彻落实党中央、国务院关于加强社会信用体系建设的决策部署，推进会计诚信体系建设，提高会计人员职业道德水平，财政部研究制定了《会计人员职业道德规范》（以下简称《规范》）。对此，张晓峰表示，《规范》中的"三坚三守"是文件的核心词，也是财会人员应高度重视、内化于心、贯彻落实的职业要求。在当今社会，道德素养已成为考察财会人员的重要因素，也是培养新时期财会人员的新方向。在提升自身业务能力的同时，财会人员应守住道德底线，用实际行动为行业"攒人品"。

2. 持续提升道德素养

职业道德素养是每个财会人员一生的课程。沈伟认为，在财务人员的选拔和考察过程中，"德"先于"才"，先有了良好的职业道德素养，才能在以后的工作中"以德养才"，逐步实现"德才兼备"。

在张晓峰看来，要成为一名"德才兼备"的财会人员，需要持续学习，不断提升认知。一方面，要认识到道德素养是做人的根本，是根植于潜意识中的行为准则。与其说道德是一种品质，不如说是一种智慧，也可以说是聪明的"自私"。这种智慧，对于财会人员尤其重要。另一方面，要注重学习提升专业技能和业务水平，与时俱进，跟上时代的发展与变化。

沈伟进一步表示，良好的从业环境对于财会人员而言至关重要。财会人员作为行业的重要参与者，与行业环境息息相关、相互影响。行业的诚信度和良好氛围，不仅需要财会人员重视道德素养，抵挡住外界的诱惑，同样需要良好的经济、法治环境和规范的行政措施共同营造。"良好的行业环境能够更好地培养出高素质财会人员队伍。在此基础上，能进一步推动财会工作高质量发展，产生积极有利的影响。"沈伟说。

"《规范》对会计人提出的要求共24个字，虽然简短，但是务实。"张晓峰结合《规范》内容说。"三坚三守"相辅相成，坚持诚信是根本，坚持学习提升会计专业能力是坚持准则的前提之一。"财会人员执行遵守职业道德规范的过程中可能会遇到一些现实问题，需要有关部门强化配套制度，推进贯彻落实。"张晓峰建议，一方面，建立举报、听证、监察等机制，加大违反职业道德成本；另一方面，对因坚持准则而受到打击报复的财会人员建立保护机制，保障其职业和生计不受影响。

"社会经济高速发展对会计环境的复杂性和多元化要求不断增加,财会人员的职业道德素养成为行业发展的重要'推进剂'。"对此,沈伟表示,财会工作者应不断加强学习会计理论知识,会计管理者做好"领头羊"的工作,树立标杆,在加大力度宣传行业道德知识的同时,以身作则,公平、公正地对待每一个人、每一项工作任务,以此推动行业进一步发展。此外,财会教育工作者在教书育人的时候,要时刻铭记会计道德准则,在传授理论知识的同时,树立良好的职业道德,言传身教。

资料来源:翟梓琪. 财务人员的德才兼备如何修炼 [N]. 中国会计报,2023-02-12.

5.1 会计职业道德概念框架

5.1.1 会计职业道德概念框架的核心程序

国际会计师联合会(IFAC)于 2004 年首次发布了全面基于概念框架法(Conceptual Framework Approach)的职业道德守则。概念框架不仅是职业守则制定或推导的基本方法,也是职业会计师(单位会计人员与注册会计师)在具体情形下应用职业道德基本原则的决策方法,为职业会计师遵守职业道德基本原则、解决职业道德问题提供了基本思路与方法论指导。由于实务中的情形多种多样且层出不穷,如会计人员遇到会计准则未作出明确规定的情形,应当运用职业道德概念框架识别、评价和应对各种可能产生的不利影响。会计职业道德概念框架隐含了原则导向(principle-oriented)思想,包含以下三个核心程序:第一,识别对职业道德基本原则的不利影响;第二,评价不利影响的严重程度;第三,必要时采取防范措施消除不利影响或将其降低至可接受的水平(见图 5-1)。

1. 识别不利影响

会计人员识别不利影响的先决条件是对事实和情况有充分的认识及理解,事实和情况包括可能损害遵守基本原则的任何专业活动、利益和关系。范围广泛的事实和情况均有可能对遵守基本原则构成威胁,威胁可能属于以下一类或多类(见表 5-1)。

第 5 章 新时代会计职业道德概念框架及应用

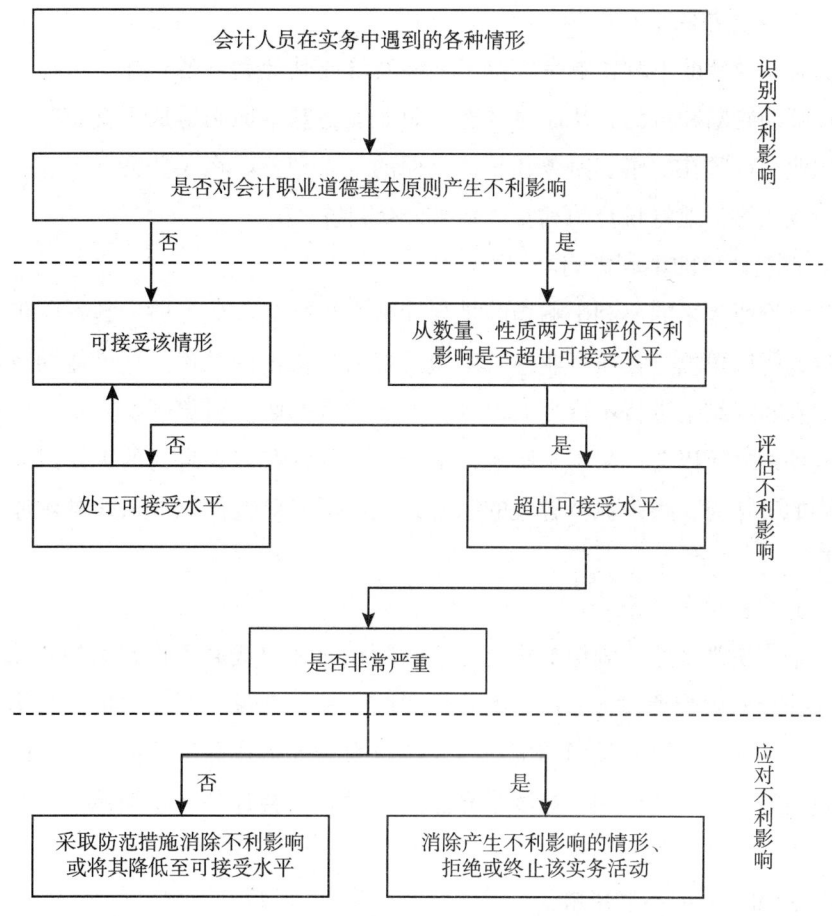

图 5-1 会计职业道德概念框架

表 5-1　　产生不利影响的因素类型及其具体情形

因素类型	产生不利影响的具体情形
自身利益	(1) 单位会计人员在工作单位中拥有经济利益，或者接受工作单位的贷款或担保； (2) 单位会计人员参与工作单位的激励性薪酬计划； (3) 单位会计人员将公司资产挪为私用具有可行性； (4) 单位会计人员接受工作单位的供应商提供的礼品或款待
自我评价	单位会计人员对收购决策进行可行性研究后，又确定该项企业合并的会计处理方法
过度推介	单位会计人员有机会操纵招股说明书上的信息以帮助工作单位融资
密切关系	(1) 单位会计人员负责工作单位的财务报告，而在同一单位工作的近亲属可以做出影响财务报告的决策； (2) 单位会计人员与工作单位中能够影响经营决策的人员存在长期业务来往
外在压力	(1) 当工作单位与单位会计人员或其近亲属在会计政策的选择和运用、财务信息的报告方式等方面存在分歧时，单位会计人员或其近亲属受到解聘或更换职位的威胁； (2) 上级主管试图影响单位会计人员的决策过程

(1) 自身利益的不利影响。

自身利益导致的不利影响是指由于某种经济或其他利益的存在，可能不正当地影响会计师的判断和行为，从而对其遵守职业道德基本原则造成不良影响。自身利益包括职业会计师在情感、财务和其他方面的个人利益。在某些情况下，会计师可能有意识或无意识地将自身的利益凌驾于公众利益之上。

(2) 自我评价的不利影响。

自我评价所带来的不利影响指的是会计师在执行当前业务时，其判断可能会依赖于自身或所属单位过去执行业务时所做的判断或得出的结论。这可能导致会计师对过去的判断或结论进行不恰当的评价，从而对遵循职业道德基本原则产生不良影响。自我评价之所以会产生不利影响，是因为会计师在审查自己的工作或同一单位其他同事的工作时，很难保持客观的态度，进而可能对遵循职业道德基本原则产生负面影响。

(3) 过度推介的不利影响。

过度推介所带来的不利影响指的是会计师在向客户或雇主推荐某种立场时，导致其客观公正原则受到损害而产生的负面影响。举例来说，当受雇单位与第三方发生诉讼、纠纷或需要进行反倾销辩护时，单位会计人员作为雇主的辩护人时，也可能产生过度推介的不利影响。过度推介主要会对职业会计师在遵循诚信、客观公正等基本原则方面产生负面影响。

(4) 密切关系的不利影响。

因密切关系所产生的不利影响是指会计师由于与客户或所在单位有长期或亲密的关系，导致对客户或所在单位的利益过于偏袒或过于赞同其工作，进而对遵循职业道德基本原则产生不利影响。这种密切关系可能导致会计师无法保持客观和独立的立场，影响其对待客户或所在单位的工作的公正性和中立性，从而对职业道德原则的遵循产生不利影响。

(5) 外在压力的不利影响。

外在压力产生的不利影响是指职业会计师由于实际存在或可察觉到的压力而受到影响，无法保持客观的行为，从而对遵循职业道德基本原则产生不利影响。这些外在压力可能来自工作环境、客户要求、时间限制、财务目标等方面。职业会计师可能因为这些压力感到迫切或被迫采取不符合职业道德原则的行为，从而影响其客观性和独立性。重要的是要认识到这些外在压力对职业会计师的行为产生的负面影响，并努力寻找合适的方式来减轻这些压力，以保持职业道德原则的遵循。

2. 评估不利影响

当专业会计师识别出对遵守基本原则的威胁时，会计师应评估这种威胁是否处于可接受的水平。

（1）可接受水平。

可接受水平是专业会计师使用合理且知情的第三方测试可能会得出的结论认为会计师符合基本原则的水平。

（2）评估风险水平的相关因素。

在专业会计师评估威胁时，对定性和定量因素的考虑是相关的。应考虑是否存在以下条件、政策或程序：

①公司治理要求；

②会计人员必需的教育、培训和经验要求；

③有效的投诉举报制度，使专业会计师和公众能够注意到不道德的行为；

④明确规定会计人员有义务报告违反职业道德的行为；

⑤行业或监管机构的监控和惩戒程序。

（3）考虑新信息或事实、情形的变化。

会计人员在整个职业活动中应保持警惕，如果新信息导致识别出新的不利影响，会计人员应当评价该不利影响并进行适当应对。

会计人员应当确定是否新信息或事实、情况带来了以下变化：

①不利影响的严重程度；

②会计人员就已有的财务防范措施是否仍然能够有效应对所识别的不利影响得出的结论。

3. 应对不利影响

如果会计人员确定已识别的不利影响对遵守基本原则超出可接受水平，则会计师应通过消除不利影响、将其降低到可接受的水平或拒绝或终止特定专业活动来解决不利影响。根据具体的情况和事实，一些不利影响可以通过消除产生该不利影响的情形来应对。然而，在某些情况下，不利影响的产生无法消除，即使采取防范措施也无法将其降低到可接受的水平。在这种情况下，唯一的应对方式就是拒绝或终止特定的职业活动。

拓展链接 5-1：苏格兰特许会计师协会制定的职业道德决策框架

《职业道德决策框架》为苏格兰特许会计师协会于 2015 年 11 月制定，旨在为特许会计师们应对和处理执业实践中职业道德问题提供一个决策指南，对于广大注册会计师们思考职业化问题，具有参考价值。

一、你是否陷入了道德困境？

通常，最困难的行动是认识到你陷入了道德困境。一旦认识到或确定，你就可以开始确定行动方案。

(1) 有什么事情让你感觉不对吗？

(2) 是否存在潜在的利益冲突？

(3) 你正被要求做一些你感觉不舒服的事吗？

(4) 你愿意为自己的行为辩护吗？

(5) 你有什么理由不应当作被提议或考虑的事情吗？

(6) 你在提议的行动中存在利益吗？或者你会从中受益吗？

二、你的道德困境是否与审计或其他类型的鉴证业务的独立性有关？

(一) 你在英国从事审计工作吗？

遵守英国财务报告委员会（FRC）审计师职业道德准则的要求。

苏格兰特许会计师协会（ICAS）职业道德守则第 290 节涉及审计和审阅业务的独立性。然而，从英国的视角来看，这是多余的，因为英国审计师必须遵守英国财务报告委员会（FRC）审计师职业道德准则，并不要求同时遵守守则第 290 节。

(二) 你从事海外审计工作吗？

遵守 ICAS 职业道德守则第 290 节的要求。

(三) 你从事慈善机构的独立检查工作吗？

你已超出 ICAS 职业道德守则第 290 节要求的具体范围。

遵守相应慈善机构监管者的独立性要求。

(四) 你从事审阅业务吗？

遵守 ICAS 职业道德守则第 290 节的要求（并考虑职业道德基本原则）。

(五) 你从事审计或审阅以外的其他鉴证业务吗？

遵守 ICAS 职业道德守则第 291 节的要求（并考虑职业道德基本原则）。

三、查明所有可获得的事实

（1）只有在收集和分析完所有相关信息后，才能作出与职业道德相关的判断。

（2）确定涉及或可能受到影响的各方。

（3）阅读所有相关文件，包括合同、协议、通信等。

（4）识别是否有需要考虑的相关或关联事项。

（5）考虑不确定性，以及其中的一些不确定性如何能消除。

四、考虑 ICAS 职业道德守则中的五项基本原则

ICAS 职业道德守则（简称"守则"）适用于所有 ICAS 会员、分支机构、学生、成员所①或分支机构的雇员，以及成员所。

守则建立了所有职业会计师都需要遵循的五项职业道德基本原则。

（1）诚信——在所有的职业和商业关系中，保持正直、诚实守信。

（2）客观公正——不得由于偏见、利益冲突或他人的不当影响而损害职业或商业判断。

（3）专业胜任能力和应有的关注——将专业知识和技能始终保持在应有的水平，在适应当前实务、法律和技术发展的基础上，确保客户或雇主获得具有专业水准的服务，勤勉尽责，遵守适用的职业准则和技术规范。

（4）保密——对因职业关系和商业关系获知的信息保密，因而，除非法律法规和职业规范允许或要求，不得在未经恰当且专门授权的情况下向第三方披露此类信息，也不得利用此类信息为职业会计师自身或第三方谋取利益。

（5）良好的职业行为——遵守相关法律法规，避免发生任何损害职业声誉的行为。

违反守则可能导致职业会计师受到纪律处罚。

五、守则中针对你所处的情形是否存在具体规定？

ICAS 职业道德守则分为四个部分，但其中任何一部分都有可能在相关情况下适用：

（1）A 部分适用于所有会员；

---

① 国际四大会计师事务所的国内所和其余国际会计师事务所（或会计组织）的国内所都叫作成员所。

(2) B 部分适用于执业会员；

(3) C 部分适用于工商业界会员；

(4) D 部分适用于破产业务从业者。

守则中对"应当"一词的使用，意味着要求会计师遵守使用"应当"一词的具体规定。

六、你的道德困境与税务业务有关吗？

参考《与税务有关的职业行为》。

七、你的道德困境与破产业务有关吗？

参考 ICAS 职业道德守则 D 部分。

八、是否有必须遵守的法律法规要求？

这些法律法规涉及的具体国家或地区。例如，在英国：

(1) 反洗钱法 [参考：ICAS 反洗钱指南及会计职业团体咨询委员会（CCAB）反洗钱指南]；

(2) 2010 年反贿赂法（参考 ICAS 出版物《2010 年反贿赂法常识指南》）；

(3) 英国 2006 年《公司法》；

(4) 查看其他可获得的权威会计文本以取得额外指导。

九、你考虑过对公众利益的责任吗？

职业会计师有责任考虑公众利益，维护会计职业的声誉。个人利益不得凌驾于这些义务之上。考虑的方面有：

(1) 谁是你的客户？

(2) 谁是可以影响你决策的关键方？

(3) 谁会受到你的决策影响？请注意，有必要考虑所有潜在的利益相关者。

(4) 你涉及的公众利益处于地方、区域、国家还是全球层面？

(5) 是否存在需要考虑的地理或文化上的问题？

(6) 是否存在"社会责任"方面需要考虑的问题？

(7) 你的建议或工作是否不受自身利益的侵蚀，并且不受其他方利益的影响？

(8) 你的决策"公平"和"平衡"吗?

(9) 你能向其他人证明你的决策吗?

(10) 你的行为的"理性且知情的公众的看法"可能是什么?(ICAS职业道德守则第100.1段)

(11) 你的决策后果如何影响你的个人或企业"品牌"?

(12) 你与客户的关系或你的决策后果可能会造成什么声誉损失?

十、是否存在需要考虑的报告或通报要求?

(一) 是否有内部报告机制?

(1) 是否有企业道德准则?

(2) 是否有必须由审计委员会或董事会等机构批准的审批或上报程序?

(3) 是否有内部举报政策/使员工畅所欲言的政策?

(二) 是否存在需要考虑的报告或通报要求?

参考:

(1) ICAS反洗钱指南;

(2) 会计职业团体咨询委员会(CCAB)反洗钱指南。

十一、考虑(如可行)与你的职业网络成员或ICAS会员讨论

与你信任的人讨论你的困境可能是有用的。但是,请确保遵守职业道德基本原则中的保密性原则,并考虑任何可能适用的"通报"要求。

留出足够的时间进行咨询。

十二、做出决策并记录你的决策过程

(一) 做出决策。

(1) 考虑并评估替代性行动方案的范围。识别任何自身利益和利益冲突,以确保判断的客观性。考虑判断过程中出现偏差的可能性,并在适当时对判断进行重新评估。

(2) 确保在做出决策时,你的行为是道德的,没有受制于不适当的压力。

(3) 考虑你是否愿意为自己拟采取的行动方案所产生的任何可能的声誉风险进行辩护。

(4) 通知客户或相关方你的行动方案(留意任何"通报"要求)。

(二) 记录你的决策过程,包括以下几个步骤。

(1) 问题概述。

> （2）考虑的相关道德标准/守则。
> （3）最终的判断/所做的决策。
> （4）当时已知的信息。
> （5）决策的时机。
> （6）考虑的替代方案以及为什么选择最终的解决方案、放弃其他选择的原因。
> （7）决策中的任何不确定性。
> （8）在做出决策时遵循的过程：采用并加以依赖的信息来源，进行的讨论，与谁进行的决策，以及决策的日期。
>
> 资料来源：职业道德决策框架——行业发展研究资料（No. 2017-3）[EB/OL]. 中国注册会计师协会，2017-07-10.

5.1.2 会计职业道德概念框架的强调事项

当运用概念框架解决职业道德问题时，职业会计师应该关注以下三个方面。

1. 运用职业判断

职业判断涉及对与具体事实和情况（包括特定职业活动的性质和范围，以及所涉及的利益和关系）相关的教育和培训、专业知识、技能、经验的运用。在从事具体职业活动的过程中，当职业会计师运用概念框架对可采取的行动做出知情的决策，并确定这些决策在具体情况下是否适当时，应当运用职业判断了解已知的事实和情况，职业会计师可能需要考虑下列事项：（1）是否有理由担心职业会计师已知的事实和情况可能遗漏了某些相关信息；（2）已知的事实和情况是否与职业会计师的预期不符；（3）职业会计师的专长和经验是否足以得出结论；（4）是否需要向具有相关专长或经验的人员咨询；（5）所了解到的这些信息是否能够为得出结论提供合理的依据；（6）职业会计师的先入之见或偏见是否可能影响其职业判断；（7）从现有可获得的信息中是否还可能得出其他合理的结论。

2. 对新的信息以及事实和情况的变化保持警觉

了解已知的事实和情况是正确运用概念框架的前提。职业会计师在确定为了获取这些信息有必要采取哪些行动,以及就职业道德基本原则是否得以遵循形成结论时,同样应当运用职业判断。职业会计师要对新信息、事实和情况的变化保持警觉,应对职业道德问题时,应当考虑产生该问题的具体事实和情况(包括特定职业活动的性质和范围,以及所涉及的利益和关系)。

3. 实施理性且掌握充分信息的第三方测试

除不合规风险清单(不利影响)和减少上述风险的策略清单(防范措施)外,概念框架还引入一项认知活动,即实施理性且掌握充分信息的第三方测试。第三方测试是检验会计师得出的结论是否客观公正的一种测试方法。具体来说,是指职业会计师应当考虑:假设存在一个理性且掌握充分信息的第三方,在相同的情况下是否很可能得出与其自身相同的结论。

在这里,理性且掌握充分信息的第三方不一定需要是职业会计师,但需要第三方具备相关的知识和经验,以使其能够公正地了解和评价职业会计师结论的适当性。若理性且掌握充分信息的第三方在权衡了职业会计师得出结论的时间和地点及了解的所有具体事实和情况后,仍认为该不利影响的严重程度超过了可接受的水平,那么就必须采取应对措施。

5.2 会计职业道德概念框架的应用

5.2.1 主要压力事项

1. 利益冲突

利益冲突是指与单位会计人员所从事的职业活动有关的双方或多方之间存在利益对抗的情况,从而可能导致其职业判断偏离客观公正等职业道德基本原则。例如,单位会计人员的家庭成员有意竞标成为其所在工作单位的供应商,这种情况会给单位会计人员带来选择家庭成员而非其他供应商的压力。

(1) 对利益冲突的识别。

单位会计人员所面临的利益冲突通常可以分为两种基本类型:第一种是在某一特定事项中,单位会计人员作为职业活动参与方,影响了与该事项相关的两个或多个利益相关方之间的利益关系（以下简称为"第一类利益冲突"）；第二种是在某一特定事项中，单位会计人员自身的利益与其他相关方的利益存在冲突（以下简称为"第二类利益冲突"）。

第一类利益冲突的例子包括但不限于以下情形：单位会计人员同时在两家单位担任管理层或治理层职位，因此他们可能获得一家单位的涉密信息，并将其利用于对另一家单位产生有利或不利影响；单位会计人员同时为合伙企业的双方合伙人提供专业服务，如：协助解除合伙关系；单位会计人员为工作单位中正在寻求管理层收购的某些管理层成员编制财务信息。

第二类利益冲突的例子包括但不限于以下情形：单位会计人员负责为工作单位选择供应商，而其主要近亲属可能从该交易中获得经济利益；单位会计人员在工作单位中担任治理层职务，负责审批特定投资事项，而其中某项投资将增加其本人或主要近亲属的投资组合价值。

（2）对利益冲突的评价与应对。

根据 IFAC 和 CICPA（中国注册会计师协会）的要求，在面临利益冲突时，单位会计人员需要评估利益冲突可能产生的不利影响是否在可接受的范围内，并被鼓励主动向所在单位内部或其他人员（如专业机构、法律顾问或其他会计师）寻求指导。在进行单位内部的披露、信息共享或寻求第三方指导时，单位会计人员需要遵守保密原则。

通常情况下，如果采取防范措施后利益冲突产生的不利影响仍无法消除或降低到可接受的水平，单位会计人员应首先在单位内部寻求解决方法，如与上级商讨解决方案。如果在重大原则问题上仍存在分歧，应与更高一级的管理当局或治理层商讨解决方案。在尝试了所有解决方法后，如果问题仍无法解决，单位会计人员通常只能选择辞职。在辞职后，他们仍然需要履行保密义务，并向所在单位的适当代表提交一份备忘录作为记录。

当单位会计人员面临上述两类利益冲突时，应采取以下措施以消除或降低不利影响至可接受水平：①退出与利益冲突事项相关的决策流程；②对责任和义务进行重新规划或分离；③引入适当的监督机制。

在披露和获取同意方面，根据 IFAC 和 CICPA 的要求：①向相关方（包括受到冲突影响的单位内适当层级的人员）披露利益冲突的性质及如何应对产生的不利影响；②如果已采取防范措施来对抗不利影响，需要在取得相关方同意的情况下继续从事职业活动。如果单位会计人员有充分证据表明各方从一开始就知晓有关利益冲突的情况，并且没有对已存在的冲突提出异议。这种情况下，各方的行为可能已经暗示其同意接受已存在的利益冲突。

如果披露或同意并非以书面形式进行，单位会计人员应记录以下事项：①利益冲突情况的性质；②用于应对不利影响的防范措施；③已取得相关方的同意。这样的记录将有助于维护透明度和可追溯性。

2. 利益诱惑

利益诱惑是指通过物质、情况或行为对他人产生影响，这种影响可能存在或不存在不当的意图。当面临利益诱惑时，单位会计人员会面临各种压力，这些压力可能来自同事，例如，要求接受贿赂或其他形式的利益诱惑（如在竞标过程中接受潜在供应商的不当礼品或款待）；也可能来自工作单位之外，例如，要求提供利益诱惑以影响个人或组织的判断或决策。法律法规可能在特定情况下禁止提供或接受利益诱惑，这些情况包括反腐败和反贿赂的法律法规，单位会计人员应了解并遵守这些法律法规。然而，即使法律法规没有明确禁止，在某些情况下，单位会计人员提供或接受利益诱惑仍可能对职业道德基本原则产生不利影响，特别是对可能影响诚信、客观公正和良好职业行为原则的遵循。因此，单位会计人员需要特别注意在面对利益诱惑时如何维护职业道德，以确保其行为符合职业准则和职业道德的要求。

（1）对含有不当影响意图的利益诱惑的识别、评价与应对。

IFAC 和 CICPA 的规定明确指出，单位会计人员不得提供、接受或指示他人提供、接受任何被自身或其他理性并具备充分信息的第三方认为具有不当影响意图的利益诱惑。在确定是否存在不当影响意图时，单位会计人员需要综合考虑以下因素，并进行职业判断：①利益诱惑的性质、频繁程度、价值和累积影响；②提供利益诱惑的时间，并结合该利益诱惑可能影响的行动或决策来考虑；③利益诱惑是否符合具体情形下的惯例或习俗，例如，在节日或婚礼上赠送礼品；④利益诱惑是否从属于专业服务，例如，提供或接受与商务会议有关的午餐；⑤所提供的利益诱惑是仅限于个别接受方还是可以提供给更为广泛的群体，更为广泛的群体可能来自工作单位内部或外部，如其他客户或供应商；⑥提供或接受利益诱惑人员的角色和职位；⑦是否知悉或有理由相信接受该利益诱惑可能违反交易对方所在单位的政策和程序；⑧提供利益诱惑的透明程度；⑨该利益诱惑是否由接受方要求或索取；⑩利益诱惑提供方以往的行为或声誉。

根据 IFAC 和 CICPA 的规定，单位会计人员需要运用职业道德概念框架对不含不当影响意图的利益诱惑所带来的不利影响的严重程度进行评估。为了消除这些不利影响，单位会计人员可以采取以下措施：①拒绝接受或提供利益诱惑；②将涉及交易对方的业务决策责任移交给其他人员，并且单位会计人员没有理由相信该人员在提供专业服务时可能会受到不利影响。

以下具体应对措施可以将不利影响降低至可接受的水平：①就提供或接受利益诱惑的事情，与自己单位或交易对方单位的高级管理层或治理层保持透明；②在由自己所在单位或交易对方单位维护的记录中登记该利益诱惑；③针对向单位会计人员提供利益诱惑的个人或组织，由未参与提供专业服务的适当复核人员复核自己的工作或作出的决策；④在接受利益诱惑之后将其捐赠给慈善机构并披露该事项，如向单位的治理层或提供利益诱惑的人员披露该项捐赠；⑤支付所接受利益诱惑（如款待）的价值；⑥在收到利益诱惑（如礼品）后尽快将其返还给提供者。

（2）对单位会计人员近亲属接受或提供利益诱惑的识别、评价与应对。

当出现下列情况时，表明可能存在不当影响单位会计人员自己或交易对方行为的意图：①单位会计人员的近亲属向与单位会计人员存在业务关系的交易对方提供利益诱惑；②与单位会计人员存在业务关系的交易对方向单位会计人员的近亲属提供利益诱惑。单位会计人员应当建议其近亲属拒绝提供或接受此类利益诱惑。

在确定是否可能存在不当影响意图时，需要考虑下列人员之间关系的性质和密切程度：①单位会计人员与其近亲属；②近亲属与交易对方；③单位会计人员与交易对方。例如，当单位会计人员与某交易对方正就某项重要合同展开谈判，而该交易对方向单位会计人员的配偶提供正常招聘流程之外的就职机会，就可能表明存在不当影响意图。

拓展链接5-2：身为会计人，一定要禁住诱惑

30岁的钱某是南通一家公司的女会计，孩子已有6岁多，但她非常注重保养容貌，1万1针的美容针打了20余针，花数十万去整容，打瘦腿针、做双眼皮修复，买各种奢侈品装扮自己。当无法支付高昂的费用时，她将"贼"手伸向公司，侵吞近150万元公款。2017年5月31日，钱某被南通港闸警方依法逮捕。

1. 痴迷美容把公司当成了提款机

2016年8月，青年女子钱某通过58同城网找工作，发现南通港闸一家

企业招聘现金会计，她应聘成功，成为公司行政人员，每月收入3000元左右。她丈夫也是一名普通打工人员，平时收入也不高，还有一个6岁的孩子，但凭两个人的收入本分居家过日子还是没问题的。可钱某内心一直渴望能保持少女状态，总觉得自己先天容貌普通，幻想着能通过后天整容，成为倾国倾城的美人。于是，30岁的钱某经常出入美容院，钱包很快就捉襟见肘了起来。

2017年2月，钱某在与同事闲聊时听说公司财务账目混乱，有空子可钻，此时她整容急需用钱，于是动起了歪脑筋。这天，钱某想起前任会计留给她几张盖好法人章和公司财务章的空白支票，便私下填写一张1万元支票，到银行取现后用作美容，公司竟然没有发现。这下，钱某胆子越来越大，多次私自填写公司支票，再取现金去做美容，最多一笔填写了40万元，名义是发工资；此外还填了几张数万元、20多万元、30多万元的。很快，这几张盖好章的支票被她用完了。然而，钱某欲壑难填，丧心病狂到想办法再搞一些支票，夹带在其他业务资料里，偷偷摸摸拿到公司老总和财务总监处盖章。

不到2个月间现金少了100多万元，公司财务发现不对劲，到开户银行查账后发现，公司有"内鬼"。听到风声的钱某终于害怕了，将尚未挥霍的19万元打到公司账户上。

2. 1万1针的美容针前后打了20多针

2017年4月24日，这家公司到南通港闸公安分局经侦大队报案，称公司在2017年1个多月内100多万元被提现取走，造成公司巨额损失。港闸经侦大队立即开展侦查。4月26日，负责单位现金的会计钱某报案，供述了自己利用职务便利，侵占公司资金100多万元的犯罪事实。钱某表示，她没有能力还款，自愿接受法律的制裁。

南通港闸经侦大队民警调查后发现，钱某从单位取走149万元资金，绝大部分用在了整形美容上。只有小部分用来偿还以前的信用卡欠款，贴补家用和日常消费。

"钱某多次到美容医院做整形，做过抽脂，打美容针，1万元1针就打了20余针。"办案民警说，钱某打水光针、打瘦腿针、做双眼皮修复等美容项目，在美容医院花了六七十万元。她在平时还有许多高消费，买各种奢侈品，包括时装、鞋子、女包等花了 20 多万元。到理发店充值动辄万元以上，用来做头发等。

被捕后的钱某十分后悔，痛言"爱慕虚荣害了自己"。

资料来源：【原创·舞弊案例】女会计痴迷美容侵占公司近 150 万元 [EB/OL]．锐思商学，2018-10-19．

3. 信息编报及相关利益

（1）信息编报过程中不利影响的识别、评价与应对。

由于信息编报会对依赖这些信息进行决策的各类利益相关者产生广泛的经济后果，IFAC 和 CICPA 均要求，单位会计人员在编报信息时应当遵守：第一，按照适用的财务报告编制基础的规定编报信息（如适用）；第二，编报信息的方式不得误导或者不当影响合同或监管结果；第三，运用职业判断，在所有重大方面准确、完整地反映事实，清楚地描述交易、活动的真实性质，及时并恰当地分类和记录信息；第四，职业判断中自由裁量权的运用不得有意误导他人或者不当影响合同或监管结果；第五，不得遗漏任何内容以使信息存在误导性，不得不当影响合同或监管结果。

①识别信息编报过程中的不利影响。

通常而言，单位会计人员在信息编报过程中所面临的主要压力包括：第一，为了符合投资者、分析师或贷款人的预期而面临列报误导性财务信息的压力；第二，来自政绩的压力，要求单位会计人员向有关主管部门作出不符合事实的计划或项目的陈述；第三，来自同事的压力，要求对收入、支出或回报率作出错报，以就投资方案和收购项目作出存在偏差的决策；第四，来自上级的压力，要求批准或处理非正当业务的费用支出；第五，不允许内部审计报告包含负面结果的压力。

②评价信息编报过程中的不利影响。

面对上述压力，单位会计人员可能会因自身利益、外在压力或其他原因导致对客观公正等职业道德基本原则的遵循产生不利影响。下列情形可以被认为单位会计人员滥用了职业判断中的自由裁量权：第一，作出不当估计。例如，作出不当的公允价值会计估计以粉饰损益。第二，在适用的财务报告编制基础所允许采用的多项会计政策或方法中进行特定目的的选择或更改。例如，针对长期合同，选择特定会计政策以粉饰损益。第三，交易的时间安排。例如，在接近期末时进行资产销售以实施误导。第四，确定交易的结构。例如，安排融资交易的结构以歪曲资产、负债或现金流量的分类。第五，选择性披露。例如，遗漏或模糊披露与财务或经营风险相关的信息以实施误导。

③应对信息编报过程中的不利影响。

当单位会计人员知悉或认为与其职业活动相关的信息存在误导时，应当采取下列行动加以解决：第一，与其所在单位的上级或者适当级别的管理层或治理层讨论，并要求其采取适当行动加以解决，如对信息作出更正，或者在信息已向预期使用者披露的情况下，告知使用者对信息的更正情况；第二，就工作单位内部处理此类问题的政策和程序（如职业道德政策或警示政策）进行咨询。

如果单位会计人员认为所在单位未采取适当的行动，并且有理由相信信息仍然存在误导，则在遵循保密原则的前提下可以采取几种方式：第一，向相关专业机构、单位内部或外部审计人员、法律顾问咨询；第二，确定是否存在应当与第三方（包括信息使用者）或监管机构进行沟通的要求；第三，避免与该信息发生关联，即向工作单位提出辞职。

（2）与信息编报相关的利益产生的不利影响的识别、评价与应对。

当存在与信息编报相关的利益（如财务利益、薪酬或激励）时，单位会计人员可能面临来自上级、同事或其他人员要求其操纵相关业绩指标的压力。

①识别与信息编报相关的利益所产生的不利影响。

IFAC 和 CICPA 规定，单位会计人员不得操纵信息或利用涉密信息谋取个人利益或为他人谋取经济利益。当单位会计人员、其近亲属存在下列情况时，可能因自身利益对客观公正、保密原则的遵循产生不利影响：第一，有动机和机会通过操纵对价格敏感的信息获益；第二，在单位中拥有直接或间接经济利益，该经济利益的价值可能直接受单位会计人员决策的影响；第三，有资格获得与利润挂钩的奖金；第四，直接或间接持有现在可行权或未来可行权的股票期权，该股票期权的价值可能受单位会计人员所作决策的影响；第五，参与单位的激励性薪酬方案，该方案以达到特定目标或实现价值最大化为目的。

②评价及应对与信息编报相关的利益所产生的不利影响。

与信息编报及其决策相关的经济利益所产生的不利影响存在与否及其严重程度主要取决于：第一，经济利益对单位会计人员、其近亲属个人而言的重要程度；第二，单位制定的政策和程序，是否规定由独立于管理层的委员会决定高级管理人员的薪酬形式及其水平；第三，根据内部政策，向治理层披露所有相关利益以及所有相关股票的行权或交易计划；第四，专门用于处理产生经济利益的问题的内外部审计程序。

如果工作单位向单位会计人员提供与业绩挂钩的经济利益、薪酬和激励措施，单位会计人员应当将此类压力事项视同利益诱惑，按照本章第一节所述的应对措施加以应对，以保证单位会计人员面对与信息编报相关的利益时，仍能遵循诚信、客观公正等会计职业道德基本原则。

4. 违法违规

当单位会计人员注意到所在单位违反法律法规时，可能会因自身利益或外在压力对诚信、良好职业行为等职业道德基本原则的遵循产生不利影响。单位会计人员应当运用职业道德概念框架识别、评价、应对此类不利影响。

（1）总体要求。

在应对违反法律法规行为时，单位会计人员的目标是：①遵循诚信和良好职业行为原则；②提醒单位的管理层或治理层（如适用），以阻止、纠正或减轻违法违规行为；③采取有助于维护公众利益的进一步措施。

有些法律法规可能已就单位会计人员如何处理违法违规行为作出了规定，单位会计人员应当了解和遵守这些法律法规。当单位会计人员遇到违反这些法律法规的情形时，应当了解这些法律法规的要求，尤其是要了解以下几个方面的要求：①是否需要向适当的主管机关报告；②是否需要免于引起相关方的警觉。

有些单位建立了对违法违规行为的内部举报规章和程序，如职业道德政策或内部警示机制等，此类规章和程序可能允许通过指定的渠道进行匿名举报。如果单位会计人员所在单位存在用于处理违法违规行为的规章或程序，单位会计人员在确定如何应对此类行为时，应当考虑这些规章或程序的要求。如果单位会计人员注意到违法违规行为，应当及时采取相关措施，并考虑该事项的性质及对工作单位、投资者、债权人、员工或社会公众的潜在损害，同时应记录下列事项：①相关事项本身；②与上级、管理层和治理层（如适用）及其他各方的讨论结果；③上级是如何应对该事项的；④单位会计人员考虑的行动、作出的判断和采纳的决策。

（2）高级会计人员对违法违规行为的识别、评价与应对。

处于高级职位的单位会计人员（以下简称"高级会计人员"），是指能够对单位的人力、财务、技术、有形和无形资源实施重大影响并就其取得、配置和控制作出决策的董事、高级管理人员或高级员工。与单位的其他内部会计人员相比，此类人员通常更要注意对违法违规行为采取符合公众利益的措施，这是由高级会计人员在单位内的职责、地位和影响力所决定的。

IFAC 和 CICPA 规定，如果高级会计人员在实施职业活动的过程中知悉相关的违法违规行为，应当了解以下几种情形：①违法违规行为的性质及其发生或可能发生时所处的情景；②在该情景下对法律法规的运用；③该事项可能对所在单位、投资者、债权人、员工或社会公众造成的影响，高级会计人员需要运用专业知识、技能和职业判断。根据相关事项的性质和重要程度，高级会计人员可以采取适当步骤对该事项开展内部调查，也可以在遵循保密原则的前提下向所在单位或专业机构的其他人员或法律顾问进行咨询。

如果高级会计人员识别出或怀疑存在已发生或可能发生的违法违规行为，应当与其直接上级（如有）讨论该事项。如果该上级可能涉及该事项，则应当与单位内更高一级的主管机关进行讨论。上述讨论的目的在于确定如何应对该事项，并应当采取下列措施：①与治理层沟通，以就应对该事项拟采取的适当行动获得治理层的同意，从而能够履行自身的职责；②遵循适用的法律法规，包括要求向适当的主管机关报告违法违规行为的法律法规；③纠正或减轻违法违规行为的后果；④设法阻止尚未发生的违法违规行为。

高级会计人员应当确定是否需要向单位的外部审计人员（如有）披露该事项：此类披露符合高级会计人员为外部审计人员执行审计工作提供所有必要信息的职责或法定义务。高级会计人员应当评估其上级（如有）和治理层回复的适当性，在评估时通常需要考虑下列因素：①该回复是否及时；②上级或治理层是否已采取或批准适当的行动以纠正或减轻违法违规行为的后果，或阻止违法违规行为的发生；③该事项是否已恰当地向适当的主管机关报告，报告是否充分。

针对上级和治理层的回复，高级会计人员应当确定是否需要为了公众利益而采取进一步的措施，同时考虑下列因素：①法律法规框架；②相关情况的紧迫性；③该事项在单位中影响的广泛程度；④是否仍然对其上级或治理层的诚信有信心；⑤违法违规行为是否可能再次发生；⑥是否有可靠证据证明工作单位、投资者、债权人、员工或社会公众已经遭受或存在潜在的实质性伤害。

IFAC 和 CICPA 规定，高级会计人员应当运用职业判断确定是否需要采取进一步行动及其性质和范围。作出该项决定时，应当考虑理性且掌握充分信息的第三方是否很可能认为自己的行为符合公众利益。可能采取的进一步行动包括：①如果所在单位属于某一集团的成员，应当将相关事项告知上级管理层；②向适当的主管机关披露相关事项,即使法律法规未要求披露;③从工作单位辞职。鉴于对有关事项的评估可能涉及复杂的分析和判断,高级会计人员需要考虑:①在单位内部进行咨询;②获取相关法律建议,以了解可能的选择及采取特定行动可能在专业或法律方面产生的影响;③在遵循保密原则的前提下,向相关专业或监管机构咨询。向适当的机构披露相关事项的目的在于使该机构对相关事项展开调查,并采取符合公众利益的行动。如果向适当的机构披露相关事项不符合法律法规的规定,则高级会计人员不得披露。确定是否进行此类披露取决于相关事项已经或可能对投资者、债权人、员工或社会公众造成损害的性质和程度。例如,如果存在下列情况,高级会计人员向适当的主管机关进行披露可能是适当的:①所在单位实施贿赂;②所在单位受到监管,且相关事项的重要程度足以威胁到其营业许可;③所在单位属于上市实体,且相关事项可能对其证券在市场上公平有序的交易产生不利影响,或对金融市场构成系统性风险;④所在单位很可能销售危害公众健康或安全的产品;⑤所在单位正在向客户推广一项协助逃税的计划。

此外,确定是否进行此类披露还可能取决于下列外部因素:①是否存在适当的主管机构能够收到披露的信息,并促使相关事项得以调查并采取进一步行动;②是否存在相关法律法规能够针对民事、刑事、职业责任或报复行为提供强有力且可靠的保护(如与举报相关的法律法规);③是否可能对高级会计人员或其他人员的人身安全造成威胁。

如果高级会计人员确定向适当的主管机构披露相关事项是恰当的,则作出相关披露不违反保密原则。若决定进行披露,高级会计人员应当在进行陈述或作出认定时保持诚信和谨慎。如果高级会计人员知悉或有理由相信即将发生可能对投资者、债权人、员工或社会公众造成实质性损害的违法违规行为,则应当首先考虑与单位的管理层或治理层讨论该事项是否恰当,其次运用职业判断确定是否应当直接向适当的主管机构披露该事项,以防止或减轻该事项即将造成的后果。

(3) 其他内部会计人员对违法违规行为的识别、评价与应对。

如果其他内部会计人员在从事职业活动的过程中知悉违法违规行为,应当了解相关事项及其性质与发生时所处的情景。其他内部会计人员需要运用专业知识、技能及职业判断,在考虑相关事项的性质和严重程度之后,可以在遵循保密原则的前提下向工作单位、法律顾问或其他专业机构的人员进行咨询。

如果其他内部会计人员识别出或怀疑存在已发生或可能发生的违法违规行为,应当告知其直接上级,以使其能够采取适当行动。如果该直接上级可能涉及该事项,则应当告知所在单位更高一级的机构。如果认为向适当的机构披露该事项是恰当的,则不被视为违反保密原则。在进行此类披露时,其他内部会计人员应当在进行陈述或作出认定时保持善意和谨慎。

拓展链接 5-3:兼职会计虚开票终审判 8 年

二○一九年五月八日,河南省高级人民法院刑事判决书(2019)豫刑终 83 号对上诉人李某某(兼职会计)的上诉做出裁决,认定上诉人李某某犯虚开增值税专用发票、用于抵扣税款发票罪,判处有期徒刑八年,并处罚金人民币十万元。(刑期从判决执行之日起计算。判决执行以前先行羁押的,羁押一日折抵刑期一日,即自 2017 年 3 月 15 日起至 2025 年 3 月 14 日止。罚金限判决生效后三十日内缴纳。)

内容涉及人物及公司关系如下:张媛柯先后在南召县成立了南召县金斯敦金属材料有限公司(以下简称"金斯敦公司")、南召县美图斯金属有限公司(以下简称"美图斯公司")、南阳市尔克利金属有限公司(以下简称"尔克利公司"),并取得增值税一般纳税人资格。上述公司成立后,由张媛柯负责公司运转,并与被告人钟平波处理相关涉税事宜;被告人李某某具体负责纳税申报、虚开发票。

虚开增值税专用发票、用于抵扣税款发票的事实一览如下。

2016 年 2 月至 8 月,金斯敦公司、美图斯公司、尔克利公司用 19 份虚假海关进口增值税专用缴款书在南召县国家税务局抵扣 12 份,价税合计 35214.75 万元,完税价格 30098.083 万元,共抵扣税款 5116.674236 万元。

2016 年 6 月,金斯敦公司接受江西金山物流公司虚开增值税专用发票 19 份,共抵扣税款 18.380406 万元。

2016 年 2 月至 2016 年 10 月,金斯敦公司、尔克利公司、美图斯公司向杭州鹏汇韵进出口有限公司等 18 家企业虚开增值税专用发票 308 份;至案发前,在税务机关已申报通过 273 份,价税合计 25878.703643 万元,税款数额为 3760.15352 万元。

一起来回顾一下这位兼职会计的上诉理由:

上诉人李某某上诉提出:他只是涉案公司的兼职会计,且只帮助张媛柯注册了一家公司，没有公司的股份和分红，不构成共同犯罪；原判量刑重。

其辩护人辩称：一审判决对该案中涉及虚开税款、抵扣税款数额认定不清，应认定三家公司虚开、抵扣发票的税额为三千多万元。李某某在本案中起到一定的帮助作用，主观恶性不大，且坦白认罪，原判量刑重。请求对李某某从轻、减轻处罚，并建议对李某某使用缓刑或免予刑事处罚。

经查结果如下：张媛柯聘请李某某具体负责纳税申报、虚开发票，三人在上述公司无实际业务经营的情况下，利用伪造的海关进口增值税专用缴款书及他人虚开的增值税专用发票在税务机关抵扣税款，并为他人虚开增值税专用发票，虚开的税款数额巨大。

关于李某某的地位和作用，经查，李某某是张媛柯招聘的会计人员，在张媛柯、钟平波的安排下与他人具体联系，收发虚假的海关进口增值税专用缴款书和虚开的增值税专用发票，并到税务机关申报认证抵扣税款，负责为公司制作会计凭证等工作，其犯罪行为均是在二人指使下进行，有一定的被动性，起辅助作用，应认定为从犯。

李某某在共同犯罪中系从犯。根据本案的犯罪事实、情节和对社会的危害程度，原判对三名被告人量刑重。

终审判决：李某某犯虚开增值税专用发票、用于抵扣税款发票罪，判处有期徒刑八年，并处罚金人民币十万元！

资料来源：钱财诚可贵，自由价更高！已有会计被判刑，会计应如何避免违法 [EB/OL]. 深圳恒鼎法务，2022-04-29.

5. 缺乏专业技能

单位会计人员应当遵循专业胜任能力和勤勉尽责原则，只有在经过专门培训并获得足够的技能和经验后，才能承担相应的重要工作。单位会计人员不得夸大其专业知识水平或工作经验以故意误导工作单位。如果单位会计人员存在下列情况，可能因自身利益对专业胜任能力和勤勉尽责原则的遵循产生不利影响如下：

（1）缺乏足够的时间完成相关职责；

(2) 在履行职责的过程中获取的信息不完整、不充分或范围受到限制;

(3) 缺乏应有的经验、培训或教育;

(4) 在履行职责的过程中缺乏足够的资源。

不利影响存在与否及其严重程度主要取决于下列因素:①单位会计人员与其他人员合作的程度;②单位会计人员在单位中的资历;③单位会计人员的工作接受督导和复核的程度。

单位会计人员应当评价不利影响的严重程度,并在必要时采取以下防范措施以消除不利影响或将其降低至可接受的水平:①获得具有所需专长的人员的帮助或培训;②保证有足够的时间履行相关职责。如果单位会计人员认为没有防范措施可以应对不利影响,则应考虑是否拒绝履行相关义务;如果认为拒绝履行相关义务是适当的,则应当与相关方沟通其原因。

5.2.2 数字环境中的压力事项

2017年第一季度,ACCA开展了一次全球深度调查,以了解专业会计师(或在培训学员)对数字时代职业道德和信任的看法。调查覆盖来自全球158个国家的1万多名受访者,根据资深财务专业人员的讨论意见(通常为首席财务官、合伙人或同等级别人士),选出两大最易受妥协的原则:(1)专业胜任能力和应有的关注。在数字时代职业道德面临挑战的各种情况下,很多前所未见的新问题纷纷涌现。要想对这些新问题做出适当应对并依据道德标准行事,会计师就必须对相关情况及问题背景进行深入了解。如果缺乏认识和专业知识,便会在"专业胜任能力和应有的关注"等原则上面临妥协风险。(2)诚信。在谈及最近遇到的原则妥协状况时,受访会计师提及最多的便是诚信。不过展望未来,职业道德面临的妥协风险似乎很可能会超越职业和商业关系中的诚实与正直问题。例如,如果无法充分了解分布式账簿的含义,以及连同它们所带来的机遇和挑战,会计师便很难对分布式账簿的应用做出道德判断。为使数字环境下的职业道德行为分析更加具体,该调查报告选取了六大数字主题展开进一步讨论,并分别指出和分析了每个主题下违背《国际会计师职业道德守则》中基本原则的两种道德挑战情境(见表5-2)。

表 5-2　数字环境中有违基本原则的道德挑战情境及应对举措

数字环境	有违基本原则的道德挑战情景	示例情境	基本原则的妥协	应对措施
1. 网络安全	数据窃取：数据窃取是网络安全漏洞导致的一种最直接和常见的影响。很多组织或企业将大量宝贵的数据储存在各种系统中。对于数据储存，一些组织或企业可能会使用自有软件，或者使用完全自有或组织或企业付款购买的软件使用许可，如云端数据储存服务（如与客户有关的数据）和外部数据（如与员工有关的数据）。不论何种情况，数据窃取导致的经济损失包括影响到的品牌声誉	勒索软件：由于某开源数据库的商业运营未得到充分安全保障，导致黑客发现数据库漏洞。企业因此做备份数据删除，同时黑客保留了一份数据副本，只要向其指定账户支付 0.5 个比特币，便可将数据全部归还。另外，数据没有备份	客观：会计师需有所应为，"做正确的事"，如拒绝支付赎金。虽然 1000 英镑尚在容忍支付范围内，但我们无法保证黑客将真正归还数据，或者不会要求支付更多赎金。"客观"原则的妥协风险，主要源于此类凌驾于职业或商业判断之上的不当威胁（即数据滥用/数据破坏等威胁）。保密：当数据超出企业的控制范围并丢失时（如经济损失或声誉损害），赎金勒索威胁便会最为有效。数据失窃的情况下，不论保密条款是否覆盖了该客户数据，向客户数据曝光的方式仍可能违反"保密原则"	预防：从某个层面上讲，信息技术（IT）安全属于技术问题。但企业中的会计师同样需要具备风险意识，并了解企业（作为敏感数据的监管人）同样和其他的会计师面临的应对此类风险所采用的技术手段。解决办法：不论最终是否支付赎金，重要的必须以明确、可控和透明的方式将事实带来更大的损失。隐瞒还有必要让数据遭受侵害。同时，会计师还需告知熟悉个人数据影响的客户尽快知悉此情况，以妥善解决这一问题
	道德黑客：随着网络攻击的日益复杂，安全漏洞的检查和修复也变得至关重要。为此，许多企业雇佣"道德黑客"。通过这一种被称为"渗透测试"的流程来检验其网络安全的有效性，其中包括采用和流氓黑客相同的方式来蓄意突破安全层。不过，雇用道德黑客本身就具有相应风险。企业必须确保黑客同等合格具备最新的安全同意，了解滥用收集到的任何数据信息	管控重要/敏感的信息泄露：某国际工程公司聘用了一位经验丰富且资历合格的道德黑客成功完成了测试工作并出具了一份详细的报告，着重建议，其中包括关键的安全漏洞和电子文档管控方面存在的安全薄弱环节，而该领域涉及该正是企业全面边界的知识产权。大约半年后，在一次商贸展览会上发现竞争对手推广的一款产品与自家公司尚未推出的产品完全相同。这或许只是巧合，但在公司雇佣黑客发现管控漏洞所在的产品恰给好是开发工作的重心所在	客观：对这种情况进行任何审查，都必须防止产生先入为主的偏见，即不应假设该道德黑客滥用职权，偷窃并出售了公司的知识产权。实际上，产品档案很有可能在黑客之前就已被他人获取，亦或该产品完全是由竞争对手独立开发。专业胜任能力和应有的关注：对知识产权相关的运营和风险领域认识不足可能违反这一原则。要想全面了解企业的这一情境，会计师必须适当评估企业的新产品开发流程和 IT 文档安全协议，以及相关工作参与者的雇佣、薪资和奖励政策	预防：专业会计师需要了解，对外部机构有价值的信息储存何处，并加以监控，保障信息安全。某些情况下，还可适当采取一些预防性措施，如尽早为具有形知识产权的新方案申请专利。解决办法：对于已知有的安全漏洞，需通过提高企业内部技能水平或定期进行外部审查来予以应对。未来，会计师可建议企业雇佣另一名"道德黑客"，并进行更加全面的背景调查

续表

数字环境	有违基本原则的道德挑战情景	示例情境	基本原则的妥协	应对措施
2. 基于平台的商业模式	利润与员工的关系：平台型企业无需显著扩大员工队伍规模便能实现业务扩张。作为中介机构，它们只需将两大群体联系起来即可——即商品或服务的供应方和需求方。这意味着与营收相当的传统企业相比，平台型企业可快速推进自身规模，但其正式员工人数却比前者少很多。此类企业一般负责建立互联网平台，提供的服务主要来自签约合作的个人，而非企业员工。这种做法可能引发人们对员工保障和治理机制的质疑	定义工作者和平台之间的关系：某平台型企业在家政服务领域建立起了庞大的用户群体。这些领域包括烹饪、清洁、房屋粉刷、管道疏通、家电修理、园艺等。用户可要求该平台的一站式服务提供各种要求提供的服务，并且价格极具吸引力。同时，平台还构建了值得信赖的专业供应商名单，为用户提供相关服务。作为该平台企业的代理商或承揽人，供应商一般使用自有设备来提供服务，他们属于个体经营者，即平台应通过议价来提出服务要求。然而实际上，他们的工作都来源于该平台。因此，他们承揽的计划价值能力十分有限，很难拒绝客户的要求，通常只能根据平台设定的新休假计划开展工作。他们无法享受任何正式员工所享有的福利和员工保障	诚信：会计师应公正对待、不公平待遇。在审查真正性质时，平台和供应商之间关系是否受到了平台的不公正性（无论是供应商还是员工），必须秉持诚信原则。客观：会计师需设法平衡企业和客户的利益与承担的责任。同时，在"零工经济"中，合同雇员的权利和义务也需要降低固定轮班员工作约的模式下，只能"按需"供应专业知识服务）	预防措施：防止对利益相关方的不公正待遇更有可能成为一项强有力的伦理道德守则。平台遇到这一种相对较新的商业活动和不及传统企业成熟，其商业型的商业道德可能帮助制定一些关于职业道德行为的基本准则。解决办法：如果供应商希望通过重新协商来获得与正式员工类似的权益，那么公平台型企业需要开启新的对话流程，将相关法规的变动纳入考虑。会计师则需对这一流程提出建议。无视这一问题只会令情况变得更糟，而目可能需要考虑该领域的最佳实践

续表

数字环境	有违基本原则的道德挑战情景	示例情境	基本原则的妥协	应对措施
2. 基于平台的商业模式	保护平台型企业的知识产权（IP）：作为中介机构，平台拥有的实体资产或待出售的自有库存很少。因此，知识产权便成为企业制胜的关键因素。例如，一些平台型企业处理流经平台的海量数据，采用复杂的分析来建议平台经营用户、提供个性化的购买建议、增加引用户，利用数据提供增值服务的能力，都将与该平台的知识产权密切相关——因此，我们必须适当反映知识产权保护的监督和责任度	"网络爬虫"：某公司创建了一个手机应用平台，用户可以在该平台上对餐厅进行评论和打分。同时，该平台也提供具体的订座服务。随着评论的数量不断增长，84%的餐厅至少有一个评分。于是，该平台成为业主要收入来源（应用平台向用户免费开放）。但是现在一家相对较新的酒店预订网站也开始提供餐厅订座服务，并且各餐厅的评分与该平台完全相同。于是，公司网络爬虫"，从而实现复制抓取数据	专业胜任能力和应有的关注：会计师应认识到，这一知识产权对企业的经营主张具有核心价值。如果其他人复制并使用了有价值的信息，便会削弱企业吸引更多用户的能力。 保密：被复制的数据可能还含有注册用户的其他信息链接，如个人邮件地址等。允许未授权个人获取此类数据可能构成违反保密的道德义务	预防：会计师应清楚地认识到该知识产权可能被窃取的难易程度，并就相关保护措施的重要性展开讨论。在大多数企业中，IT团队可能会负责处理此类问题，但会计师也应发挥重要作用，从风险管理的角度联系起来。 解决办法：面向未来，会计师可建议公司聘用"道德黑客"，帮助其了解平台的技术安全漏洞所在。某些情况下，公司还可考虑对酒店预订网站采取法律行动，但其犯罪行为可能难以得到证实，诉讼费用也会相当昂贵
3. 大数据分析与分析法	满足监管要求：有关数据收集和分析的监管要求正日益增加，违规行为也将受到严厉的经济处罚。当然，新法规的施行仍有一定难度，因此企业必须确保所有利益相关方对所有法规都能参与其中。例如，企业可以设立诸如"首席数据官"这种近年来刚出现的职位，同时，还应通过严密监督来确保法规应反映方所了解和得到妥善落实，使相关责任人拥有适当的监督能力和态度	《通用数据保护条例》（GDPR）：某大型公用事业公司决定将业务拓展至金融服务领域，发行一款信用卡，为忠实用户提供折扣。公司利用自身对用户数据库的所有权作为营销依据，向用户发送信用卡广告邮件，但并未获得用户许可。于是，该公司涌入因负质而饱受消费者群体的诉病。们增加负质而饱受消费者群体的诉病。公司此举恰逢《通用数据保护条例》（GDPR，2018年5月生效）正式生效前数月。该条例规定，禁止企业将数据用于收集目的以外的其他用途	专业胜任能力和应有的关注：《通用数据保护条例》业已知晓理应知晓，以及按照实施行条件行行为，以及按照该条例施行为行为。 诚信：利用产品或许可行为就有任何伦理道德方面的问题。如果会计师参与上述行为的法规变化，从而没有警示企业不应继续上述行为，那么便可能被视为遵循"专业胜任能力和对客户应有的关注"原则的失败。 诚信：利用公用事业客户数据库来推广信用产品或许本身并未有任何法律法规所明确禁止。虽然此行为发生时该公司尚未明确禁止，但会计师行为应注意到遵守《通用数据保护条例》的精神，而否则意味着法律时间差	预防举措：在必要时清楚地发表意见具有至关重要的意义。如果会计师有进背道德原则的行为发生，专业会计师应首言不讳，就营销方式提出质疑。 强调即将出台的立法和对品牌构成的风险也同样重要：会计师应协助引导未来的企业活动，防止错误重复发生。同时，修补此事件暴露出的程序漏洞也至关重要。这应成为针对《通用数据保护条例》检查企业自身准备情况时所开展工作的一部分

续表

数字环境	有违基本原则的道德挑战情景	示例情境	基本原则的妥协	应对措施
3. 大数据分析与分析法	滥用客户隐私信息：分析法是一种强大的工具，可以利用大量材料生成精细化的数据作为原材料通常具有更精准的洞见。这些洞见可能将洞见"哪些类型的客户更有可能购买哪种类型的产品"等。如果获取的数据越多，数据的细分和模式建立过程就会更加准确。这也是数据成为一种资产的原因所在，同时是企业或许希望不遗余力地获得数据，有时甚至不惜越过道德底线	购物中心使用的客户数据：某购物中心安装了一批信标设备来监测客户流量。同时，这些设备还可对使用匿名方式探测无线网络信号的手机连接进行追踪。顾客可通过网络信号登录并无缝连接信号，从而获得免费的上网服务。上网登录页面同时还会显示一个"退出"复选框。如果顾客未勾选此项（通常会因急于上网而迅速跳过这一步），便意味着他们接受了手机信号被自动识别，并且同意购物中心出售其个人数据，而且久而久之，购物中心会获得了大量数据，并利用分析法来确定购物者的人流量访问哪些店铺，以及顾客在购物中心不同区域停留的时间长短。此外，中心还可以面向零售店面推出了一项付费服务，零售商可利用中心提供的数据向购物者的手机发送定向广告。随着广告数量的不断增加，隐私保护组织当地主流报纸上将此事广而告之，该组织在当地主流报纸上将此事广而告之，并建议大家抵制这家购物中心，直至其提高数据使用的透明度	诚信：该企业有可能免于法律诉讼。即便如此，专业会计师仍需考虑该企业获取客户"同意"使用数据的方式是否正直和诚实。 保密性：该企业可能会损害其持有的诸多数据中哪些可能包含反映个人活动的地理位置数据，个人身份分析推断，如根据客户信息数据或基于财务数据的各种分析推断，如根据客户在店铺的运留的各种行为对购物行为进行预测	预防举措：如果企业决定继续以这种方式使用数据，会计师应当建议消费者更加公开透明。会计师应建议企业采取更加符合伦理道德的做法，让顾客直接受到加入"，即明确同意接收活动广告，而非在不同意时选择"退出"。 解决办法：如果企业声誉受到了严重影响，或者，放弃这一做法或许是明智之举。继续该行为，会计师使用数据，会计师可以在提高数据使用透明度的前提下，继续该行为。此外，企业还有必要通过媒体说明相关使用政策的改变，会计师则应提供相应建议和意见

续表

数字环境	有违基本原则的道德挑战情景	示例情境	基本原则的妥协	应对情措
	比特币与洗钱：深谙比特币工作原理的加密货币拥护者人数相对较少，但却在不断增长。对许多人而言，数字货币得到直观理解，比特币可用于交易，也能兑换成法定货币。实际上，比特币到 2017 年 6 月底，1 个比特币的价值约为 2000 英镑。针对传统"法定"货币，我们已建立相应的法律法规来追踪资金的来源和使用情况，从而防止洗钱行为的发生。但对比特币和可追踪比特币流向的分布式账簿（区块链），相关的管控措施却不够明晰	品牌与经营风险：一家大型科技零售商正在探索接受比特币交易支付的可能性。许多客户可能会欢迎这一举措，并且此举将加强该公司作为创新组织的眼光。尽管如此，人们仍担心比特币是否可用于洗钱。据此，竞争对手也在目前尚不清楚这些法规的有效性以及使用比特币可能产生的品牌和运营风险	专业胜任能力和应有的关注：在会计师开展工作的传统架构内，比特币无法得到有效追踪。因此，会计师必须了解许多细节才能进行这样的影响性评估。例如，即将比特币交易公开一般都能见到的地址，而非用户真名。客观上：一方面，此提案可获得内部人士的支持；另一方面，作为一家新科技企业，公司当时面临着技术新突破的压力。因此，专业会计师需基于竞争考虑同意，尤其是在各方争论基于比特币等类似因素时更应如此	预防举措：由于比特币的使用仿在不断发展变化，因此会计师应对市场情绪动态变化，进而帮助企业预防出现密切关注。同时，还需助企业时刻留意公众看法可能发生的重大改变，避免对企业声誉造成影响。解决办法：比特币交易的推出已在会计可能导致针对有关问题制定行动预案。如果，一旦发生问题，便可依据行动预案严格行事，若有证据表明存在洗钱行为，则必须对情况进行坦诚公开的沟通，并在适当时实施明确的补救明确的补救战略
4. 加密货币与分布式账簿	分布式账簿可靠性与安全性：分布式账簿一直都被视为一项创新，分布式账簿提高效率且不会影响数据记录过程。通过这种方式，可靠数据获取通过公开、可靠记录减少错误并伪造带来显著效益。此外，分布式账簿的跨越式发展显著效益。此外，分布式账簿的跨越式发展作为一个新兴领域，分布式账簿也出现了许多子概念验证方案——其中大部分仿处于概念验证阶段，而有些方案（如用于国际支付的账簿）确已投入应用。目前，我们必须留意并接纳相关的发展趋势，因为它们可能彻底改变分布式账簿的运行现状。但这同时也应兼顾企业实际情况，在两者间取得平衡	持有公民数据：某政府部门正在考虑采用分布式账簿来完善国内的产权交易记录流程。所有授权交易实体都能获取，通过公开、可靠记录减少错误和伪造的数字化档案。同时还可通过数字化档案带来显著效益。此外，分布式账簿的权威性所有权以及过去购买交易记录都能及时更新。分布式账簿的准确认当前的产权所有者以及及以往的购买交易详情。不过，可用于验证对这一新遇普遍表示支持，并了解到该系统可能带来的效益。不过，也有人对该系统可能临泄露敏感的公民数据据是否会涉及到产权风险表示担忧。由于此举相关数据涉及到产权风险表示担忧。由于发生关效据影响到了很大一部分人群并可能演变成重大灾难，便可能带来伦理道德方面的挑战和审计人员的过程的影响	专业会计师应诚实说明他们是否需要了解到的问题可谓可方面。首先，可从该项目的基本知识着手。其次，会计师需确证该项技术是否能进行并满足当前需求，以及其他非授权数据访问抵御的风险。诚信：专业会计师应诚实说明他们的风险。诚信：专业会计师应诚实说明他们是否对项目继续开展。如果有所疑虑，则应阻止该项目继续开展，他们也必须在早期出现任何重大问题时因项目开发过程中所依据的数据而受到质疑	预防举措：会计师应避免放任项目可能导致问题的方式发展。为此，会计师要敢于提出自己的担忧，并随着项目的开展，寻求高层管理者的澄清和说明。同时，他们还能积极寻求处有可能需要从分布式账簿中获取更多专业意见。解决办法：鉴于这种试点性的案例涉及高风险，先对系统进行试点就很有可能成为必要之举。在这一阶段，会计师要想解决所有问题，就必须开展详细的审查，巨细无遗地指出存在的所有问题——因为在铺开的过程中升级问题也会在系统全面铺开的过程中升级为重大隐患

续表

数字环境	有违基本原则的道德挑战情景	示例情境	基本原则的妥协	应对措施
5. 自动化、人工智能与机器学习	自动化流程租赁的应用：随着自动化流程不断承担起越来越多的人工工作，企业面临的挑战在于，从契合度、成本和风险等方面来评估自动化发展进程中的任何一方面将成为企业当前恰当合宜之举。一方面，企业需在着眼求适当平衡，不确定性之间寻求适当平衡，还应认真考虑自动化对全体利益相关方带来的影响。总之，企业必须在满足股东的竞争力和效率需求与承担对员工的责任之间找到一个恰当合宜的平衡点	客服中心重组：某快速增长的移动通信公司意欲减少对客服中心人工服务的依赖。该客服中心拥有一个庞大的客服团队，专门处理所有客户来电、解决各种问题。此举旨在于通过预测每位客户电话呼叫的原因。 新系统将结合交互式语音应答（IVR）将客户电话引入相应的部门，并尽可能利用自动应答而非人工服务。自动应答不仅会为客户提供所咨询问题的解决之道，还会提供信息链接进一步解决客户疑问。要想有效将知识与分析进行结合，系统必须具备的能力（如客户想对两种不同的服务合约进行利弊和成本比较）	客观：会计师可能面临来自公司管理层的压力，因为简单决策的实施将被视为一种前发展的"必然"之路。会计师应通过公正的分析，确定减少的员工人数能否足以弥补人力迁移成本，且业务风险是否在可接受的范围内。 专业行为：缺乏对新系统的清楚认识可能导致违反相关法律法规的行为。因此，会计师必须了解公司在取法请求之前对员工负有的责任，以及员工再培训/再分配的可行方案。此外，会计师还应对内部沟通流程进行仔细审查	预防举措：防止判断失误取决于对分析方法的使用和合理的商业智慧。在利润微薄的竞争性企业中，其所处行业企业正快速失率较高。这家企业固定员工流成本应成为合理的考量因素——这些都应成为合理的考量因素。因此，如果企业服务质量因自动化而大打折扣，那么客户流失的影响便会完全抵销成本压缩成效。因此，会计师应对这些问题进行权衡，并给予管理层适当建议。 解决办法：企业一旦做出人力迁移的决定，就必须通过有效的变革管理来应对各种难题。如果转型措施遇到的问题越来越明显，便需要采取相应的补救措施。有时，分阶段实施便可能更为恰当。例如，一些问题能正确识别客户需求，以此确保企业在不自动化的本身，而在于针对这些问题。因此会计师应当预期对客户进行更好的管理。因此会计师应当预期针对这些问题为管理层建言献策

续表

数字环境	有违基本原则的道德挑战情景	示例情境	基本原则的妥协	应对措施
5. 自动化、人工智能与机器学习	算法驱动型决策：过去，机器人的支持下，机器系统可能参与到任意的决策中去。随着时间的推移，机器将分析大量数据，依靠历史模式档案未来决策提供相关信息。这意味着机器能够制定决策规则，并在新信息出现时，对这些规则进行动态更改	欺诈检测：某银行开始采用计算机算法来识别欺诈行为，自动对每位客户的每项交易进行评分，并基于临界值以上的峰值建立警报。该算法使用了各种类型的数据输入，并且数据机器学习模式下的不断变化。在这种欺诈行为发生时的各种数据输入法可利用欺诈行为发生时的各种数据输入人来改变输入数据的重要性和权重之间的平衡。 此外，实时计分模型每周都会根据最新的数据更新。某一周，市场出现了少有的激增，某市盗用银行卡的情况对该模型获得高度敏感，计分模型对该时间发生的交易判定为欺诈，导致20%的交易因被错误判定为欺诈而遭到冻结。 由于该事件发生在周末，并引发了客户电话爆满、社交媒体负面评价不断，全国性报刊对此也发出批评之声	客观：专业会计师需依赖算法和实施并考虑当平衡。银行是否在依赖算法和实施对监督能力及相关员工负责在冻结交易前与客户取得直接联系。 专业胜任能力和应有的关注（将合法交易标记为欺诈）可能很难被发现。误报的根本原因，不建立适当的管控机制，那么误报将会导致管控的代价。它会不太深入了解系统不宜采用银行采用自动化为该系统不宜采用力——并非因为银行执行不力。因此，会计师应能针对这一情况提出建议，并在表现出应有的关注	预防举措：会计师需着力监督管控措施的部署情况。例如，假设银行各部门间信息流动不畅，导致许多交易因在冻结之前未能被妥善解决。鉴于目前情况并非如此，会计师可能需要尽快就改善内部沟通的方式提出相关建议。 解决办法：对于真实交易遭到拒绝的客户，银行可给予补偿。此举将降低客户对银行的失望程度，减少客户转投竞争对手的风险。事实上，很多客户情愿同题会随时发生的可能性，但他们更重视银行如何进行及时而透明的沟通。会计师需向银行管理层提供相关建议，确定赔偿额度

续表

数字环境	有违基本原则的道德挑战情景	示例情境	基本原则的妥协	应对措施
6. 技术采购	影子信息技术：影子信息技术是指在企业界定的、已核准的（且任在统一的）方针和流程以外存在的技术采购活动。例如，某团队或部门在没有核心采购部门直接参与的情况下进行技术采购。导致这种情况出现的原因多种多样，一些人表示主要是通过集中治理流程进行审批的时间太长。最终，影子信息技术可能导致技术重复采购和效率低下，进而无法满足企业整体的需求，也无法有效抓住企业商机	不同部门各自为政：在某大型企业中，一个业绩优异的部门正利用部门内预算采购软件而绕过了企业统一的采购流程。因此该部门目前正在做一些不够理想的采购决策，因为该部门所需软件规格缺乏与核心采购团队之间有效对话的支持。由于对所需软件规格缺乏了解（版本管控较差），无法在整个企业进行协调以获得有利的定价，以及碎片化的部门系统无法对有效扩展，该部门出现了一些错误购买情况。对此，财务部门正在考虑如何在不引入过多部门流程的前提下，提高部门信息技术支出的可见性	诚信：财务部门一旦发现任何问题及其影响，会计师就应找出评估错误决策的流程，而不是仅评估这一点，如果无法做到这一点，则说明会计师在认识和处理问题的过程中存在某种形式的不诚实。 客观：该部门负责人可能是一名成功的领导，并且作为企业重要利润中心的负责人而颇具影响。因此，会计师需要经受住来自该领导或其同事施加的压力，同时倾听他们对企业集中化流程可能确有的合理关切	预防举措：在本案例中，解决根本问题归咎于负责技术集中采购的部门，但是一个重要的含义。虽然我们很容易将问题归咎于负责技术集中采购的部门，但是一个重要的潜在问题可能包括：因之前无力实现规模经济和企业范围的应用而丧失信誉；部门层面缺乏IT意识；核心团队和部门团队之间缺乏内在动力；等等。因此，会计师需识别出这些问题，评估相关影响，并就解决办法向管理层提供建议。 解决办法：减少影子信息技术活动应从确立支出范围着手，以便明确技术采购活动，并实施相关规则。会计师还应指导建立相关规定，在商业考量和集中管控之间寻求恰当平衡。此外，为避免在小规模技术采购上浪费时间，还需要确立合理的采购门槛

续表

数字环境	有违基本原则的道德挑战情景	示例情境	基本原则的妥协	应对措施
6. 技术采购	融洽的供应商关系：企业偏向于与少数供应商建立合作关系，这既可能是出于有意，也可能是由于疏忽等多种因素。后者则可能由于无法充分了解细节情况，或不愿费心去质疑改变某一供应商签署合同的长期规范，从而导致敏该供应商锁定	少数供应商：在某中型企业中，采购团队管理的绝大部分合同任由被一家供应商获得。这种情况极不正常，企业管理层希望深入了解该供应商的关系。目前，所有细节尚不明朗，但也没有迹象表明存在任何非法活动或腐败行为。不过，财务部门仍然担心公司并未获得物有所值的服务	诚信：某种程度上，如果会计师关系存在不恰当信受损，可能使这种问题成为一棘手领域。之所以会出现这种问题，可能是因为会计师想避免让人某一方处获取重要信息。因此，利益相关方对自身还是他人，专业会计师都应诚实以待。客观：会计师表示出担心可以理解，但不应任毫无证据的情况下认为供应商关系过于"融洽"，例如，传统系统的升级可能必须通过对初始安装的供应商未进行	预防举措：会计师可能建议，如为采取以方式开展竞争性评估，并采取深度调查标准，如审查合同价值或供应商使用频率。同时，还可定期审查机制设立门槛金额，并采取提供流程就强化采购流程。解决办法：会计师可引导企业对现行采购方针进行完善，而不是试图格其作为一个孤立的问题来解决。方允完善工作包括所有采购的领域。会计师不能仅限于技术采购，但仍可协助设定流程，为流程实施提供便利，并确保采购方针得以如期落实，初步实施也可能发现一些历史遗留问题

拓展链接5-4：会计专业知识或许是把"双刃剑"？

最新的一项研究发现，对于高级管理人员来说，他们在审计公司取得的管理经验，并不一定是一种优势。尤其是在那些高收入人群中，这种所谓的"优势"可能会成为"劣势"。

1. 财务总监当会计的日子一去不复返

对于首席财务官（CFO）或其他公司高管来说，拥有会计专业知识有多重要呢？在世纪之交时，一家大银行的财务总监说："财务总监当会计的日子已经一去不复返了。"但自那以后，或许是受到21世纪臭名昭著的企业会计丑闻和全球经济严重衰退的影响，人们的看法似乎发生了转变。

正如一份最新出版的学术研究报告所指出的那样，学者、从业者和监管机构通常关注的是会计能力的提高，他们认为只有掌握较高的技能，会计从业人员才不会提供有重大错误陈述的财务报告。

2. 高管会计知识匮乏现象普遍存在

美国国会于2002年为应对重大会计丑闻而成立的美国公众公司会计监督委员会（PCAOB）将管理会计能力的缺乏列为造成财务误报的一个突出风险因素，这反映出了一种趋势。

然而，美国会计协会去年11月出版的《会计评论》杂志上刊载了一篇标新立异的学术论文，推翻了此前公认的看法。该论文认为，公司高层管理人员中普遍存在会计专业知识匮乏，而会计专业知识缺失往往会对公司财务报告的质量产生一定的负面影响。

这篇名为《审计人员能看到公司首席执行官（CEO）在会计知识方面存在明显短板吗？》的论文所得出的结论是，公司高管会计知识匮乏现象普遍存在。因此，该调查结果对监管机构、公司董事和负责证明客户公司财务报表准确性的外部审计师有重要意义。

目前，美国得克萨斯基督教大学的安妮·阿尔布雷希特、密苏里大学的伊莱恩·莫尔丁和佛罗里达州立大学的内森·牛顿等会计学教授，对美国国内3000多家上市公司的CFO、CEO和其他高管进行了问卷调查。调查结果发现，作为审计公司的合伙人或经理，一旦其有上市公司高管任职背景，这些人就会大大增加目前财务报表造假的可能性。

他们以前的经验，为其提供了审计程序和谈判策略的相关知识。因此，当外部审计员发现财务报告出现错误陈述时，这些高管就可以使用其身居高位的身份，隐藏错误陈述或避免权益调整。毕竟，他们的伎俩被揭穿需要一定的时间。

3. 可能增加造假隐患？

简言之，高管的会计能力可能是一把"双刃剑"，既可以增强财务报告的可信性，也可以完全颠覆财务报告的真实性。

他们进一步解释说："我们不认为单凭会计能力就会导致错报，因为会计能力可能会提供产生可靠财务报告的能力。我们没有理由期望拥有会计能力的高管比没有会计能力的高管更诚实。相反，会计能力与其他欺诈风险因素相互作用，增加了重大错报的风险。"

还有哪些欺诈风险因素值得关注？教授们关注高管薪酬，因为"审计准则特别把高管薪酬包括在风险评估中，而先前的研究表明，基于薪酬的激励会导致错误陈述。"事实上，研究发现，公司高层管理人员的会计专业知识在大大提高其高管薪酬的同时，也增加了财务造假的隐患。

就其本身而言，过去高管的审计经验并没有显著增加财务虚报的可能性。但是，当这种专业技能遇到高管超额薪酬时，这种可能性就大大增加。以至于高薪公司比低薪公司更有可能出现财务造假。

资料来源：会计专业知识或许是把"双刃剑"？[EB/OL]. 中国会计报，2018-12-12.

5.3 本章小结

本章重点介绍了会计职业道德概念框架及其在实践中的应用。一方面，会计职业道德概念框架被介绍为一个重要的指导工具，其基本作用是为会计人员提供明确的行为准则和道德原则。该框架强调了需要特别关注的事项和核心程序。核心程序包括三个关键步骤。首先，会计人员需要识别可能对职业道德基本原则造成不利影响的因素。这可能涉及到面临的利益冲突、利益诱惑等情况。其次，会计人员需要评估这些不利影响的严重程度，确定其对职业道德的潜在风险程度。最后，在必要时，会计人员应采取相应的防范措施，以消除或降低不利影响至可接受的水平。另一方面，本章还介绍了会计职业道德概念框架在不同情景下的应用。首先是在应对利益冲突、利益诱惑、信息编报及相关利益等方面的应用。会计人员需要准确识别和处理潜在的利益冲突，拒绝利益诱惑，并确保信息编报的准确性和透明度。其次是在面对违法违规行为和缺乏专业技能等道德问题时的应用。会计人员应秉持基本原则，拒绝参与任何违法活动，并不断提升自身的专业技能水平。此外，本章还强调了会计职业道德概念框架在数字环境中的应用。随着数字化技术的快速发展，会计人员需要认识到新的道德问题和挑战，应根据会计职业道德概念框架的原则，审慎处理数字环境中的道德困境，确保数字化工具和技术的合规使用，并保护数据的安全和隐私。

关键术语

会计职业道德概念框架　　　信息编报
不利影响　　　　　　　　　违法违规
利益冲突　　　　　　　　　专业技能
利益诱惑

课堂讨论

1. 如何应用会计职业道德概念框架应对数字化时代带来的伦理挑战和道德风险？

2. 会计职业道德概念框架是全球适用的，但在不同的文化和国家背景下，会计人员可能面临不同的道德挑战。讨论在跨文化环境中如何应对道德挑战，如何平衡不同文化价值观与职业道德要求。

3. 根据会计职业道德概念框架，会计人员面临利益冲突时应该如何处理？请举例说明可能的利益冲突情境，并讨论应对策略和行为选择。

4. 在会计职业道德概念框架中，诚信是一个重要原则。讨论在信息编报过程中，会计人员如何确保诚信原则的实施？如何防止数据造假和虚假陈述？请提供具体措施和案例。

情景练习

我要怎么做?

B 公司起诉 A 公司侵犯专利权，A 公司聘请我提供诉讼支持。我向 A 公司总裁和法律顾问提交对此事的最终分析的截止日期是周五。

A 公司总裁的弟弟和我的弟弟在同一支篮球队打球。总裁是球队的教练，他决定每个孩子在比赛中的位置和上场时间。我弟弟真的很想打小前锋，他已经和教练沟通过了，但直到现在，总裁都拒绝我弟弟打这个位置，每场比赛都让他打控球后卫。

我在周五截止日期前的周一与总裁分享我的分析初稿。总裁告诉我，他期望得到不同的分析，不相信我的分析是准确的，也不认为它足够强大并足以赢得案件。

根据事实和之前与总裁的谈话，我认为初稿中的信息是准确的。此外，我和 A 公司的法律顾问警告 A 公司的董事会和总裁，基于事实和复杂性，他们很难赢得此案。

第二天，即周二，总裁向我提供了新的事实，并告诉我他希望根据这些事实进行新的分析。总裁强调，如果 A 公司在这起案件中没有胜诉，它可能需要申请破产。我告诉总裁，我将审查最新的分析。那天晚上晚些时候，我弟弟告诉我，教练刚刚让他打小前锋。

请用职业道德概念框架分析:

(1) 这种情况带来了什么威胁?

(2) 这些威胁的重要性有多大?

(3) 这对我的诚信和客观性的威胁，我可以采取哪些保障措施?

资料来源：改编自 Handbook of the International Code of Ethics for Professional Accountants [R]. IFAC, 2019.

资料分析

资料 5-1：一路《狂飙》，会计拒做背锅侠!

看了之前爆火的电视剧《狂飙》，许多人都准备去卖鱼，开启高启强式的"励志"故事。但是肯定不会有人想去当会计，因为在剧中，会计是一个高危职业，是用来顶锅的。

对此，干了十几年会计工作的某公司财务负责人刘铭表示，追《狂飙》，不仅要看《孙子兵法》，还要多读读会计法，会计不是这么用的。

1. 正本清源，会计也是打工人

艺术来源于生活。会计人被刻画成"背锅侠"的影视形象，也侧面反映了社会公众对会计职业的刻板印象和错误认知。之所以会出现这种认知偏差和标签化的印象，原因是多方面的。

一是大众媒体在与财务工作者相关的新闻报道中塑造的刻板印象，让会计群体常常在做假账、虚开发票、被诈骗、汇错款、偷税漏税等负面新闻中出现，逐渐使社会公众对会计群体形成了简单化、固定化的单一认知和职业印象。尤其在新媒体环境中，许多自媒体为了博眼球，常常利用类似这类的负面新闻来吸引流量，让会计人的职业形象蒙上了一层阴霾。

"每天打开公众号，看到最多的推送新闻就是某某公司财务造假、财务负责人被抓的类似新闻，让人既气愤又无奈。"刘铭说，大多数会计人都是勤勤恳恳的打工人，没有谁会总想着做假账、偷税漏税。

二是在实际工作中确实存在一定的职业风险。在一些财务造假舞弊和偷税漏税等真实案件中，也暴露出财务会计人员的艰难处境。

"作为一名财务会计人员，在企业中的位置很重要，也最容易被忽视。在企业财务造假案件中，会计脱不了干系，但是会计大多数情况下处于被动地位，不想踩法律红线就保不住饭碗，在利益驱使下，很容易成为企业老板违法违规的帮凶。"刘铭说。

山西建设投资集团有限公司的周雅琴也表示，《狂飙》中的"会计背锅"刺痛了无数财务人员的心。无论哪个单位领导出了事，会计肯定被请去"喝茶"。会计容易背锅，主要源自企业中出现的做假账、销毁凭证、会计账簿、买卖发票等违法违规行为，是会计人员直接经手办理的，属于直接责任人，需要接受处罚。

2. 撕掉标签，不做背锅侠

会计人要想撕掉"背锅"标签，得到社会公众的理解和客观评价，不仅需要新闻媒体的正确宣传引导、法律法规更加合理地保护，还需要每一名会计人做到守法尽责、坚守底线、不碰红线，才能规避风险，管好企业"钱袋子"、做好企业"贤内助"。

"作为财务人员，《狂飙》中的警官安欣二十年来的坚持最让我动容。守正和坚持是个人的坚定选择，也是职业人员的必备素养。剧中结尾，组长徐忠提到'政法系统教育整顿工作要常态化开展',这是外部环境的监督;与之对应的,我们自身还需加强'内功'的修炼。"国网山西省电力公司的段衷恺表示。财政部近期印发的《会计人员职业道德规范》是首次制定的全国性会计人员职业道德规范,将会计人员作为职业信用建设的重点人群,引导职业道德建设与行为规范,其提出的"坚持诚信,守法奉公;坚持准则,守责敬业;坚持学习,守正创新"的"三坚三守"职业道德要求恰好为会计人不做"背锅侠"提供了指南。

许多业内人士均表示,会计人的头顶要时刻高悬法律的利剑,保持法律意识,遵守会计法等法律法规。法律不仅是约束,也是武器。只有严格按照规章制度办事,恪守合规流程,才能规避风险。

"在工作中,很多会计人因为受制于人,常常用迫不得已、被逼无奈这样的字眼为自己的违法违规行为找借口。正确的做法应该是学会权衡利弊、坚守底线、有原则。一是把好业务关,在工作中严格执行准则制度,保证会计信息真实完整;二是把好良心关,对于工作中遇到的违法违规行为要敢于斗争,自觉抵制会计造假行为。这不仅是对自己的工作负责,也是对自己的前途命运负责,更是对社会公众负责。"刘铭说。

随着我国市场经济的不断发展完善、法律法规的不断健全,企业应该更多考虑如何最大程度地发挥出财务会计人员的专业优势,推进业财融合,为企业经营提供正向的财务支持,而不是在如何利用财务会计人员走歪路、钻法律空子上花心思。

会计人要在企业发展中彰显更多自我价值,不断提升专业胜任能力,加强专业知识的学习,掌握最新税收政策,及时更新会计准则制度的相关要求,跟上会计信息化发展的步伐。

"为了更好地履职尽责,发挥好会计监督职责,还要强化财务穿透式监管、内控体系建设、财务自查整改、信息化建设等,相信在大智移云时代,伴随着金税四期全面上线、电子发票的全面推行、数据的共建共享,财务人员不会再被迫背锅。"周雅琴补充道。

3. 不忘初心,方得始终

《狂飙》剧中安欣在查处案件时,能够不断地寻找线索,不人云亦云,能收获自己想要的东西。从他身上可以看出,财会年轻人需提高"三种本领":坐下来能写、站起来会沟通、俯下身能干事。

能写会沟通是基础,善于思考、能干事是关键。要主动担当作为,永葆"想干事、干成事"的激情,不断提升综合素养,不断提升工作能力,不断增强干事真本领。在企业中,财务人员要有自己独立的思考能力,多深入一线业务部门了解业务真相，转变账房先生为票房先生的角色，业财融合才能发现更有价值的线索。

作为一名警察，剧中的安欣能够持之以恒，不断突破自我，在与高启强斗争的过程中，不断寻找其犯罪证据，虽然一次又一次扑空，但始终不放弃，并不断调整思路，最终取得胜利。该方法运用到企业战略目标任务中也是如此。外部环境不断变化，不可控因素较多，但只要盯住自己的核心目标，不断整合资源、寻找突破口，就能找到机会，一步一步实现目标。

剧中曹闯、张彪、杨健等人本是国家公务员，在干业务方面是一把好手，拥有光明的前途，但最终未能抵制诱惑被毁于一旦。《会计人员职业道德规范》要求财务人员牢固树立诚信理念，以诚立身、以信立业，严于律己、心存敬畏……财务人员要勇于抵制诱惑，坚守正念，不贪污受贿，不做违法之事，善于通过法律手段保护自己。君子爱财，取之有道，只有通过合法合规的方式为企业创造价值，才能赢得尊重。

对于企业的长远经营发展，弘扬人本精神，改善企业内控环境，提升整体财务管理水平，将重大风险拒于门外，消除财税风险隐患是长久之计。会计人员要始终以诚信为本，以法则和准则为依据，不断提升自身专业素养，做到心中有光、脚下有路，抵制各种不良诱惑。

4. 恪尽职守认真履责才能真正保护自己

随着电视剧《狂飙》的热播，人们赞叹演员的演技之余，也深感国家扫黑除恶的成果来之不易。不同年龄、不同职业的人，对故事情节理解不同、感触不同。作为一名会计工作者，主要从会计角度与大家分享。

一是现金的管理。提到现金，大家似乎已经感到比较陌生。当前，除了过年给孩子压岁钱，平时消费通常使用微信或支付宝，工资通常也直接发到银行卡里。早些年，企业都是通过现金直接发放工资，当时现金支票是必备的重要凭证，遇到大额提现时需向银行提前预约。如果现金是发放工资使用，还需附上人员明细。在剧中，高启强多次在饭局之后，往领导车上放"土特产"，盒子打开却是整捆整捆的现金，现金如何而来？背后离不开财务人员的协助。

二是账簿的管理。剧中快结尾时，黄瑶到财务室威逼财务总监交出集团真实账簿。真实账簿锁在保险柜中，而且是在移动硬盘里，可见该集团已使用电子账。会计账簿从最开始的手工账发展到手工账与电子账并存，再到现在的纯电子账、云记账，记账速度越来越快，技术越来越先进。由于手工账更改有痕迹，而且不同人的笔迹也不相同。所以，教材中会讲到错账更正的方法，特别是划线更正法，需要更正人盖章以明确责任。强盛集团内外两套账，很多支出都是虚列。

现在，随着人工智能的发展、电子票据和纸质票据的扫描采集、财务与业务的一体化、国家税务总局金税三期系统的不断完善、区块链各节点数据额相互印证，大大降低了财务造假的概率。按照规定，账簿应在会计年度结束之后交由专门的档案机构进行保管，电子账应进行备份，并分别保管在不同的地方，最好是放在防磁柜中，避免因天灾人祸同时损毁。

三是会计的职能。会计有核算与监督两大职能。随着财会监督、审计监督和纪检监察监督三位一体的监督机制的构建，可以更好地发挥其监督效力，提高协调配合能力，共同构建科学、合理、完善的监督机制和惩罚体系，共同推进反腐倡廉建设。

剧中多次出现大额现金，在很多人看来，银行转账有据可查，使用现金是没有痕迹的。殊不知，银行后台均已记录了从银行提取的每张现金的冠字号，追查冠字号便可以轻松查到现金的使用轨迹。

多数财务人员可能认为，只要自己不贪污就没有责任，实则不然。会计法、会计准则、《会计人员职业道德规范》均对会计人员做了明确规定，只有恪尽职守、认真履责，才能真正保护自己。

《狂飙》是社会发展的一个缩影，会计人员要从中引以为戒，不忘初心、不辱使命、诚信为本、不做假账。

5. 守正信息透明度，释放会计治理效能

发挥会计治理效能离不开对会计原理原则守正创新，降低会计信息使用者信息期望差，还原经济主体客观活动，勾画活动本身的未来诉求，最终践行经济价值的不忘初心，牢记经济使命。

提高时间价值透明度，释放会计价值治理效能。超预期根本原因是错估时间价值。在会计确认中把时间价值近似为采用银行平均利率折算价值，忽视资本价值实现路径。按照马克思政治经济学的视角，资本是产生剩余价值的价值，价值形成于流通领域。在不同的流通领域中，资本被打上流通的烙印。因此，仅采用近似银行平均利率计量时间价值可能会偏离价值本身，难以发挥价值治理效能，可能会产生价值逃逸或者价值嫁接等现象。

《狂飙》中安欣对弱者的同情忽视了信息的外部性，在时间的长河里，不自觉充当了高启强的保护伞，削弱了正义的匡扶作用。同理，提高时间价值透明度，才可以还原时间隧道后的本质和规律，提前发挥免疫功能，释放会计价值治理效能，引导时间价值变为成长价值。

提高公允价值透明度，释放会计管理治理效能。主责主业是审计的方向，更是提高公允价值透明度的有效途径。前期平台公司治理有力打击了资本控制平台"暗箱"交易行为，促进各类企业健康与人本发展。高启强不甘于主责主业，致使人性蜕变，沦为黑势力思维和资本权力的奴隶，阻碍了自身正常发展，也违反了人本原则，最后走向悲惨结局。

新时代，我国政府提倡发展实体经济，意识到实体经济是国家永续发展的根基，坚持金融发展服务实体的理念，实现实体经济的合理价值，有效预防金融业务的虚假繁荣和金融泡沫。发展实体经济是主业，为实体经济发展提供政策和平台才利于形成有效的实体经济市场、提高实体经济的公允价值透明度、释放会计管理治理效能。

提高历史价值透明度，释放会计文化治理效能。历史成本是会计治理文化的底色。暴利行为违反了历史价值。违背历史价值，扰乱市场，阻碍资源的优化配置和创新动能，污染营商环境。高启强由于借助关系网改变命运，模糊了发展的历史价值和社会主义倡导的艰苦奋斗文化，官商共舞，社会治理失去效能。类似地，会计只有坚持历史成本透明，才能释放会计文化治理效能，服务社会主义现代化建设。

资料来源：《狂飙》收官！会计人，这些情节注意到了吗？[EB/OL]. 中国会计报，2023-02-18.

讨论题：

1. 结合上述资料，请讨论会计人员在工作中可能面临的违法、违规或不道德行为？

2. 结合上述资料，请讨论会计人员如何预防和避免参与违法、违规或不道德行为？

3. 请问会计人员如何运用职业道德概念框架拒绝成为他人的"替罪羊"，从而保护自身权益和维护行业声誉？

资料5-2："边界意识"是会计人的自我保护

1. "边界意识"是会计人的自我保护

现在会计圈里有一种新的流行语，叫"会计边界"。其大概意思是指，会计工作中所坚持的基本职业准则、规定和界限，来分辨业务处理中哪些是合理的、安全的，符合法律法规的，以及当领导越过这些界线和要求会计突破这些界限时，自己该如何应对，并有效将风险控制在会计的边界线以内。

会计作为一个每天和钱打交道的岗位，其重要作用不言而喻，其面临的潜在风险也如影随形。因此，在会计工作中，为自己划定清晰的会计边界，具备正确的边界意识,是保护自己、降低风险的有效手段。

2. "会计边界"在哪里

中国核工业集团财务部吴祥认为,会计的边界应该主要从3个维度来定义。第一个维度是国家的法律法规,包括会计法、税法、经济法、公司法等,以及财政、税务部门发布的条例解读。这些构成了全体会计人员工作的底线和高压线。第二个维度是各单位的管理制度,包括预算管理、资金支付、薪酬待遇、费用报销、收入确认等内容。会计人员在履职过程中,要严格按照公司制度要求开展活动。第三个维度是企业的内控、合规、风险防范制度,包括企业合法经营、安全生产、质量控制、防范业务舞弊、防止资产损失等内容的规范要求。

"这3个维度共同构成了会计人员工作中的基本遵循,一方面是对会计工作、会计人员进行限制和约束;另一方面是对会计工作提出基础、标准的说明和规范,为高质量的会计活动提供保障,相应地也为会计人员提供了一层保护。只要严格遵循工作要求,会计活动就是处于'安全边界'。"

当会计人员对会计工作的边界拥有清晰的认知时,意味着他们会在会计工作中从以上3个维度自觉地进行自我规范和要求。但是,在实际工作中,会计人员往往面临更加复杂的工作环境和社会环境。因此,边界意识的形成不是一朝一夕的事情,而是需要在学习和体验中不断完善、慢慢成形。

"会计边界和大海的边界一样,并不是一直处在同一个位置。它会随着潮汐的起落不断变化。随着法规政策的改变、社会的发展、技术的进步,会计人不断学习的过程就是不断测试会计边界的过程。"青岛海富工程塑料有限公司财务负责人陈唤军表示,如果始终处在同一个地方,涨潮时可能会被淹没在汪洋之中。

"平静的海面下是波涛汹涌、暗流涌动的海水。一个初生牛犊不怕虎的会计新手,也会因为'童趣'而葬身大海;一个会计老人,即使在潮头游刃有余,也有被淹死的可能。"陈唤军补充道,会计边界,有时候也是一种会计人的"运气"。谁也保证不了常在海边走就是不湿鞋。所以,一定要谨慎再谨慎。

3. 突破边界的危险

近年来,财务人员利用职务之便进行违法犯罪的案例屡见不鲜。例如,做假账、虚开发票进行虚假抵税、提供虚假的信息和虚假凭证、在税务机关稽查过程中拒绝提供会计凭证、利用虚开发票形式或采取包销形式税前抽逃资金等。造成这种现象的原因正是财会人员没有清晰的边界意识,超出了会计的边界。"突破会计边界的案例太多了。例如,新闻中提到的南京一家公司财务总监詹某某进行会计证造假,就是把脚伸出了'会计边界'之外,利用职务之便欺骗上级修改资金内控流程,卷走了2000万元，连会计最后的'遮羞布'也不要了。"陈唤军认为，"会计边界"最不能碰的就是资金问题。管钱的监守自盗，是最危险的事情。

吴祥对此深有同感："工作中经常听到一些违法违纪的不良行为。比如'小金库'现象；一些事业单位、企业内部的小团体想尽各种办法截留、转移、套取资金，满足少部分人消费、发放福利；企业领导违规领取薪酬，超额消费报销；有的企业会遇到资金诈骗，骗子们冒充领导、公司财务主管甚至是公司经理，给出纳发短信、留言，着急落实一笔转账款，出纳一看是领导的要求，就会马上落实，把资金汇出，应该有的签字也不签字，应该有的复核也没有复核，不按规定程序进行资金支付，导致被骗，造成公司损失；违规经营，偷税漏税，骗取国家各类补助资金，骗税；会计核算不规范，虚构收入、成本结转不及时，应该纳入到合并范围不纳入，商誉减值不充分；有的为了上市、债务融资，进行财务数据粉刷、造假等，这些行为都是突破'会计边界'的典型体现。"

企业出现越界行为，会计工作出现差错，具体分析其原因，吴祥认为主要有两点：一是会计人员个人履职不当，分为主观上有意为之和客观上的无心之错；二是业务人员、领导出现错误的行为，会计人员未能发现和制止，审核把关不够，未能有效发挥会计的监督管理职能。

4. 培养"边界意识"

边界意识好的会计，知道什么可以做、什么不能做，也清楚自己能够接受哪些指令，不能够接受哪些要求，在坚守国家法律的边界内，既尊重别人，也保护自己。

"为了保证自己不越过边界，除了不从事会计以外，最有效的办法是不断学习专业知识，拓宽自己的视野，不能故步自封。不断进行知识迭代，做一个时代的'弄潮儿'，绝不做一个时代的'失败品'。高高兴兴干会计，平平安安早退休。"陈唤军表示。

对于培养正确的边界意识，吴祥认为，会计工作者要履责尽责，履行好企业"看门人"的职责，需要时刻保持警醒，心中牢记几个层次的"边界意识"。

第一个层次，管好自己的思想，对财经法规心存敬畏，保持良好的职业操守，不能让自己主观上产生歪心思、不良动机。

第二个层次，熟练掌握各项财经法规制度内容，明确公司对自己岗位的要求，这样才能更好地监督、指导业务相关部门工作，做到按财经法规办事、按规章制度办事。

第三个层次，合规意识、风险意识。把握岗位的关键流程，深刻领悟公司对岗位的内控要求，不能绕开内控，忽视内控要求，时刻保持风险意识，梳理好岗位中存在的潜在风险点,将风险控制于内控,在内控中消除风险。

第四个层次,价值创造意识。会计工作者坚守会计边界,防范资产流失,就相当于为企业创造了价值。在坚守边界的同时,要有高度的价值管理、价值创造的思维,特别是在当前新业务、新模式不断创新迭代的背景下,会计工作要跟上业务创新的需要,科学做好企业价值的计量、报告、鉴定和创造,不能简单地因为法规没有说、法规没有规定,就这也不行、那也不行,限制了企业的发展。

"会计工作者的守护边界成效不仅是会计工作者自身的事情,还需要从公司角度出发去考虑,在企业层面要有遵章守纪的文化,无论是领导还是普通员工,都要有按照制度办事的习惯,在企业内部能够理解、支持财务人员的活动,做到自觉遵守财经法规,给会计工作者营造一个良好的从业环境。"吴祥补充道。

资料来源:"边界意识"是会计人的自我保护 [EB/OL]. 中国会计报,2022-06-11.

讨论题:

1. 结合上述资料,请问会计人员应当如何理解"边界意识"?
2. 结合上述资料,请问如何培养和提升自己的"边界意识"?
3. 请详细论述会计职业道德概念框架在帮助会计人员树立"边界意识"中的重要作用。

资源推荐

- **网站资源**

    上海证券交易所:www.sse.com.cn

    深圳证券交易所:www.szse.cn

    天眼查:www.tianyancha.com

    同花顺财经:www.10jqka.com.cn

    投资中国网:www.investchinaccpit.com

    网易财经:money.163.com

    新浪财经:finance.sina.com.cn

    雪球网:xueqiu.com

    彭博(Bloomberg):www.bloomberg.com

- **公众号资源**

    然然老师的 Quantmental(微信号:FinandQuan)

铭心而论（微信号：gh_f108c009a0e8）
刀客特陈说（微信号：CCMRR_Center）
马靖昊说会计（微信号：majinghao920）
汪本良注册会计师（微信号：china-cpa）
财务与会计（微信号：caiwuyukuaiji）

第 6 章

新时代会计职业道德的教育、评价及惩戒

 **学习目标**

1. 熟悉会计职业道德教育。
2. 理解会计职业道德评价机制与方法。
3. 理解会计职业道德惩戒机制。

【识别二维码获取本章PPT】

 引 例

提升财会领域从业者信息化、数字化能力

党的二十大报告提出,加快发展数字经济,促进数字经济和实体经济深度融合,打造具有国际竞争力的数字产业集群。数字经济的崛起与繁荣赋予了经济社会发展的"新领域、新赛道"和"新动能、新优势",正在成为引领中国经济增长和社会发展的重要力量。当前,数字经济实体和业态发展变化日新月异,越来越多的企事业单位积极推进信息化、数字化建设。在这一过程中,财务、会计、审计是重点推进的领域。财务数据是企事业单位发展成效的直观体现,财务数据的准确性和应用水平也关系到企事业单位的数字化转型成败,乃至影响其高质量发展成效。

与此同时,企业财务信息化、数字化转型也给国家审计以及注册会计师行业等的社会审计有效识别企业财务风险、财务舞弊行为等工作带来新挑战、提出新要求。2023年2月,中共中央办公厅、国务院办公厅联合发布了《关于进一步加强财会监督工作的意见》,明确提出了"财会监督法律制度更加健全,信息化水平明显提高,监督队伍素质不断提升,在规范财政财务管理、提高会计信息质量、维护财经纪律和市场经济秩序等方面发挥重要保障作用"的目标。

实践中,财会审领域开展信息化建设除存在技术等硬件问题外,关键的难题在于缺乏既掌握财会审知识,又精通信息化、数字化技术的人才,导致不能充分发挥内部支撑生产和管理、外部实现有效监督的作用。

目前，高等院校正在加强财会、审计信息化人才的培养。但在用人过程中发现，高校财会相关专业毕业生接受的信息化知识教育仍普遍较为浅显，难以满足财会审领域信息化建设需求。而企事业单位自行培养这类人才往往事倍功半。

为此，提出以下几点建议。

一是建议财会类院校及综合类高校的财会、审计相关专业，将信息化、数字化相关课程纳入专业必修课。财政部发布的《关于加强新时代注册会计师行业人才工作的指导意见》提出强化信息化、数字化等方面的技能储备，完善注册会计师专业方向的课程体系。为此，有必要将信息系统审计、数据分析等与信息化、数字化相关的课程纳入财会类院校及综合类高校财会、审计相关专业的必修课程，引导相关专业的本科生、会计专业硕士、审计专业硕士等提高数字化素养，从而加强财会类专业学历教育与财会领域对数字化人才需求的衔接。

二是建议加强对财会审从业人员信息化、数字化理论知识与实践技能的在职培养、专项培养。作为财会人员的主管部门，财政部应通过奖补措施引导企事业单位、会计师事务所等积极开展财会审计从业人员在职培训，提升其信息化、数字化方面的应用水平。建议财政部、中国注册会计师协会在高端会计人才培养序列中增加信息化、数字化人才培养方向，培养一批能够起到辐射带动作用的专门人才。

三是建议参考职业教育的现代学徒制，鼓励高等院校财会相关专业学生到行业机构"半工半读"，健全完善行业后备人才联合培养模式。教育部在职业教育体系倡导的"现代学徒制"，在深化产教融合、校企合作、培养职业技能人才方面取得了一定成效，建议引导有条件、有意愿的院校和专业汲取现代学徒制在"学以致用"方面的精髓，鼓励学生到企业财务信息化岗位、财会软件开发公司、会计师事务所等"半工半读"，从工作中获取丰富的职业技能和实践经验，同时也可减轻家庭困难学生在学习期间的经济负担。

四是建议鼓励相关院校加强校企合作、联合办学、产学研互促。积极接受中国注册会计师协会、财务软件开发公司及其他企事业单位委托，定向培养数字化人才，开展财会领域信息化、数字化联合研究，构建产学研结合基地。

资料来源：肖厚发. 两会建言⑯|全国政协委员肖厚发：提升财会领域从业者信息化、数字化能力［EB/OL］. 财务与会计，2023-03-09.

6.1 新时代会计职业道德教育

6.1.1 会计职业道德教育的含义

会计职业道德教育是指根据会计工作的特点,有目的、有组织、有计划、有条理、有系统地对会计人员和准会计人员进行的职业道德教育活动。它旨在培养会计人员的职业道德品质,使其履行会计职业道德义务。会计职业道德教育是提高会计职业道德水平的重要方式和途径。

为了有效开展会计职业道德教育工作,需要各方共同努力。一方面,大中专院校、会计培训机构以及会计工作的管理部门、会计行业自律组织和单位负责人承担着直接或间接地对会计人员或准会计人员进行会计职业道德教育的责任。另一方面,会计人员和准会计人员本身也有义务不断提高自己的会计职业道德水平,自觉践行职业道德准则,并不断反思和改进自己的行为,以确保会计工作的诚信、公正和专业性。综上,会计职业道德教育需要教育机构、管理部门、自律组织和个人共同努力,通过有计划、有序的教育活动,培养会计人员的道德素养和职业操守,促进会计职业道德的继承与发展。这样才能保证会计人员在工作中不仅具备扎实的专业知识和技能,还具备高度的职业道德意识和行为规范,为保障会计信息的准确性、可靠性和透明度,维护公共利益和社会信任作出积极贡献。

6.1.2 会计职业道德教育的形式

会计职业道德教育可以采用多种形式进行,以达到有效的教育效果。

(1)课堂教育:通过在教室环境中进行讲解、讨论和案例分析等方式,向会计人员传授相关的职业道德知识和理念。这种形式可以提供系统化的学习机会,帮助会计人员建立起正确的职业道德观念。

(2)培训和研讨会:组织专门的培训课程或研讨会,邀请行业专家、从业者或学者分享经验和案例,讨论相关的职业道德问题,并进行互动交流。这种形式可以帮助会计人员了解最新的法规要求和行业标准,提高其职业道德水平。

(3)案例分析和角色扮演:通过具体的案例分析和角色扮演活动,让会计人员参与到实际情境中，体验和解决职业道德问题。这种形式可以帮助会计人员培养判断力和决策能力，提高其应对职业道德困境的能力。

（4）网络和电子学习：利用互联网和电子学习平台，提供在线课程、视频教学和互动讨论等方式，使会计人员可以随时随地学习和掌握职业道德知识。这种形式具有灵活性和便捷性，适合于远程教育和自主学习。

（5）实践和导师指导：通过实践经验和导师指导，引导会计人员在实际工作中面对职业道德挑战，并及时给予指导和反馈。这种形式可以将理论知识与实际操作相结合，帮助会计人员将职业道德转化为具体行为。

6.1.3 会计职业道德教育的内容

道德教育贯穿会计人员的整个职业生涯。国际会计师联合会（IFAC）下属的国际会计教育准则理事会（IAESB）将会计职业道德教育划分为四个阶梯形步骤：传授职业道德知识、培养职业道德敏感性、促进职业道德判断能力、维持符合职业道德操守的行为承诺。每个阶段都与职业价值观、道德和态度发展的特定进步水平有关。职业价值观、道德和态度的发展是一个反复的过程，需要个人反思他们在各个阶段的学习，并不断审查和修正他们的道德知识、道德敏感性和道德判断。保持对道德行为的持续承诺，前提是专业会计师将在整个职业生涯中继续增强他们的道德知识，培养他们的道德敏感性，并提高他们的道德判断力。

1. 第一阶段：传授职业道德知识

该阶段强调技能学习，了解与会计专业相关的道德和专业标准。一般道德原则和职业道德基本原则的知识，是在专业环境中制定道德决策和行为所必需的。该阶段是学习有关职业价值观、道德和态度的基础知识。它侧重于培养对以下几个方面的理解：（1）影响决策的环境，包括：①相关标准和规范；②对道德和专业行为的期望。（2）基本理论和原则：①道德；②美德；③个人道德发展。

2. 第二阶段：培养职业道德敏感性

该阶段强调技能学习，需要培养道德敏感性，即（1）识别道德威胁或问题的能力；（2）了解道德解决方案的替代行动方案；（3）了解每种替代方案对利益相关者的影响。对此，此阶段应确保会计人员了解会计相关学科的知识（例如，财务会计、管理会计、审计和税务），重点培养其道德敏感性和职业责任感，以及强化对工作场所面临的违背基本原则的威胁的认识。

3. 第三阶段：促进职业道德判断能力

该阶段强调实际应用，会计人员在此学习如何整合和应用道德知识和道德敏感性，以形成合理且明智的决策。此阶段旨在帮助个人应用有充分根据的流程来做出道德决策。该阶段，教育机构应考虑制定道德教育计划，重点是通过应用道德理论、社会责任、职业行为准则和道德决策模型来提高道德决策技能，从而提高专业判断力。

4. 第四阶段：维持符合职业道德操守的行为承诺

该阶段强调实际应用，会计人员需要能够应对对基本道德原则的道德威胁，并能够选择符合道德基本原则的行动方案。该阶段的重点是帮助会计人员理解组织和环境因素对道德行为的影响，发展和加强道德决策以及在专业环境中对道德行为的持续承诺。

拓展链接 6-1：会计人才能力框架

1. 主管部门对会计人才能力框架的指导

财政部 2002 年 7 月成立会计人员能力框架项目研究小组，在借鉴国际经验的基础上结合我国国情，将我国会计人员分为会计岗位资格、会计专业技术资格和会计从业资格 3 类。上海国家会计学院 2002 年 9 月成立 CFO 能力框架研究课题组，于 2006 年完成了《成为胜任的 CFO——中国 CFO 能力框架》。

2015 年，财政部委托中国总会计师协会对管理会计能力框架及人才评价体系进行系统研究，中国总会计师协会在 2019 年 3 月发布了《中国管理会计师职业能力框架》。

2. 全国会计领军人才、高端会计人才培养能力要求

2007 年，财政部发布《全国会计领军（后备）人才培养十年规划》，将会计领军人才划分为企业类、行政事业类、注册会计师类、学术类四种类型，从知识结构、专业素养、外语水平、分析创新能力、政策把握能力、组织协调能力、交际沟通能力、应变能力等方面综合考察会计人员能力水平。

2010 年，财政部发布《会计行业中长期人才发展规划（2010 - 2020）》，提出到 2020 年，培养 2000 名左右的全国会计领军人才，担当会计行业领军重任。其中，着眼于提高大型企业经营管理水平，实施"走出去"战略，培养造就 900 名高素质、复合型、国际化企业类会计领军人才；着眼于提高行政事业单位现代化管理水平，推进财政科学化精细化管理，培养造就 200 名高素质、复合型、国际化行政事业类会计领军人才；着眼于加快我国注册会计师行业发展，形成国际竞争比较优势，培养造就 700 名高素质、复合型、国际化注册会计师类会计领军人才；着眼于丰富我国会计理论体系，占领国际学术制高点，培养造就 200 名高素质、复合型、国际化学术类会计领军人才。

2013 年，财政部发布《全国会计领军（后备）人才培养工程提升计划实施方案》，以持续推动全国会计领军（后备）人才培养工程毕业学员能力素质提升，培养模式包括会计领军人才知识更新计划和会计领军人才特殊支持计划，以加强各行业领军人才思想交流、经验分享，理论与实践相结合。

2016 年，财政部发布《全国会计领军人才培养工程发展规划》，提出高层次会计人才的培养要适应大中型企业和上市公司快速发展和强化管理的需求，适应我国政府会计改革的需求，适应完善社会主义市场经济体制、推动会计师事务所做强做大需求，适应建立有中国特色和国际影响会计理论体系的需求等。

2018 年，财政部发布《国际化高端会计人才培养工程实施方案》，培养国际视野开阔、实务经验丰富、专业能力突出、英语应用娴熟的国际化高端会计人才，以进一步加强国际会计交流与合作，积极参与并影响国际会计标准的制定，不断提高我国会计话语权和影响力，更好地为我国经济"走出去"服务，切实维护国家利益。

3. 管理会计师职业能力框架（2019 年）

中国总会计师协会在 2019 年 3 月发布了《中国管理会计师职业能力框架》，将管理会计师能力分为专业能力、综合能力，以及符合相应的职业道德行为规范要求（见表 6-1），该框架将熟练程度分为初级、中级、高级和特级。

表 6-1　中国总会计师协会的管理会计师职业能力框架

专业能力	财务会计能力	
	管理筹划能力	战略管理能力
		预算管理能力
		成本管理能力
		营运管理能力
		绩效管理能力
		投融资管理能力
		风险管理能力
		管理会计报告能力
综合能力	创新能力	思维创新能力
		信息技术应用能力
		管理会计工具方法创新能力
	领导力	沟通协调能力
		团队建设能力
		组织能力
职业道德与行为规范		

4. 中国总会计师（CFO）能力框架（2019 年）

我国经济已由高速增长阶段转向高质量发展阶段，中国总会计师协会于 2017 年 12 月成立研究项目组，对中国总会计师（CFO）的能力框架进行研究，并于 2019 年 8 月发布《中国总会计师（CFO）能力框架》。该框架将总会计师履职应具备的能力归纳为道德遵从能力、专业能力、组织能力、商业能力 4 大类。其中，道德遵从能力包括诚信操守、合规管理、受托责任、道德遵从前提下的价值创造、相关利益平衡 5 个能力要素；专业能力包括预算管理能力、成本管理能力、绩效管理能力、投融资管理能力、风险管理能力、数据治理能力、信息披露能力、纳税筹划能力 8 个能力要素；组织能力包括沟通协调能力、团队管理能力、机制设计创新能力、学习能力、冲突管理与自我控制能力 5 个能力要素；商业能力包括环境洞察能力、战略管理能力、商业模式构建能力、跨组织价值创造能力、信息系统构建能力 5 个能力要素，共计 4 大类能力、23 个能力要素。

资料来源：崔华清，何敬. 国内外会计组织对会计人才能力框架的研究 [EB/OL]. 财务与会计，2023-10-10.

6.1.4 会计职业道德教育的途径

1. 接受教育的途径

(1) 岗前会计职业道德教育。

岗前会计职业道德教育是指对即将从事会计职业的人员进行的培训,旨在传授会计职业道德的知识和价值观。这种培训包括两个方面:一是在会计类专业学历教育中进行的会计职业道德教育,二是在会计类专业非学历教育中进行的会计职业道德教育。

①会计类专业学历教育中的会计职业道德教育。

《新时代公民道德建设实施纲要》指出:把立德树人贯穿学校教育全过程。学校是公民道德建设的重要阵地,注重融入贯穿,把公民道德建设的内容和要求体现到各学科教育中,体现到学科体系、教学体系、教材体系、管理体系建设中,使传授知识过程成为道德教化过程,开展社会实践活动,以强化劳动精神和劳动观念教育。这些活动旨在引导学生热爱劳动、尊重劳动,并使他们认识到劳动的光荣、崇高、伟大和美丽,同时也更好地认识社会、了解国情,增强社会责任感。加强师德师风建设,引导教师以道德为基础,做到以德立身、以德立学、以德施教、以德育人。这样的引导使教师成为具有理想信念、道德情操、扎实学识和仁爱之心的好榜样。同时,建设优良的校风,通过校训的制定、丰富多样的校园文化生活等方式,营造出有利于学生修德立身的良好氛围。在我国,高等院校扮演着培养各类专业人才的重要角色。特别是在会计类专业中,在校学生是未来会计专业队伍的潜在人员,其中一部分(准会计人员)将在毕业后从事会计工作。会计学历教育阶段对于准会计人员的会计职业道德观念和判断是非善恶的标准的初步形成至关重要。因此,设置会计类专业的高等院校成为会计职业道德教育的重要阵地和主要基地,在会计职业道德教育中具有基础性的地位。

②会计类专业非学历教育中的会计职业道德教育。

2017年11月4日,中国第十二届全国人民代表大会常务委员会第三十次会议通过了修改《会计法》的决定。根据该决定,原先规定"从事会计工作的人员,必须取得会计从业资格证书"的要求被修改为"会计人员应当具备从事会计工作所需要的专业能力"。同时,决定还规定"财政部门对各单位'从事会计工作的人员是否具备专业能力、遵守职业道德'实施监督"。该决定于2017年11月5日开始实施。取消会计从业资格证书并不意味着会计职业的门槛降低。许多单位在招聘会计人员时将原来的"取得会计从业资格证书"的要求至少提升为"取得会计专业技术初级资格证书"。这样，会计类专业的非学历教育（主要包括会计培训机构提供的培训和财政部门组织的培训等）主要涉及会计专业技术初级资格证书、会计专业技术中级资格证书、注册会计师等考前培训，以及实际会计工作前的培训等。在这个过程中，会计类专业的非学历教育机构承担着培养会计职业道德的责任。

（2）岗位会计职业道德继续教育。

岗位会计职业道德继续教育是指对已从事会计职业的会计人员进行的会计职业道德的继续教育，主要通过会计专业技术人员的继续教育活动来实现。在我国，会计专业技术人员的继续教育政策依据为《会计专业技术人员继续教育规定》（财会〔2018〕10号）。会计专业技术人员继续教育（以下简称为"会计人员继续教育或会计继续教育"）旨在保障会计专业技术人员的合法权益，不断提升他们的业务素质和职业道德水平，通过再培训和再教育的方式进行。[①]

2. 自我教育的途径

（1）自我剖析。

自我剖析是指个人以观察者的身份，或借助观察者的视角，对自己进行理性、深入、详尽、全面的分析，类似于进行外科手术一样的解剖分析。通过自我剖析，会计人员能够全面了解自己在会计工作中的表现，并积极改进和提升自身的职业道德水平，以更好地履行职责和维护会计职业的声誉。通常来说，自我剖析包括以下两个方面：①从会计职业道德规范的要求出发，客观公正地分析和评价自己在会计工作中的思想、言辞和行为，找出自身的优点、缺点、长处和不足，并真实地对其进行评价。对于发现的优点和长处，应继续发扬；对于发现的缺点和不足，应积极努力改正。②主动倾听旁观者对自己会计职业道德水平的评价，根据会计职业道德规范的要求善于接受他人的意见和建议。对于旁观者指出的优点和长处，应谦虚谨慎地继续发扬；对于旁观者指出的缺点和不足，应虚心诚恳地努力改正。

（2）自警自励。

自警是指会计人员时刻保持自我谨慎、自我戒备、自我告诫、自我警醒的态度和行为。这意味着他们要不断抵制并战胜各种错误思想和观念对自己的侵袭，同时防备并战胜各类试探和诱惑对自己的攻击。在会计工作中，会计人员必须保持高度

[①] 梁文涛，苏杉，张清亮. 会计职业道德［M］. 北京：中国人民大学出版社，2021.

警醒，时刻警惕和抵制那些可能导致享乐主义、个人主义、拜金主义等错误思想的因素。他们需要树立正确的世界观、人生观和价值观，这样才能够加强自身的道德修养，并且为行使职责提供坚实的道德基础。

自励是指会计人员要以崇高的理想和信念来鼓舞和激励自己。在会计工作中，会计人员需要坚定崇高的会计职业道德理想和信念，这些理想和信念将成为他们前进的动力和指引。通过持续地激励自己，会计人员能够保持积极的工作态度和高尚的职业情操。他们应当时刻铭记自己的使命和责任，用崇高的会计职业道德理念来勉励自己，从而坚定地树立起正确的会计职业道德观，以此为指引，不断提升自己的职业道德水平。

（3）自律慎独。

自律是指一个人按照道德规范不断地自我约束、自我控制，并逐渐培养出自觉遵守的品格。这意味着一个人要有内在的自我要求和规范，坚守道德准则，自觉地控制自己的行为，使其符合道德规范和职业要求。自律是一种自我教育的途径，通过自我约束和自我控制，个体能够塑造自己的道德品质，培养良好的行为习惯，并在日常生活和工作中持之以恒。慎独是指一个人在独自居住或无人监督时，更加谨慎行事，仍然能够自觉地遵守各种道德规范。这种态度要求个体在孤独的环境下，依然能够保持审慎和谨慎的态度，遵守道德规范，不受外界的诱惑和影响。慎独是一种高层次的思想道德境界，表明一个人具备了高度的自我意识和道德自觉。

对于会计人员来说，自律慎独是极其重要的。在独立工作、没有人监督的情况下，会计人员要更加谨慎小心，仍然能够严格遵守会计职业道德规范。他们需要自律，自我约束，确保自己的行为符合职业道德的要求，不做违背道德准则的事情。同时，他们也需要慎独，即使在没有人监督的情况下，仍然能够保持高尚的职业道德，不受外界的诱惑和影响。通过自律慎独，会计人员能够保持职业操守的高度，塑造自己的良好形象，并为行业树立起良好的职业声誉。[①]

拓展链接6-2：新时代会计人员职业道德的自律、他律与互律

为促进会计诚信体系建设、提高会计人员职业道德水平，财政部印发了《会计人员职业道德规范》（以下简称《规范》），这是我国首次制定全国性会计人员职业道德规范。《规范》提出的三条核心表述"坚持诚信，守

---

① 梁文涛，苏杉，张清亮. 会计职业道德［M］. 北京：中国人民大学出版社，2021.

法奉公""坚持准则,守责敬业""坚持学习,守正创新"(以下简称"三坚三守"),简洁清晰、层层递进,强调了会计人员"坚"和"守"的职业特性和价值追求。

如果把合格会计人才看作是"成品"的话,有一个比喻较形象:职业道德不好是"危险品"、专业知识不好是"次品"、实践技能不好是"样品"、身体不好是"残品"。"次品""废品"可以通过改造加工,而"危险品"却会给国家造成危害。

1. 当前会计职业道德失范归因

(1) 内因:"自律"松懈和沦失,重功利轻道德。

受不良思想观念和价值取向影响,拜金主义和享乐主义滋长,部分会计人员面对诱惑未能坚持准则,做出违背职业道德的行为。新形势下,随着会计法规准则、信息技术不断更新迭代,部分会计人员欠缺钻研精神,知识结构更新慢、职业判断能力弱,出现职业倦怠。适应新常态要求、具有创新意识的德业双修的会计人才已显得不足。

(2) 外因:缺乏系统"他律"机制,职业道德被视为一种非制度化柔性规范。

相关法律法规缺乏对会计诚信的强有力约束,在解释与执行中有很大"变通",易出现打"擦边球"现象。会计失信惩戒机制不足,败德行为的约束性、震慑性不够强,追责问责力度有待提升,财会监督体系不完善,加之部分单位内控存在薄弱,治理结构不够完善,导致会计失信处罚力度弱、败德成本低。

2. 职业道德的自律、他律与互律

职业道德形成主要包含以下三个阶段。

一是他律阶段,属于低级阶段。他律指本身没有自觉遵守规则的意愿,因受到外部法规、舆论、奖惩等约束而被迫遵守道德,表现为"要我做"。鲜明特征为具有外在强制性,违背他律将会受到惩罚和谴责。本阶段主要依赖强制性外力约束,重在社会对会计个体的"防范"理论、对欲望"束缚",属于不完备的职业道德。

二是自律阶段,属于进阶阶段。自律指人对自己进行约束的克己行为,道德的高层次目标是实现个体自律,表现为"我要做"——在缺少外界监督的情况下自觉按道德规范行事,规范自身会计行为。即所谓修身律己,慎终如始,时刻自重自省自警,慎独慎初慎微。本阶段强调会计人员个人对社会的道德精神、道德追求转变成内在道德意识与道德行为准则阶段,既能体现道德责任感,又具有自我道德评价能力。

三是内心"立法"阶段,他律性与自律性具有高度一致性,外在导向价值目标与内心价值目标完全契合,即处在内心"立法"阶段,已将职业道德规范作为利己力量,属于职业道德高级阶段。

3. 新时代会计人员职业道德的自律、他律与互律路径

(1) 自律路径。

①以诚修身,以法固本。"坚持诚信,守法奉公"与我国优秀传统文化及社会主义核心价值观相契合。欲修其身者,先正其心;欲正其心者,先诚其意。作为会计人员,应坚持诚信、守法奉公,加强诚实守信和依法依规的理念,在会计职业道德建设过程中将社会主义核心价值观的培养贯穿其间,"道德当身,故不以物惑",淡泊名利、勤俭节约,不因局部利益而牺牲集体、公众和国家的利益。要加强对会计相关法律法规的学习,学法知法守法,公私分明、克己奉公、依法办事、依准则办事、依制度办事,将自身价值导向与职业道德准则相融合,自觉践行会计诚信的准则,维护会计行业声誉。

②树立"红线意识",坚持"底线思维",内外兼修。原则守初心,笃行以致远。会计人员要具备强大的自我控制能力,立足岗位、坚守原则,练就过硬本领,承担起守底线、守好门、守好责的重要使命。日常工作中,道德操守与业务能力同样重要,要将"坚持准则"作为义不容辞的责任,根据会计准则处理相关业务,要严于律己、不得有任何逾越,用原则守住"会计初心",保证会计信息真实完整。"守责敬业"告诉会计人员要勤勉尽责、爱岗敬业、忠于职守、敢于斗争,用实际行动践行会计职业道德。

③"干中学、学中干、终身学",是会计职业道德建设的重要抓手。"大智移云区物"时代的到来,重复性、冗杂性工作将被机器取代,随着业财融合的不断推进,未来会计人才应是"精通财务+擅长管理+熟悉IT+洞察业务+有战略远见"的复合型财务人才。会计人员要始终秉持专业精神,"坚持学习,守正创新",持续不断加强对自身人力资本的投资。坚持在"干中学、学中干"是会计人员职业道德自我维系、自我强化、自我管理的重要手段,也是会计职业道德的关键之举。要与时俱进、开拓创新,学以致用、用以促学、学用相长,做到"终身学",推动会计事业高质量发展。

(2) 他律路径。

①推进职业道德制度化落地。制度化有利于职业道德建设的具体开展,一是要对现行会计法、注册会计师法等法律法规进行系统梳理,界定会计职业道德"高压线",明文规定触碰"高压线"的惩戒措施。围绕"三坚三守"制定具体、可感知、可实施的规范条款,通过制度落地加强法律观念和诚信责任感,对违背职业道德的行为严惩不贷。二是明细赏罚制度,落实守信联合激励和失信联合惩戒。激励方面,以精神荣誉奖励为主、物质奖励为辅,通过正面肯定和强化,激发会计人员的进取心和上进心,以成就感和荣誉感强化内心对职业道德的坚守。惩戒方面,强化失信联合惩戒,加大失信败德成本;实行会计主体负责人连带承担相应责任制度。此外,还可将会计职业道德要求明确写入聘用合同,可根据法律法规为会计职业道德规范设定硬性指标,强化职业道德在会计人员管理考核中的分量。也可考虑建立承诺制度,会计人员入职上岗前,就职业道德公开向社会作出承诺。

②开展"学前—入门—终身"职业道德教育。"绳短不能汲深井,浅水难以负大舟""坚持学习,守正创新"要求:一是关口前移,在高校开展会计职业道德教育课,设置为必修学分。把会计职业道德教育课融入会计专业教育各环节,通过精心设计,深化职业道德认知,培养职业道德操守,帮助会计专业学生毕业后成为职业道德规范模范实践者。二是把好"入门关",加强会计职业入岗前诚信教育。借助培训等方式,将"三坚三守"作为会计人员岗前教育的一项必学内容。三是与继续教育结合。将职业道德培训逐步向统筹架构、常态周期化方向发展,通过继续教育持续不断地对会计人员进行会计职业道德培训。同时完善自我教育机制,引导会计人员培养职业情感,让"三坚三守"成为其自觉行动。

③建立健全财会监督体系,强化外化道德制约。按照中共中央办公厅、国务院办公厅印发的《关于进一步加强财会监督工作的意见》要求,建立健全财政部门主责监督、有关部门依责监督、各单位内部监督、相关中介机构执业监督、行业协会自律监督的财会监督体系,提高财会监督的权威性和威慑力。建立财会征信"红黑"榜单,纳入全国征信体系建设,对违法违纪的个人或组织坚决列入"黑榜"。将各项法律、法规、政策和制度渗透到会计活动和会计监督管理的全过程中,外化道德制约,形成道德"自

律",促使"三坚三守"内心"立法"形成。

④典型示范,营造良好职业道德环境。以树立"三坚三守"典型表彰激励等正面引导为主,通过各级各类平台与媒体,传播会计职业道德先进人物、先进事迹等优秀典范,利用微信、网站、微博等网络阵地进行线上推广;线下充分利用纸质媒介的宣传作用,如简报、案例集等,让会计人员在潜移默化中接受崇高职业道德的影响。案例集中既包括正面事例,也涵盖负面典型,引导会计人员见贤思齐、见不贤而内自省。

(3) 互律路径。

互律是同行业间为了共同利益,彼此相互提醒、相互监督、相互约束、共同守信践诺,以维护共同认可的道德规范。建立会计行业自律组织是互律的基础,可通过"自律、协调、监督、服务"等方式,促进会计行业在"三坚三守"上开展自我约束、相互监督,并签署会计人员职业道德自律公约,通过网络渠道公开向社会承诺,自觉接受社会监督,并建立互律监督机制。行业内可从鼓励内部投诉、设立举报平台等举措入手,公开报道已查实典型案件,加强互律。

(4) 引导将"他律"内化为"自律"。

在职业道德修养的过程中,他律是关键、自律是基础、互律是保障。他律只有内化成自律才能使会计道德行为变成道德习惯。首先,内化关键在于知行合一,即认同和行动力,需通过教育引导、树立榜样、荣誉激励等方式,帮助会计人员认同相关内容,培养会计人员自我教育、自我修养的自觉性,将会计职业道德由外在规范转化为自觉追求和职业道德实践。其次,离不开"法治"配合,"自律""互律"与"他律"有机统一,对违背道德的行为实行监督、审判和制裁,让违背道德者无立足之地。可见,以自律为基础,通过他律和互律作用,内化于心、外化于行,变被动执行为主动接受,转变"要我做"为"我要做"的思维模式,由此真正促进会计人员做到"三坚三守",实现从他律、自律,再到互律的跨越,从内心深处对自己"立法",夯实会计行业健康发展根基。

资料来源:何雪锋等. 会计职业道德建设|何雪锋 杨月涵 喻涵湘:新时代会计人员职业道德的自律、他律与互律 [EB/OL]. 财务与会计,2023-04-26.

6.2 新时代会计职业道德评价

6.2.1 会计职业道德评价的含义

会计职业道德评价是指在会计活动中人们依据一定的会计道德原则和规范，对他人或自身的会计道德行为和品质做出是非善恶的价值判断与评论。会计职业道德水平的高低直接决定着会计信息质量的高低，对国民经济的发展具有重要影响。会计作为一种特殊职业，被称为资本市场的"经济警察"，证券市场的"看门人"，它关系着我国资本和证券市场的平稳发展。

会计职业道德评价的主要形式有自我评价形式和社会评价形式两种。自我评价形式是会计人员根据自身的会计道德信念对自己的行为或行为动机所进行的一种会计职业道德社会价值的判断与评估，它依靠会计人内在的力量，即内心的会计职业道德信念来认识、评价和调节自己的行为。社会评价形式是从一定的社会角度考察现实会计活动中的道德现象，尤其是会计人员的会计职业道德行为和品质，并做出善恶是非的价值评定。它是借助外在力量来评论、制约和调节会计职业道德的行为。自我评价和社会评价形式共同构成了会计职业道德评价的重要方式，相互补充和影响，帮助会计人员不断提升自身的会计职业道德水平和职业素养。

1. 自我评价

会计人员可以通过以下方式进行会计职业道德的自我评价。

（1）对照职业道德规范：会计人员可以仔细研读和理解相关的职业道德规范和准则，将其作为自我评价的依据。对照这些规范，评估自己在会计工作中的行为是否符合道德要求，是否遵守了职业操守和职业道德的原则。

（2）反思和自我检视：会计人员应定期反思自己在会计工作中的表现和行为，审视自己的动机、行为和决策是否符合道德要求。他们可以问自己一些问题，例如：我是否诚实守信？是否维护了客户和公众的利益？是否坚持专业的道德标准？

（3）寻求他人的意见和反馈：会计人员可以主动向同事、上级、客户或其他相关人员寻求意见和反馈，了解他们对自己的会计职业道德表现的评价。会计人员应接受建设性的批评和意见，从中发现自己的不足之处，并加以改进。

(4) 持续学习和提升：会计人员应该积极参与职业培训和学习，不断提升自己的专业知识和道德素养。他们可以参加相关的培训课程、研讨会或专业组织的活动，与其他会计专业人士交流经验和观点，从中汲取道德方面的启示和指导。

(5) 建立自我监督机制：会计人员可以设立自我监督机制，制定个人的道德准则和行为原则，并严格要求自我遵守。他们可以制定自我约束措施，如制定行为守则、遵循严格的伦理标准、定期进行自我审查等，以确保自己在会计工作中持续保持高尚的道德品质。

2. 社会评价

我国依托社会信用评价体系建设已建立了较为完善的会计职业道德评价机制——守信联合激励和失信联合惩戒机制，主要包括守信"红名单"制度和失信"黑名单"制度，并通过联合奖惩机制褒扬会计诚信，惩戒会计失信，引导社会形成崇尚与践行会计职业道德的风尚。会计职业道德评价体系涵盖以下要素：（1）评价主体包括财政部门、证券监管部门等会计主管机关，以及证券交易所和行业自律协会。（2）评价对象通常包括编制财务信息的企业与非企业组织的单位会计人员、提供审计服务的会计师事务所和注册会计师等。（3）评价方法类似于社会信用评价，主要依据《会计法》、《中华人民共和国证券法》（以下简称《证券法》）、《中华人民共和国公司法》（以下简称《公司法》）等法律法规，以及会计准则、审计准则等，评估企业、会计人员、会计师事务所是否遵守上述法律、准则和职业道德守则。（4）评价信息的使用方面，相关部门根据失信记录，在职业发展和生活方面对违法失信会计人员实施限制。举例来说，违法失信的会计人员无法担任金融机构的董事、监事和高级管理人员，也无法申请政府补贴和社会保障金等福利待遇。

中国证监会于2018年4月发布了诚信档案制度，旨在保护投资者的合法权益和维护证券期货市场的秩序。作为社会信用体系的重要组成部分，该制度记录和公开证券期货市场相关人员的诚信信息，以实现对其诚信约束、引导和激励。诚信档案制度的主要内容包括以下几个方面。

（1）诚信信息的采集与管理。诚信档案的范围涵盖了证券、基金和期货从业人员、市场投资者和交易者、证券发行方、证券市场服务机构以及相关的会计师事务所、律师事务所、注册会计师等机构和个人。这些档案主要收集的诚信信息包括公民和法人的基本信息、信用评级和评估信息以及违法失信信息。违法失信信息指的是相关法人和个人受到监管部门处罚的记录，例如，来自证监会及其派出机构的监管处罚、法院的刑事和民事处罚，以及其他银行、保险、财务、税务、工商和海关等主管部门的行政处罚。这些违法失信信息在诚信档案中的有效期限为3年或5年，具体根据情况而定。

（2）诚信信息的公开与查询。中国证监会的官方网站上设有证券期货市场违法失信信息公开查询平台，公众可以通过该平台查询部分诚信档案中的公开信息。这些信息包括与表彰、奖励、评比有关的记录，信用评级机构和诚信评估机构发布的信用评价信息，证监会及其派出机构做出的行政许可决定，上市公司和其实际控制人以及董事、监事、高级管理人员的公开承诺履行情况，行业组织的行政处罚，以及证监会及其派出机构的行政处罚和市场禁入决定等信息。这些信息的公开查询可以增加透明度，让社会公众了解相关主体的诚信状况。

（3）诚信约束、引导与激励。中国证监会针对不同市场主体，包括发行人、上市公司、全国中小企业股份转让系统挂牌公司、证券公司、期货公司、基金管理人、证券期货服务机构、证券期货基金从业人员等，建立了诚信积分制度，实施诚信分类监督管理。该制度旨在对诚信水平较高的主体进行激励措施（例如，在同等条件下优先审查诚信积分较高的行政许可申请人；根据证券公司的诚信状况，决定是否提供转融通业务，或确定和调整授信额度；表彰守信从业人员等），并对失信违法行为进行行政处罚或法律处罚，以促进证券市场的健康稳定发展。目前，上海证券交易所和深圳证券交易所已建立了针对上市公司和中介机构的诚信档案，详细地公开了对上市公司、证券公司和会计师事务所等中介机构的监管处罚信息。这些举措有助于提升市场透明度，加强市场主体的诚信意识，以维护证券市场的健康运行。[①]

6.2.2　会计职业道德社会评价的运用

任何制度的有效性都需要有激励和约束机制，会计职业道德评价制度也不例外。为了加快社会诚信建设，我国正在积极推行失信"黑名单"制度，并与国务院多个部门联合建立了守信联合激励和失信联合惩戒制度。这意味着通过信用激励和约束手段，加强对守信主体的奖励和对严重失信主体的惩罚力度，使守信者得到益处，而失信者受到限制，形成褒奖诚信、惩戒失信的制度机制。目前，对诚信主体的激励措施主要包括以下几个方面。

1. 树立诚信典型

那些具有良好信用记录的会计师事务所和会计从业人员可以被视为诚信典型，

---

① 韩洪灵，陈汉文. 会计职业道德[M]. 北京：中国人民大学出版社，2021.

并有机会被相关部门和社会组织向社会推荐,以实施守信激励。举例来说,会计师事务所如果拥有良好的信用记录,将有助于提升其在百强会计师事务所评价中的排名,并且有助于其未来项目投标的成功。

2. 行政审批"绿色通道"

连续三年没有不良信用记录的诚信典型、上市公司和会计师事务所,在办理行政许可过程中可以享受一些便利服务,例如,"绿色通道"和"容缺受理"。具体来说,如果上市公司在进行行政审批时没有准备齐全申报所需的文件材料,可以书面承诺在规定期限内提供,从而获得优先受理的待遇。

3. 提供公共服务便利

信用水平较高的上市公司在申请财政性资金项目、招商引资配套优惠以及其他政府优惠措施时,将会获得更大程度的支持。同样地,具备良好信用状况的会计人员在教育、就业、创业及社会保障等领域也将得到特殊关注和优先便利的待遇。

4. 降低市场交易成本

守信的上市公司和会计人员在购买"税易贷""信易贷""信易债"等守信激励产品时,其良好的信用信息将帮助他们获得相关部门和单位的审批,进而获得更多机会和实惠。举例来说,信用良好的会计人员将更容易获取贷款,并获得更高的贷款额度,守信的上市公司则更容易成功发行债券;同时,违反会计职业道德的会计人员将依法受到罚款等行政处罚。如果他们属于国家公职人员,还将面临所在单位或相关单位根据法律规定给予的撤职或开除等行政处分。如果构成犯罪,还将承担刑事责任。此外,违法失信的会计人员在职业发展和个人生活方面也将受到惩罚。①

拓展链接 6-3:以互联网思维塑造金华"信义会计"

在大数据时代,会计工作依然是财政管理的基础。如何让会计法规执行"硬"起来,使会计信息"真"起来,将诚信会计"立"起来,把会计队伍"带"起来,是财政部门义不容辞的责任。近年来,金华市财政局以

---

① 韩洪灵,陈汉文. 会计职业道德 [M]. 北京:中国人民大学出版社,2021.

打造"信义会计"为抓手，会计管理取得一定的成效。

1. 夯实会计基础利在长远

会计工作与经济发展的各方面密切相关，与财政工作相互作用，互相制约。

从相互作用上看，财政政策的精准性很大程度上取决于会计信息的精准性。从发展趋势上看，一方面，会计工作对企业发展和财源培育有着重要作用，会计信息失真必定带来企业经营管理混乱，扰乱正常的生产经营决策；另一方面，会计工作对组织财政收入发挥着重要作用，税收征管需要千万会计人员密切配合，真实反映企业财务情况，及时足额地上缴税收。从近几年金华查处的税收大要案来看，它们都与会计信息不实有着密切的关系。

追本溯源，会计管理的根本在于打造一支"讲诚信、重忠义"的会计队伍。目前，金华市会计人员约10万人，每年新增持证人数约5000余人。在全体持证会计人员中，中级职称6088人，高级职称597人，注册会计师315人。当下的诚信建设已经成为政府工作和社会生活的热点话题，打造一支以道德为支撑、业务为基础、法律为准绳的"信义会计"队伍显得尤为重要。

2. "信义会计"是完整体系

近年来，金华市财政局不断运用"互联网+"思维，以会计市场"需求侧"和会计管理"供给侧"需求为导向，不断加快行政审批制度改革，将会计从业资格证的报名、审批、制证、申领以及会计代理记账机构申请办理从线下搬到线上，实现全部财政行政许可事项网上办理，平均提速83%。

为了进一步加强会计队伍建设，结合"信义金华"的建设要求，金华市财政局对行政事业单位开展常态化地《会计法》专项执法检查，目前已使金华市市本级无证人员中的1/3人员取得会计从业资格证；对企业，金华市财政局创建会计人员信用、企业信用、会计中介机构诚信体系，加快构建信用平台和健全失信惩戒机制，提高会计人员职业道德水平。

打造"信义会计"，需提升会计人员的信义意识。一方面，通过简化流程，不断放宽会计人员的入口，省去会计从业资格证申领的纸质审核程序，实现网上填报、网上申领；创新会计人员继续教育方式，鼓励会计人员通过参加会计领军人才考试、会计相关执业资格考试、会计论文发表、会计知识大赛等形式,提高自身专业水平。另一方面,加强会计人员"信义"考核管理,以考核促监管,打开违法违纪会计人员的出口。金华市财政局与公安、法院、司法、国税、地税等部门搭建信息沟通共享平台,充分利用公安机关的经侦信息平台与地税税友龙版系统,解决会计管理的"信息孤岛"问题,建立会计人员诚信档案,并实施动态管理,对严重违法违纪的会计人员吊销其会计从业资格证书,并处以罚款。

打造"信义会计",需加强企业信义管理。金华市财政局修订企业财务会计信用等级管理办法,细化评定内容,量化评定标准,建立会计诚信等级评定、诚信信息公开、诚信激励约束等制度。经与金华国地税部门联审,金华市财政局向社会公布了金华98家"信义单位"企业和50个"信义先锋",并将此作为财税部门日常管理、纳税信用等级评定、实施财税优惠政策等的重要依据,也作为企业会计人员申报高级会计师任职资格评审和先进评比等推荐依据之一。

打造"信义会计",需深化注册会计师行业诚信建设。近年来,金华市财政局注重以行业诚信文化建设为抓手,开展注册会计师行业优秀案例创建活动,并精心设计创新性的活动方案,组建领导小组和专家库,出台流程规范和评审标准。在2014年、2015年的创建活动中,我们评选出16个优秀示范案例向全行业公布,并发放给全行业执业人员供学习借鉴。同时,将评选的结果与事务所、评估机构的年度综合评价相挂钩,对全行业的诚信建设起到了积极的促进作用。

打造"信义会计",需加强注册会计师行业监管。结合近年来注册会计师行业的新形势和新要求,金华市财政局修订行业自律公约,把核心内容从行业收费约定转向行业诚信建设,突出诚信文化在行业建设和发展中的重要作用。

3. "互联网+信义会计"成效可喜

近几年,在取得全部财政行政许可事项网上办理的改革"头彩"后,金华财税还将搭上"互联网+"的顺风车,让"信义会计"走得更快更远。

下一步,我们将利用互联网协作共享的特性,建立会计诚信档案,深化会计行业"红黑名单"制度建设;加强评定结果运用和管理,将企业财务会计信用分等级、分类别管理;利用大数据、云计算等科技手段,第一时间掌握本区域内的会计人员情况,通过网络组织各项考试、实现会计持证人员个人信息及时更新;充分发挥互联网开放平等的特性,加大信义企业和信义会计的表彰力度和违法违纪行为的曝光力度,以公开倒逼会计人员及企业诚信做账。

作为会计管理部门,我们将认真研究和把握互联网技术发展为会计工作带来的新机遇,以"信义会计"诚信体系建设为抓手,进一步创新会计管理服务模式,着力形成涵盖会计法规、从业资格、继续教育、会计考试、高师评审、学会协会、会计人员互动等会计信息化平台,为会计人员提供精准、高效的财税服务。

资料来源:方卫民.【行业】以互联网思维塑造金华"信义会计"[EB/OL]. 中国会计报,2015-12-11.

6.3 新时代会计职业道德惩戒

为全面贯彻党的十九大和十九届二中、三中全会精神,以习近平新时代中国特色社会主义思想为指导,落实《会计法》《国务院关于印发社会信用体系建设规划纲要(2014—2020年)的通知》《国务院关于建立完善守信联合激励和失信联合惩戒制度加快推进社会诚信建设的指导意见》《国家发展改革委 人民银行关于加强和规范守信联合激励和失信联合惩戒对象名单管理工作的指导意见》等文件要求,加快推进会计领域信用体系建设,培育和践行社会主义核心价值观,推动形成褒扬诚信、惩戒失信的强大合力,国家发展改革委、人民银行、财政部、中央组织部、中央宣传部、中央编办、中央文明办、中央网信办、最高人民法院、科技部、工业和信息化部、民政部、人力资源社会保障部、国资委、税务总局、市场监管总局、银保监会、证监会、全国总工会、共青团中央、全国妇联、全国工商联等单位联合签署了《关于对会计领域违法失信相关责任主体实施联合惩戒的合作备忘录》。

1. 联合惩戒对象

联合惩戒对象主要指在会计工作中违反《会计法》《公司法》《证券法》,以及其他法律、法规、规章和规范性文件，违背诚实信用原则，经财政部门及相关部门依法认定的存在严重违法失信行为的会计人员（以下简称"会计领域违法失信当事人"）。

2. 信息共享与联合惩戒的实施方式

认定联合惩戒对象名单的相关部门和单位通过全国信用信息共享平台将会计领域违法失信当事人的相关信息推送给财政部，并及时更新。财政部定期梳理汇总后通过全国信用信息共享平台向签署本备忘录的其他部门和单位提供会计领域违法失信当事人信息。相关部门和单位按照本备忘录约定的内容，依法依规对会计领域违法失信当事人实施惩戒。建立惩戒效果定期通报机制，有关单位定期将联合惩戒实施情况通过全国信用信息共享平台反馈至国家发展改革委和财政部。

3. 联合惩戒措施

（1）罚款、限制从事会计工作、追究刑事责任等惩戒措施。

会计人员有违反《会计法》《公司法》《证券法》等违法会计行为，依法给予罚款、限制从事会计工作等惩戒措施；属于国家工作人员的，还应当由其所在单位或者有关单位依法给予撤职，直至开除的行政处分；构成犯罪的，依法追究刑事责任。

实施单位：最高人民法院、财政部、证监会等。

（2）记入会计从业人员信用档案。

对会计领域违法失信当事人，将其违法失信记录记入会计人员信用档案。

实施单位：财政部、国家发展改革委。

（3）通过财政部网站、"信用中国"网站及其他主要新闻网站向社会公布。

将会计领域违法失信当事人信息通过财政部网站、"信用中国"网站予以发布，同时协调相关互联网新闻信息服务单位向社会公布。

实施单位：国家发展改革委、财政部、中央网信办。

（4）实行行业惩戒。

支持行业协会商会按照行业标准、行规、行约等，视情节轻重对失信会员实行警告、行业内通报批评、公开谴责、不予接纳、劝退等惩戒措施。

实施单位：财政部、国家发展改革委、民政部、税务总局、全国工商联等主管单位和会计行业组织。

（5）限制取得相关从业任职资格，限制获得认证证书。

对会计领域违法失信当事人，限制其取得相关从业任职资格，限制获得认证证书。对其在证券、基金、期货从业资格申请中予以从严审核，对已成为证券、基金、期货从业人员的相关主体予以重点关注。

实施单位：证监会、市场监管总局。

（6）依法限制参与评先、评优或取得荣誉称号。

对会计领域违法失信当事人，限制其参与评先、评优或取得各类荣誉称号；已获得相关荣誉称号的予以撤销。

实施单位：中央宣传部、中央文明办、民政部、全国总工会、共青团中央、全国妇联、全国工商联等。

（7）依法限制担任金融机构董事、监事、高级管理人员。

对会计领域违法失信当事人，依法限制其担任银行业金融机构、保险公司、保险资产管理公司、融资性担保公司等的董事、监事、高级管理人员，以及保险专业代理机构、保险经纪人的高级管理人员及相关分支机构主要负责人，保险公估机构董事长、执行董事和高级管理人员；将其违法失信记录作为担任证券公司、基金管理公司、期货公司的董事、监事和高级管理人员及分支机构负责人任职审批或备案的参考。已担任相关职务的，依法提出其不再担任相关职务的意见。

实施单位：中央组织部、银保监会、证监会、财政部、市场监管总局等。

（8）依法限制其担任国有企业法定代表人、董事、监事。

对会计领域违法失信当事人，依法限制其担任国有企业法定代表人、董事、监事；已担任相关职务的，依法提出其不再担任相关职务的意见。

实施单位：中央组织部、国资委、财政部、市场监管总局等。

（9）限制登记为事业单位法定代表人。

对会计领域违法失信当事人，限制登记为事业单位法定代表人。

实施单位：中央编办。

（10）招录（聘）为公务员或事业单位工作人员参考。

对会计领域违法失信当事人，将其违法失信记录作为其被招录（聘）为公务员或事业单位工作人员的重要参考。

实施单位：中央组织部、人力资源社会保障部。

（11）作为业绩考核、干部选任的参考。

对会计领域违法失信当事人，将其违法失信记录作为业绩考核、干部选拔任用的参考。

实施单位：中央组织部、国资委。

（12）金融机构融资授信参考。

对会计领域违法失信当事人，将其违法失信记录作为对其评级授信、信贷融资、管理和退出等的重要参考。将会计领域违法失信当事人信息纳入金融信用信息基础数据库。

实施单位：人民银行、银保监会。

（13）保险机构厘定财产保险费率参考。

对会计领域违法失信当事人，将其违法失信记录作为保险机构厘定财产保险费率的参考。

实施单位：银保监会。

（14）设立保险公司的审批参考。

依法将会计领域违法失信当事人的违法失信记录作为保险公司设立及股权或实际控制人变更审批或备案的参考。

实施单位：银保监会。

（15）纳税信用管理参考。

在对会计领域违法失信当事人纳税信用管理中，将其失信状况作为信用信息采集和评价的审慎性参考依据。

实施单位：税务总局。

（16）设立证券公司、基金管理公司、期货公司等审批参考。

对会计领域违法失信当事人，依法将失信责任主体的违法失信记录作为证券公司、基金管理公司及期货公司的设立及股权或实际控制人变更审批或备案，私募投资基金管理人登记、重大事项变更及基金备案的参考。

实施单位：证监会。

（17）作为境内上市公司实行股权激励计划或相关人员成为股权激励对象事中事后监管的参考。

对会计领域违法失信当事人，将其违法失信记录作为境内上市公司实行股权激励计划或相关人员成为股权激励对象事中事后监管的参考。

实施单位：证监会。

（18）申请从事互联网信息服务审批参考。

对会计领域违法失信当事人，将其违法失信记录作为申请从事互联网信息服务的审批参考。

实施单位：工业和信息化部。

（19）限制获取政府补贴性资金和社会保障资金支持。

对会计领域违法失信当事人，限制其申请政府补贴性资金和社会保障资金支持。

实施单位：国家发展改革委、财政部、人力资源社会保障部、国资委等。

(20) 限制参与国家科技项目研究或管理工作。

对会计领域违法失信当事人，限制其参与国家科技项目研究或管理工作。

实施单位：科技部。

(21) 加强日常监管检查。

将会计领域违法失信当事人，作为重点监管对象，加大日常监管力度，提高随机抽查的比例和频次，并可依据相关法律法规对其采取行政监管措施。

实施单位：各相关单位。

4. 共享信息的持续管理

相关单位向财政部提供的会计领域违法失信当事人信息，以及财政部向各单位提供的会计领域违法失信当事人的违法失信信息，应注明决定作出的日期及效力期限，有关单位根据各自的法定职责，按照法律法规和相关规定实施惩戒或解除惩戒。超过效力期限的，不再实施联合惩戒。会计领域违法失信当事人在规定期限内主动纠正违法失信行为、消除不良影响、履行信用修复相关程序的，可根据法律法规和相关规定从联合惩戒对象名单中退出，不再对其实施联合惩戒。财政部应及时将有关信息提供给国家信用信息共享平台，各单位在作出解除惩戒的决定后，应及时将相关情况通过国家信用信息共享平台反馈至国家发展改革委和财政部。

5. 其他事宜

各单位应密切协作，积极落实本备忘录，制定违法失信信息的使用、管理、监督等相关实施细则和操作流程，并指导下级单位依法依职权落实对会计领域违法失信当事人的惩戒措施。实施过程中涉及的具体操作问题，由各单位另行协商解决。

拓展链接 6-4：财政部：严重失信会计人员将被列入"黑名单"

财政部日前印发《关于加强会计人员诚信建设的指导意见》（以下简称《指导意见》），以加强会计诚信建设，建立健全会计人员守信联合激励和失信联合惩戒机制，推动会计行业进一步提高诚信水平。

"会计人员诚信建设是社会诚信建设的重要组成部分。加强会计人员诚信建设，对增强会计人员诚信意识、提高会计工作水平、营造良好信用环境具有重要意义。"财政部会计司有关负责人表示。

《指导意见》从增强会计人员诚信意识、加强会计人员信用档案建设、健全会计人员守信联合激励和失信联合惩戒机制等3个方面提出了8项具体措施。《指导意见》要求强化会计职业道德约束、加强会计诚信教育，大力弘扬会计诚信理念，提升会计人员诚信素养；强调将严重失信会计人员列入"黑名单"，研究建立失信会计人员联合惩戒备忘录，实现信息的互换、互通和共享，要研究制定会计人员信用信息管理办法，建立健全会计人员信用信息体系和会计人员信用档案；强调要为守信会计人员提供更多机会和便利，对严重失信会计人员实施约束和惩戒，加强对会计人员信用情况的监督检查。

该负责人表示，财政部门和中央主管单位要根据本地区、本部门会计人员诚信建设情况，抓紧制定具体实施方案，完善相关配套制度，积极探索建立严重失信会计人员"黑名单"制度、会计人员信用信息管理办法，以及会计人员信息纠错、信用修复、分级管理等制度。

此前，浙江省部分地区已经开展了会计人员诚信记分管理、信用档案建设、管理系统构建等工作，取得了一定成效。"其他省级财政部门和中央主管单位应当以《指导意见》的发布实施为契机，抓紧研究制定试点方案，选择会计人员管理工作基础较好的地区开展试点，对可复制可推广的经验做法，要及时总结提炼，稳步推广。"该负责人说。

资料来源：财政部：严重失信会计人员将被列入"黑名单"[EB/OL].信用中国（山东莱阳），2021-05-15.

6.4 本章小结

本章重点讨论了新时代会计职业道德的教育、评价和惩戒三个方面。首先，会计职业道德教育旨在培养会计人员的职业道德品质，使其履行会计职业道德义务，它涉及多种形式、内容和途径。其次，本章详细介绍了会计职业道德评价的内容和方法。会计职业道德评价包括自我评价和社会评价两个方面。自我评价是会计人员根据自身的会计职业道德信念对自己的行为或行为动机所进行的一种会计职业道德社会价值的判断与评估。社会评价是从一定的社会角度考察现实会计活动中的道德现象，尤其是会计人员的会计职业道德行为和品质，并做出善恶是非的价值评定。会计职业道德评价的结果可以为会计人员提供改进和提升的方向。最后，本章还介绍了会计领域违法失信相关责任主体的联合惩戒。会计人员在职业道德方面的失职和违法行为将面临惩戒措施。惩戒主体包括行业协会、监管机构等，他们会采取一系列措施，如警告、罚款、注销执业资格等，以维护会计职业道德的尊严和行业的正常秩序。

关键术语

会计职业道德教育　　　　　　　　会计职业道德社会评价
会计职业道德评价　　　　　　　　会计职业道德惩戒
会计职业道德自我评价　　　　　　联合惩戒

课堂讨论

1. 探讨新时代会计职业道德教育对会计人员个人发展的意义和影响，包括道德素养对职业晋升、职业形象和个人价值的塑造等方面的作用。

2. 如何加强会计职业道德评价与教育的衔接，通过评价结果为会计人员提供有针对性的职业道德培训和指导？

3. 探讨会计职业道德评价的作用和意义，以及如何有效评价会计人员的道德表现和职业操守？

4. 讨论会计职业道德惩戒措施的目的和影响，以及如何确保惩戒机制的公正性和有效性？

情景练习

我要怎么做？

情景一

我是一所大学的会计专业教师，负责教授会计伦理课程。我发现一位学生在提交的作业中抄袭了其他同学的答案。这种学术不诚信行为严重违反了学校的学术诚信政策。在面对这个问题时，我会怎么做？

（1）我选择不予理会，对学生的作弊行为置之不理，以免与学生发生冲突或争议。

（2）我立即将这一问题报告给学校的学术道德委员会，并提供相关证据以支持学生作弊的指控。

（3）我与学生进行私下谈话，告诉他作弊是不道德和不诚实的行为，并帮助他意识到其后果。

请问我要怎么做？可从上述选项中选择，也可提出选项未涉及的做法，并简要说明理由。

情景二

作为一名会计专业的学生，在一次小组作业中，我已经工作的同学请我帮忙完成一部分财务工作。我意识到这部分工作与我的知识和能力范围不符，我将无法做到准确和高质量的完成。在面对这个问题时，我会怎么做？

（1）我接受同学的请求，尽力完成任务，即使可能导致错误或不完整的结果。

（2）我委婉地拒绝同学的请求，解释我的能力范围并建议他寻求其他合适的帮助。

（3）我接受同学的请求，但主动寻求老师或其他专业人士的帮助，以确保任务的准确和高质量完成。

请问我要怎么做？可从上述选项中选择，也可提出选项未涉及的做法，并简要说明理由。

资料分析

资料6-1：管好"钱袋子"，做好"守门员"

2021年上半年，中央纪委国家监委网站累计发布14起出纳、会计等财务岗位员工违纪违法案例的剖析报道。案例企业在财务人员管理方面存在岗位廉政风险、财务管理混乱、财务监督流于形式等问题。对此，业内人士认为，财务部门直接与资金营收活动打交道，是公司的核心部门，其职能重要、责任重大，企业应建立健全财务管理制度，财务工作者要管好"钱袋子"，做好"守门员"。

1. 擦亮财务监管的三面镜子

全国高端会计人才、北京工商大学教授王仲兵认为，会计工作越来越成为一种高危险职业。如因生活压力导致的铤而走险、组织内部制衡与监督机制不健全等，都容易产生不良后果，大到政治责任，小至特定单位财产损失。此外，会计信息失真也会造成决策失误，甚至对我国营商环境优化产生影响。

全国高端会计人才、西南财经大学会计学院副院长唐雪松分析称，在违法案例中，部分涉案企业存在重要或重大的缺陷和漏洞，如相关制度建设不完善，内部控制流于形式，缺乏职业道德、职业操守的培养等问题。"缺陷或漏洞的存在容易为相关财务人员廉政风险行为提供'温床'，使得贪污、挪用等违纪违法行为的出现成为大概率事件，而不是偶然事件。"唐雪松说。

"财务管理工作需要强化财务管理制度建设、加大监督惩戒力度、重视相关从业人员的职业道德和操守的培养。"唐雪松表示，强化制度建设能够减少财务人员违纪违法的机会，加大监督惩戒力度可增加违纪违法成本，重视职业道德和操守的培养可以降低从业人员违纪违法的主观意愿。三管齐下，内外结合，可以极大地降低相关从业人员的廉政风险。其中，加强职业道德建设可以改变个人价值观、持之以恒坚定所选职业的初心。对个人而言，加强职业道德建设能够砥砺职业操守、恪守职业本分、干好本职工作，对于每个工作环节都能做到无愧本心。而对行业发展而言，加强职业道德建设，能够防范财务舞弊风险、建立健全财务风险管控体系，充分发挥财务行业作为企业"守门员"的重要作用。

2. 守住职业道德的心理防线

案例暴露出部分违法违纪人员呈现年纪轻的特征。唐雪松认为，在当今信息科技飞速发展、主张自我价值实现的时代，未经历风雨、定力不足的年轻人很容易被不良的社会风气所侵蚀，社会风气的形成在于每名成员的信仰，正确、积极的职业道德建设能够为初入职场的年轻人建起一道屏障。"这体现出职业道德教育、职业操守的提升需要从学校教育抓起的重要性和必要性。"唐雪松表示，如果在学校教育中重视职业道德和职业操守，有助于防止其在职业生涯起步阶段走入歧途。

"学校是教育的主阵地，有着天然的环境优势、师资优势等，在学校的时光也往往是个人成长，树立正确人生观、价值观、世界观的重要阶段。"中国公路工程咨询集团有限公司财务资金部总经理朱浩讲道。他认为，职业道德教育应从学校开始抓起，不仅可以帮助个人在未来走向工作岗位时有清醒认知，还可以将学到的理论知识用于指导实践，未来面对利益诱惑时防范思想滑坡，守住工作岗位的底线红线，实现自己的人生理想并为社会创造价值。

"除了从学校开始培养职业道德教育外，还不能忽视较高职业风险、较低薪酬收入与较低社会认知间的失衡。"王仲兵认为，单纯加强会计人员职业道德教育、会计诚信激励与失信惩罚等并不一定能达到预期效果,而公司治理、文化氛围等对会计人员影响较大,公司治理不完善、企业文化太偏向逐利等都对会计行为产生不良影响。

朱浩举例说,在思想意识培育上,可以通过优秀事迹表彰、违纪事件惩戒等案例宣传,从观念上让财务人员树立良好的职业操守,培育诚信守法的文化环境。在业务能力培养上,可以通过开展财务讲堂、课题研究、知识竞赛等方式,提升财务人员专业水平。做好行为路径培训工作,建立赏罚分明的奖惩机制,对于监督管理过程中发现的问题责任落实到人,加大惩戒力度,强化财务人员的底线思维和责任意识。"还可以通过日常的党建活动,定期谈心谈话,交流思想情况,结合党风廉政建设工作要求,关心和爱护每名同事。及时了解员工的近况,为其排忧解难,树立风清气正、制度可依的工作环境,牢固信念信仰,不忘初心,全方位堵住舞弊风险。"朱浩补充道。

3. 加强财务管理制度的建设

"要着力加强现金的内部控制,确保国有资产安全。"全国高端会计人才、安徽工业大学商学院教授章铁生表示。他认为,应建立现金管理内部牵制制度并执行到位。实行管账的不管钱,管钱的不管账,让会计人员和出纳人员相互牵制、相互监督。凡有库存现金收付,必须坚持复核制度,以堵塞漏洞、减少差错。出纳人员调换时,必须办理交接手续,分清责任。另外,在日常管理中及时进行现金清理。库存现金的收支做到日清月结,确保库存现金的账面余额与实际库存额相互符合,银行存款账户余额与银行对账单余额相互符合,现金、银行存款日记账数额分别与现金、银行存款总账数额相互符合。

"在制度建设完善方面,要明确监督检查工作的流程、方式、范围、力度,将监督管理作为公司治理的重要环节。对财务管理制度、财务工作规范等要全面贯彻落实,积极推进财务工作流程标准化、系统信息化,通过信息化将制度刚性落地执行,减少人为操作空间。"朱浩表示。执行财务资金工作要将内控与风险相结合,强化资金安全风险管控,充分重视每一次检查,树立问题导向,建立健全资金安全逐级责任追究机制,筑牢财务内部控制与风险管控体系,扎紧制度篱笆。针对财务人员,应培养其对行业热爱和职业敬畏的精神,强化底线意识,自上而下加强政治理论和业务专业学习,勤知法、重守法、严执法,守好资金风险关。朱浩进一步表示,对公司内部执行监督检查的人员要加强业务能力培训,被监督人员要虚心接受检查、全力配合,对发现的问题落实责任,整改到位,防范检查流于形式。

"加强财务管理工作,相关单位也需要实实在在地加大相应投入。"唐雪松说。

例如，单位在整体管理工作中增加财务管理方面的时间、资源投入的比重，提升相关人才队伍质量等。

资料来源：吴进. 管好"钱袋子" 做好"守门员"[N]. 中国会计报. 2021-06-18.

讨论题：

1. 结合上述资料，总结会计人员职业道德缺失的原因？
2. 思考教育部门、监管部门、雇佣单位应当采取哪些举措以提高会计人员的职业道德素养？
3. 作为一名会计人员，从自身出发，你认为应该如何提升职业道德素养？

资料6-2：审计史上最大罚单！

2022年6月28日，据美国《华尔街日报》网站报道，安永会计师事务所同意支付创纪录的1亿美元罚金，并承认近年来其部分审计员在注册会计师考试道德部分作弊。美国证券交易委员会（SEC）称，这是有史以来对审计公司开出的最大罚单，部分原因是安永没有向监管机构报告这起丑闻，而监管机构曾向该公司询问是否存在此类不当行为。

"负责捕捉客户作弊行为的专业人士竟然在道德考试中作弊，这简直令人发指。"美国证券交易委员会执法部门主任格鲁瓦尔（Grewal）说。安永承认，多年来，有大量安永审计专业人士在CPA的道德部分和维持注册会计师执照所需的各种继续专业教育课程中作弊。这其中就包括旨在确保会计师能够正确评估客户的财务报表是否遵守公认会计原则的那些课程。古尔比尔（Gurbir）还表示，"同样令人震惊的是，安永阻碍了我们对这一不当行为的调查"。安永进一步承认，在执法部门对该公司潜在作弊行为进行调查期间，安永向该部门提交了一份文件，表明安永目前不存在作弊问题。但事实上，安永已被告知其人员可能在CPA考试中作弊。安永还承认，即使在对CPA道德和其他考试作弊行为进行内部调查、并确认存在作弊行为之后，甚至在其高级律师与公司高级管理人员讨论此事后，它也没有更正提交的文件。

也就是说，安永包庇了在公司内部存在的考试舞弊行为。

1. 多次舞弊

根据SEC发布的文件，多年来，安永有相当数量的审计专业人员在考试中作弊，包括取得注册会计师资格的CPA考试及后续维持资格的一系列考试。据统计，2017~2019年的三年间，有49名安永审计人员分享了CPA道德考试的答案。另外还有数百人在CPE（注册会计师继续专业教育）课程上作弊。2019年6月19日，曾有一名安永员工向经理报告，通过电子邮件收到了该公司另一名员工发送的CPA道德考试答案，这一消息随后被告知了多名安永人力资源部员工。而就在同日，SEC也向安永发出调查请求，询问安永是否收到过与安永培训项目或继续教育课程测试相关的举报人投诉。然而，在6月20日安永提交给SEC的回应材料中，并没有提到上述这件事，且没有涉及当前员工可能正在进行的不正当行为。

大规模的作弊行为并非这几年才在安永涌现。早在2014年，安永内部就有人举报称，该公司的软件存在漏洞。这个漏洞让没有达到及格线的考生也能通过考试，即使你只答了一题。当时安永对此的调查发现，从2012~2015年，共有200多名安永员工利用这一漏洞通过了CPE考试。为此，安永在CPE考试中增加了醒目的警告。但在SEC的调查中，虽然安永反复向员工发出口头提醒和警告，不过实际动作甚微，因此，仍然有大量的人员存在作弊行为。但这次提醒后，仍有91名审计专业人员参与共享考试答案。

SEC认为，安永违反了上市公司会计监督委员会（PCAOB）的规定。该规定要求公司在提供专业服务时保持诚信，但安永做出了有损会计专业的行为，并且未能维持适当的质量控制系统。因此，安永被要求在10日内向SEC证券交易委员会支付1亿美元的民事罚款。"SEC不允许提交误导性信息或任何延迟或挫败我们保护投资者和市场的任务的行动。""安永面临重大制裁和广泛补救措施，以确保其文化和行为符合负责我们资本市场完整性的人所要求的道德标准。"SEC执法部门副主任霍奇曼（Hodgman）说。

除了支付1亿美元的罚款外，SEC还要求安永聘请两名独立的顾问来帮助纠正其缺陷。一名顾问将审查公司与道德和诚信有关的政策和程序；另一名将审查安永关于其披露失败的行为，包括是否有任何安永员工促成了该公司未能纠正其误导性提交的内容。

2. 不记前车之鉴

四大会计师事务所中的另一家——毕马威会计师事务所，2019年曾因违反道德准则（包括部分审计员被控在培训考试中作弊）被罚5000万美元。当毕马威事务所3年前因作弊被罚时，美国证监会就发函给安永，要求了解是否收到有关培训考试中作弊的举报。结果安永说，"我的制度是完备的，人员是自律的，没有你说的那回事"。

不仅如此，安永的管理合伙人当天还发了一份公函，通报了毕马威被罚的事实，要求事务所的所有美国员工都应该引以为戒，还明确指出，在内部和外部考试或评估中分享答案是一种"非常不道德"的行为，违反了职业道德守则，安永不会容忍这种行为。

问题是，就在安永向证监会提交回函的前一天，其事务所的一名基层员工向经理报告，有个项目组的同事给大家发邮件，将注册会计师伦理考试的答案进行了分享。得到举报的当天下午，该项目经理就把这个信息通报给了人力资源部门，两天后，安永事务所的高级律师们也知道了有人举报伦理考试分享答案的事实。

换句话说，安永收到了"考试作弊"的举报，却没有在给证监会的回函中及时、真实地披露这件事，这个问题是非常严重的，按监管部门的说法，这属于"虚假陈述"。

当然，提交的资料有误，及时更正也不失为一种好做法。安永在接到员工举报后，开展了深入、全面的内部调查，结果发现很多审计人员罔顾事务所及管理合伙人的警告，仍然继续通过分享答案的方式进行作弊，很多人也知道他们的行为是违反职业道德守则的，但因为自己多次努力仍然无法通过培训考试要求，于是"明知山有虎偏向虎山行"，仍然选择铤而走险。事务所根据调查结果，对涉案人员进行了不同的纪律处分。

如果这时候，安永将新获得的举报线索、调查情况、处理结果等向证监会报告，结果也不会那么严重。但现实中没有"如果"，等到美国证监会知道这件事的时候，已经是发出公函要求了解相关情况的9个月之后了。

按照处罚公告的说法，事务所没有自我监督、自我报告、自我矫正，或协助证监会的调查，没有"对其执业和相关行为进行性质、范围、原因和后果的全面检查"，没有"自愿披露执法人员没有直接要求提供的信息"，没有"主动提供执法人员未获悉的其他信息"，或者采取"新的、更有效的政策和程序，来预防不当行为的再次发生"。于是，罚款1亿元，而且是美元，同时要求事务所采取一系列的整改措施，以凸显职业道德，尤其是诚信的重要性。

考试，看似小事，实则是影响到从业资格的大事；分享答案，这似乎是"先进"帮助"老大难"的一种好心行为，但却是职业会计师不可容忍的"不道德"行为。不仅你不能拿别人的答案，也不能把自己的答案分享给别人；你不看、不分享答案还不行，还要按照职业道德的要求，把你看到的、听到的不当行为向上报告。合格会计师还有客观公正、独立性、专业胜任能力和勤勉尽责、保密、良好职业行为等一系列要求。罚只是手段，推动整改和变革才是目的。为更好履行"看门人"角色，会计师应努力做到诚信正直，不可做出"令行业蒙羞"的行为，时刻警醒自己公众利益的重要性，不仅对看到的他人不合规行为要"叫"几声，也需要对自己的不当行为发出声音。

资料来源：①邵子怡. 审计史上最大罚单！49名员工CPA考试作弊，安永被罚1亿美元[EB/OL]. 上海证券报，2022-06-29；②考试作弊，安永会计师事务所为何被罚1亿美元[EB/OL]. 新浪财经，2022-07-17.

讨论题：

1. 结合上述资料，分析安永高级管理人员及考试舞弊人员违背了哪些职业道德？
2. 结合上述资料，分析在多方监管下，为何上述恶性事件仍旧发生？
3. 如何杜绝上述恶性事件的发生？

资源推荐

- **网站资源**

  和讯网：www.hexun.com

  中国会计视野论坛：bbs.esnai.com

  会计网：www.kuaiji.com

  巨潮资讯网：www.cninfo.com.cn

- **公众号资源**

  厦大会计（微信号：gh_8f8b0c6edd77）

  厦大会计发展研究中心（微信号：xmucas）

  光华会计家园（微信号：gh_c28e8847e329）

  珞珈会计说（微信号：luojiaacc）

  上财会计学院（微信号：Shufe-Accountancy）

  中央财经大学会计学院（微信号：cufekjxy）

  西南财经大学会计学院（微信号：swufe_sa）

  香港中文大學會計學院（微信号：gh_f5cc8c93c859）

  芝加哥大学布斯商学院（微信号：chicago_booth）

  牛津大学赛德商学院OXFORDSAID（微信号：OXFORDSAID）

参 考 文 献

[1] 财政部会计财务评价中心. 初级会计实务 [M]. 北京：经济科学出版社，2022.

[2] 陈锐，孙庆春. 道德计算是否可能——对机器伦理的反思 [J]. 科学技术哲学研究，2020，37（4）：74-80.

[3] 陈晓琳，王秀芳. 基于数字技术的财务共享中心信息系统审计研究 [J]. 财会通讯，2022（21）：135-140.

[4] 崔华清. 加强会计诚信建设 助力经济高质量发展 [J]. 财务与会计，2023（9）：79-81.

[5] 房慧，蔡晓晓. 中国会计发展史文献综述 [J]. 财会学习，2016（8）：114.

[6] 付曼. 关于中国古代会计思想的探讨 [J]. 技术与市场，2007（5）：60-61.

[7] 高锦萍，白羽新，高居平，等. 人工智能时代的会计伦理：内涵，转向与考量 [J]. 会计研究，2022（3）：17-27.

[8] 巩显武. 浅议道德的社会作用及与思想政治教育的关系 [J]. 活力，2021（10）：54-55.

[9] 关于印发《关于对会计领域违法失信相关责任 主体实施联合惩戒的合作备忘录》的通知 [EB/OL]. 中央人民政府网，2018-12-01.

[10] 郭道扬，谭超.《中国会计通史》导论 [J]. 会计与经济研究，2022，36（1）：3-26.

[11] 郭道杨. 中国会计史稿（上）[M]. 中国财政经济出版社，1982.

[12] 郭道杨. 中国会计史稿（下）[M]. 中国财政经济出版社，1988.

[13] 韩洪灵，陈汉文. 会计职业道德 [M]. 北京：中国人民大学出版社，2021.

[14] 黄秋菊，李连华. 论我国会计改革的理论与实践逻辑 [J]. 财会月刊，2022（19）：76-83.

[15] 会计司. 加强会计理论与实务研究, 推动经济社会高质量发展——《会计改革与发展"十四五"规划纲要》系列解读之十 [EB/OL]. 中华人民共和国财政部, 2022-04-24.

[16] 蒋楠. 国际职业会计师道德守则的制度变迁及启示 [J]. 中国注册会计师, 2022 (9): 118-122.

[17] 金荣安. 加强我国企业会计职业道德建设的思考 [J]. 财经问题研究, 2016 (S1): 62-65.

[18] 郎永建. 新中国会计职业道德的建设历程 [J]. 商场现代化, 2005 (4): 27-28.

[19] 李耀宗. 论中国古代会计思想 [J]. 技术与市场, 2008 (1): 41-42.

[20] 李志钢. 我国高校会计学历教育中职业道德教育的现状及改进对策 [J]. 当代教育理论与实践, 2023, 15 (1): 99-103.

[21] 梁文涛, 苏杉, 张清亮. 会计职业道德 [M]. 北京: 中国人民大学出版社, 2021.

[22] 马克思恩格斯选集: 第1卷 [M]. 北京: 人民出版社, 1995: 240.

[23] 茅敏. 浅谈会计职业道德与会计法律制度的关系 [J]. 法制与经济 (中旬刊), 2010 (10): 77.

[24] 哪些因素决定了会计职业道德守则的变迁——以 AICPA 职业行为守则 502 规则为例 [J]. 审计研究, 2009 (2): 84-90.

[25] 潘序伦, 丁苏民. 谈谈会计人员的职业道德 [J]. 财务与会计, 1983 (4): 5-6.

[26] 裴建. 试论述职业道德的特征 [J]. 才智, 2012 (14): 159.

[27] 沈小南. 国际会计职业道德准则 [J]. 注册会计师通讯, 1990 (2): 33-36.

[28] 数字时代的职业道德与信任 [R]. ACCA, 2017.

[29] 孙东木. 会计服务经济高质量发展: 计量标准与作用方式 [J]. 会计研究, 2021 (12): 3-20.

[30] 王红云, 余怒涛. 会计职业道德 [M]. 北京: 中国人民大学出版社, 2021.

[31] 王思媛. 中国会计发展史 [J]. 现代营销 (经营版), 2020 (4): 168-169.

[32] 王泽应. 自然与道德—道家伦理道德精粹 [M]. 长沙: 长沙湖南大学出版社, 1999.

[33] 魏长领. 道德的基本特征新探 [J]. 河南师范大学学报（哲学社会科学版），1999，26（4）：30-33.

[34] 习近平. 习近平谈治国理政（第三卷）[M]. 北京：外文出版社，2020：237-239.

[35] 叶陈刚，叶康涛，干胜道，王爱国，李志强. 商业伦理与会计职业道德 [M]. 北京：清华大学出版社，2020.

[36] 于洪燕. 中国传统"道德"内涵的现代解读与转换 [D]. 重庆：西南大学，2010.

[37] 赵珂昕. 数字经济对会计的影响思考 [J]. 企业科技与发展，2021（6）：135-139+142.

[38] 郑盼盼. 论我国会计职业道德体系研究 [J]. 中国集体经济，2010（30）：148-149.

[39] 中国经济高质量发展会计问题论纲——兼论会计的国家属性 [J]. 商业会计，2022（10）：4-9.

[40] 中国社会科学院工业经济研究所. 从三个层面理解高质量发展的内涵 [EB/OL]. 人民网，2019-09-09.

[41] 中国注册会计师职业道德守则 [R]. 中国注册会计师协会. 2020.

[42] 朱雨桐，徐丽军. 中国古代会计职业道德管理与考核制度评述 [J]. 山西农经，2020（12）：136-136.

[43] Climate Change: The Accountant's Role [R]. ACCA, 2021.

[44] Code of Professional Conduct [R]. AICPA, 2014.

[45] Handbook of the International Code of Ethics for Professional Accountants [R]. IFAC, 2022.

[46] Handbook of the International Code of Ethics for Professional Accountants [R]. IFAC, 2019.

[47] Matthias A. The Responsibility Gap: A Scribing Responsibility for the Actions of Learning Automata [J]. Ethics and Information Technology, 2004, 6: 175-183.

[48] Rulebook [R]. ACCA, 2023.

[49] TECHNOLOGY WORKING GROUP PHASE 1 REPORT [R]. IESBA, 2022.

[50] TECHNOLOGY WORKING GROUP PHASE 2 REPORT [R]. IESBA, 2020.